香港文庫

研究資料叢刊

香港紀要

近代文獻著作選

周佳榮

編著

・香港文庫

總策劃：鄭德華

執行編輯：梁偉基

・香港紀要：近代文獻著作選

責任編輯：王　昊

書籍設計：吳冠曼

書　　名	香港紀要：近代文獻著作選	
編　　著	周佳榮	
出　　版	三聯書店（香港）有限公司	
	香港北角英皇道 499 號北角工業大廈 20 樓	
	Joint Publishing (H.K.) Co., Ltd.	
	20/F., North Point Industrial Building,	
	499 King's Road, North Point, Hong Kong	
香港發行	香港聯合書刊物流有限公司	
	香港新界大埔汀麗路 36 號 3 字樓	
印　　刷	美雅印刷製本有限公司	
	香港九龍觀塘榮業街 6 號 4 樓 A 室	
版　　次	2020 年 7 月香港第一版第一次印刷	
規　　格	16 開（185 × 260 mm）288 面	
國際書號	ISBN 978-962-04-4643-6	

總

序

香港，作為中國南部海濱一個重要的海港城市，有著特殊的社會經歷和文化特質。它既是中華文化值得驕傲的部分，又是具有強烈個性的部分。尤其在近現代時期，由於處於中西文化交匯的前沿地帶，因而還擁有融匯中西的大時代特徵。回顧和整理香港歷史文化積累的成果，遠遠超出整理一般地域文化歷史的意義。從宏觀的角度看，它在特定的時空範疇展現了中華文化承傳、包容的強大生命力，從而也反映了世界近代文化發展的複雜性和多面性。

梁啟超在《中國歷史研究法》中對有系統地收集史料和研究成果的重要性，曾作這樣的論述：

> 大抵史料之為物，往往有單舉一事，覺其無足輕重；及彙集同類之若干事比而觀之，則一時代之狀況可以跳活表現。比如治庭院者，孤植草花一本，無足觀也；若集千萬本，蒔已成畦，則絢爛炫目矣。[1]

近三十年來香港歷史文化研究，已有長足的進步，而對香港社會歷史文化的認識，到了一個全面、深入認識、整理和繼續探索的階段，因而《香港文庫》可視為時代呼喚的產物。

（一）

曾經在一段時間內，有些人把香港的歷史發展過程概括為從“小漁村到大都會”，即把香港的歷史過程，僅僅定格在近現代史的範疇。不知為什麼這句話慢慢成了不少人的慣用語，以致影響到人們對香港歷史整體的認識，故確有必要作一些澄清。

從目前考古掌握的資料來看，香港地區的有人類活動歷史起碼可以上溯到新石器中期和晚期，是屬於環珠江口的大灣文化系統的一部

---

[1] 梁啟超：《中國歷史研究法》〔香港：三聯書店（香港）有限公司，2000〕，69 頁。

分。由此我們可以清楚地看到，香港的地理位置從遠古時期開始，就決定了它與中國內地不可分割的歷史關係。它一方面與鄰近的珠江三角洲人群的文化互動交流，同時與長江流域一帶的良渚文化有著淵源的關係。到了青銅器時代，中原地區的商殷文化，透過粵東地區的浮濱文化的傳遞，已經來到香港。[2]

還有一點不可忽視的是，香港位於中國東南沿海，處於東亞古代海上走廊的中段，所以它有著深遠的古代人口流動和文化交流的歷史痕跡。古代的這種歷史留痕，正好解釋它為什麼在近現代能迅速崛起所具備的自然因素。天然的優良港口在人類歷史的"大航海時代"被發掘和利用，是順理成章的事，而它的地理位置和深厚的歷史文化根源，正是香港必然回歸祖國的天命。

香港實際在秦代已正式納入中國版圖。而在秦漢之際所建立的南越國，為後來被稱為"嶺南"的地區奠定了重要的政治、經濟和文化基礎。[3]香港當時不是區域政治文化中心，還沒有展示它的魅力，但是身處中國南方的發展時期，大區域的環境無疑為它鋪墊了一種潛在的發展力量。我們應該看到，當漢代，廣東的重要對外港口從徐聞、合浦轉到廣州港以後，從廣州出海西行到南印度"黃支"的海路，途經現在香港地區的海域。香港九龍漢墓的發現可以充分證實，香港地區當時已經成為南方人口流動、散播的區域之一了。[4]所以研究中國古代海上絲綢之路，不應該完全忘卻對香港古代史的研究。

到了唐宋時期，廣東地區的嶺南文化格局已經形成。中國人口和政治重心的南移、珠江三角洲地區進入"土地生長期"等因素都為香港人口流動的加速帶來新動力。所以從宋、元、明開始，內地遷移來

2　參看香港古物古蹟辦事處：〈香港近年的考古發現與研究〉，載《考古》第 6 期（2007），3-7 頁。

3　參看張榮方、黃淼章：《南越國史》（廣州：廣東人民出版社，1995）。

4　參看區家發：〈香港考古成果及其啟示〉，載王賡武主編：《香港史新編》（增訂版）〔香港：三聯書店（香港）有限公司，2017〕，3-42 頁。

香港地區生活的人口漸次增加，現在部分香港原住民就是這段歷史時期遷來的。[5] 香港作為一個地區，應該包括港島、九龍半島和新界三個部分，所以到十九世紀四十年代，香港絕對不能說"只是一條漁村"。

我們在回顧香港歷史的時候，常常責難晚清政府無能，把香港割讓給英國，但是即使是那樣，清朝在《南京條約》簽訂以後，還是在九龍尖沙咀建立了兩座砲台，後來又以九龍寨城為中心，加強捍衛南九龍一帶的土地。[6] 這一切說明清王朝，特別是一些盡忠職守的將領一直沒有忘記自己國家的土地和百姓，而到了今天，我們卻沒有意識到說香港當英國人來到的時候只是"一條漁村"，這種說法從史實的角度看是片面的，而這種謬誤對年輕一代會造成歸屬感的錯覺，很容易被引申為十九世紀中期以後，英國人來了，香港才開始它的歷史，以致完整的歷史演變過程被隱去了部分。所以從某種意義上看，懂得古代香港的歷史是為了懂得自己社會和文化的根，懂得今天香港回歸祖國的歷史必然。因此，致力於香港在十九世紀中葉以前歷史的研究和整理，是我們《香港文庫》特別重視的一大宗旨。

（二）

曲折和特別的近現代社會進程賦予這個地區的歷史以豐富內涵，所以香港研究是一個範圍頗為複雜的地域研究。為此，本文庫明確以香港人文社會科學為範疇，以歷史文化研究資料、文獻和成果作為文庫的重心。具體來說，它以收集歷史和當代各類人文社會科學方面的作品和有關文獻資料為己任，目的是為了使社會大眾能全面認識香港文化發展的歷程而建立的一個帶知識性、資料性和研究性的文獻平

5　參看霍啟昌：〈十九世紀中葉以前的香港〉，載《香港史新編》（增訂版），43-66 頁。

6　其實我們如果細心觀察九龍城在第一次鴉片戰爭以後形成的過程，便可以看到清王朝對香港地區土地力圖保護的態度，而後來南九龍的土地在第二次鴉片戰爭中失去，主要是因為軍事力量對比過於懸殊。

台，充分發揮社會現存有關香港人文社會科學方面資料和成果的作用，承前啟後，以史為鑒。在為人類的文明積累文化成果的同時，也為香港社會的向前邁進盡一份力。

我們希望《香港文庫》能為讀者提供香港歷史文化發展各個時期、各種層面的狀況和視野，而每一種作品或資料都安排有具體、清晰的資料或內容介紹和分析，以序言的形式出現，表現編者的選編角度和評述，供讀者參考。從整個文庫來看，它將會呈現香港歷史文化發展的宏觀脈絡和線索，而從具體一個作品來看，又是一個個案、專題的資料集合或微觀的觀察和分析，為大眾深入了解香港歷史文化提供線索或背景資料。

從歷史的宏觀來看，每一個區域的歷史文化都有時代的差異，不同的歷史時期會呈現出不同的狀況，歷史的進程有快有慢，有起有伏；從歷史的微觀來看，不同層面的歷史文化的發展和變化會存在不平衡的狀態，不同文化層次存在著互動，這就決定了文庫在選題上有時代和不同層面方面的差異。我們的原則是實事求是，不求不同時代和不同層面上數量的刻板均衡，所以本文庫並非面面俱到，但求重點突出。

在結構上，我們把《香港文庫》分為三個系列：

1. "香港文庫·新古今香港系列"。這是在原三聯書店（香港）有限公司於 1988 年開始出版的 "古今香港系列" 基礎上編纂的一套香港社會歷史文化系列。以在香港歷史中產生過一定影響的人、事、物和事件為主，以通俗易懂的敘述方式，配合珍貴的歷史圖片，呈現出香港歷史與文化的各個側面。此系列屬於普及類型作品，但絕不放棄忠於史實、言必有據的嚴謹要求。作品可適當運用注解，但一般不作詳細考證、書後附有參考書目，以供讀者進一步閱讀參考，故與一般掌故性作品以鋪排故事敘述形式為主亦有區別。

"香港文庫·新古今香港系列" 部分作品來自原 "古今香港系列"。凡此類作品，應對原作品作認真的審讀，特別是對所徵引的資料部分，應認真查對、核實，亦可對原作品的內容作必要的增訂或說明，使其更為完整。若需作大量修改者，則應以重新撰寫方式處理。

本系列的讀者定位為有高中至大專水平以上的讀者，故要求可讀性與學術性相結合。以文字為主，配有圖片，數量按題材需要而定，一般不超過 30 幅。每種字數在 10 到 15 萬字之間。文中可有少量注解，但不作考證或辯論性的註釋。本系列既非純掌故歷史叢書，又非時論或純學術著作，內容以保留香港地域歷史文化為主旨。歡迎提出新的理論性見解，但不宜佔作品過大篇幅。希望此系列成為一套有保留價值的香港歷史文化叢書，成為廣大青少年讀者和地方史教育的重要參考資料。

2. "香港文庫·研究資料叢刊"。這是一套有關香港歷史文化研究的資料叢書，出版目的在於有計劃地保留一批具研究香港歷史文化價值的重要資料。它主要包括歷史文獻、地方文獻（地方誌、譜牒、日記、書信等）、歷史檔案、碑刻、口述歷史、調查報告、歷史地圖及圖像以及具特別參考價值的經典性歷史文化研究作品等。出版的讀者對象主要是大、中學生與教師，學術研究者、研究機構和圖書館。

本叢刊出版強調以原文的語種出版，特別是原始資料之文本；亦可出版中外對照之版本，以方便不同讀者需要。而屬經過整理、分析而撰寫的作品，雖然不是第一手資料，但隨時代過去，那些經過反復證明甚具資料價值者，亦可列入此類；翻譯作品，亦屬同類。

每種作品應有序言或體例說明其資料來源、編纂體例及其研究價值。編纂者可在原著中加註釋、說明或按語，但均不宜太多、太長，所有資料應注明出處。

本叢刊對作品版本的要求較高，應以學術研究常規格式為規範。

作為一個國際都會，香港在研究資料的整理方面有一定的基礎，但從當代資料學的高要求來說，仍需努力，希望叢刊的出版能在這方面作出貢獻。

3. "香港文庫·學術研究專題"。香港地區的特殊地理位置和經歷，決定了這部分內容的重要。無論在古代作為中國南部邊陲地帶與鄰近地區的接觸和交往，還是在大航海時代與西方殖民勢力的關係，以至今天實行的"一國兩制"，都有不少是值得深入研究的課題。人們常用"破解"一詞去形容自然科學方面獲得新知的過程，其實在人文社會科學方面也是如此。人類社會發展過程的地區差異和時代變遷，都需要不斷的深入研究和探討，才能比較準確認識它的過去，如何承傳和轉變至今天，又如何發展到明天。而學術研究正是從較深層次去探索社會，探索人與自然的關係，把人們的認識提高到理性的階段。所以，圍繞香港問題的學術研究，就是認識香港的理性表現，它的成果無疑會成為香港文化積累和水平的象徵。

由於香港無論在古代和近現代都處在不同民族和不同地區人口的交匯點，東西不同的理論、價值觀和文化之間的碰撞也特別明顯。尤其是在近世以來，世界的交往越來越頻密，軟實力的角力和博弈在這裡無聲地展開，香港不僅在國際經濟上已經顯示了它的地位，而且在文化上的戰略地位也顯得越來越重要。中國要在國際事務上取得話語權，不僅要有政治、經濟和軍事等方面的實力，在文化領域上也應要顯現出相應的水平。從這個方面看，有關香港研究的學術著作出版就顯得更加重要了。

"香港文庫·學術研究專題"系列是集合有關香港人文社會科學專題著作的重要園地，要求作品在學術方面達到較高的水平，或在資料的運用方面較前人有新的突破，或是在理論方面有新的建樹，作品在體系結構方面應完整。我們重視在學術上的國際交流和對話，認為這是繁榮學術的重要手段，但卻反對無的放矢，生搬硬套，只在形式上抄襲西方著述"新理論"的作品。我們在選題、審稿和出版方面一定嚴格按照學術的規範進行，不趨潮流，不跟風。特別歡迎大專院校的專業人士和個人的研究者"十年磨一劍"式的作品，也歡迎翻譯外文有關香港高學術水平的著作。

（三）

　　簡而言之，我們把《香港文庫》的結構劃分為三個系列，是希望把普及、資料和學術的功能結合成一個文化積累的平台，把香港近現代以前、殖民時代和回歸以後的經驗以人文和社會科學的視角作較全面的探索和思考。我們將以一種開放的態度，以融匯穿越時空和各種文化的氣度，實事求是的精神，踏踏實實做好這件有意義的文化工作。

　　香港在近現代和當代時期與國際交往的歷史使其在文化交流方面亦存在不少值得總結的經驗，這方面實際可視為一種香港當代社會資本，值得開拓和保存。

　　毋庸置疑，《香港文庫》是大中華文化圈的一部分，是匯聚百川的中華文化大河的一條支流。香港的近現代歷史已經有力證明，我們在世界走向融合的歷史進程中，保留中華文化傳統的重要。香港今天的文化成果，說到底與中國文化一直都是香港文化底色的關係甚大。我們堅信過去如此，現在如此，將來也一定如此。

鄭德華

凡
例

一、本書輯錄的文獻著作，始自 1850 年代，止於 1940 年代初，旨在說明這 100 年間香港的發展狀況。

二、本書所收文章大部分見於香港本地出版的中文書刊，包括早期記錄香港概況的專文，反映本地社會現象的評論，以及載述文化活動的資料等。

三、本書選介的對象多屬香港之最，例如香港最早的中文刊物《遐邇貫珍》，最早的中英雙語教科書《智環啟蒙塾課初步》，及中國人最早編著的中英辭典、旅遊指南等。王韜是 19 世紀後期香港著名的文士，亦為近代香港第一位歷史學家，文章的可讀性很高，又記載了不少香港當時的事物，本書重點介紹了王韜的著作和他主編的《循環日報》，實有畫龍點睛的用意。

四、晚清時期眾多內地名人訪港的所見所聞，在當時頗具啟發性，但零篇斷簡散見於日記、詩集、遊記之中，因此本書改以文章形式貫串成篇，存其精華，俾便閱讀。早期旅遊書中每多零星記載，反映當時香港社會面貌，多所珍貴，本書則採摘錄形式略予介紹。

五、本書以列表形式整理現存《循環日報》論說篇目，及附錄多種香港出版報刊、圖書目錄等，所佔篇幅較多，旨在為讀者提供閱覽和參考之便。

六、香港近代文化史年表羅列出版事項、教育活動等，作為一般大事年表較重視政治、社會、經濟的補充，在一定程度上可印證正文所錄材料的位置及其重要性，戰前香港歷史和文化的面貌，於年表中可得知其大概。

七、本書所輯文獻中，若為作者原註，用（ ）標明；若為編者所加，置於〔 〕內；原文難以辨認的文字，用口標明。每篇文獻完結後，會有一段本書編者所加的解說文字，方便讀者對文獻情況有所了解。

編者的話

本書選錄 19 世紀中葉至 20 世紀中葉有關香港概況和史地的中文著作，具體地介紹了近代香港 100 年間政治、社會、經濟、文化等多方面的發展情形。這些著作在出版時是一般的論述文字，在數十年以至百餘年後的今日，則具有文獻資料的性質，甚至成為經典作品，其參考價值固然不在話下。現時作為香港歷史讀本，在相當程度上仍有可讀性和啟發性，若干章節或許還能令人心領神會。

記述香港歷史的中文論著，一向較英文為少，加上長期以來缺乏適當重視，保存尤為不易。第一篇有關香港政治、社會概況的文章，當推西教士所寫的〈香港紀略〉，此文載於 1853 年出版的《遐邇貫珍》，該刊還有一些論述香港早期情況的文章。應予指出，這些文章的觀點，大多出於英人的立場，未必客觀。其後著名思想家、史學家王韜的〈香港略論〉，開中國人撰寫香港歷史的先河；他的敘論和遊記，反映了香港的進程。至於最早一本以香港為題材的專書，則是陳鏸勳所著的《香港雜記》（香港：輔仁文社，1894 年），比較完整地記錄了當時香港社會各個方面的狀況，可視為 19 世紀香港歷史的總結。

20 世紀前期出版的香港研究專著，當推賴連三的《香港紀略》（上海：萬有書局，1931 年）。此書在一定意義上，可以視為《香港雜記》的續編，書中記述事物，及於 20 世紀 30 年代。除此之外，陳公哲的《香港指南》（長沙：商務印書館，1938 年）中，有香港概況和古蹟名勝的介紹，作者曾在香港從事考古發掘和文物調查，所述內容有異於一般的旅遊書；鄧超的《大香港》（香港：香港旅行社，1941 年）中有一篇〈大香港之沿革〉，比較實在地反映出香港淪陷前的情況，雖然屬於旅遊指南的導論，其實也是難得的記載。

以上的論著，都是近年才流行起來的 "香港研究" 或 "香港學" 的先驅，但因散見於不同書刊之中，閱讀或參考都不便利。編者有見及此，於是把早期的重要著作加以整理，編為一冊，意在為教師、學子和對香港史有興趣的讀者提供方便。收錄的文獻材料，還包括兩大類：一類是晚清時期重要人物的香港見聞，包括奏摺、日記、紀遊、詩文等，作者包括官員（特別是外交人員）、文人和專家學者；另一類是關於近代香港出版物的記載，包括報刊、圖書的序跋和目錄等。

　　第二次世界大戰結束後，論述香港歷史的書籍漸多，例如黎晉偉主編《香港百年史》（香港：南中編譯出版社，1948 年）、羅香林著《1842 年以前之香港及其對外交通》（香港：中國學社，1959 年）和《香港與中西文化交流》（香港：中國學社，1961 年）、林友蘭《香港史話》增訂本（香港：上海印書館，1983 年）等，篇幅既繁富，流傳亦較廣，可與本書所選文章相配合，前後大抵相連貫，並可見其演進。

　　本書的內容分為 6 輯，各有主題：第 1 輯是雜誌文選，第 2 輯是名家著述，第 3 輯是書刊介紹，第 4 輯是香港專題，都採選錄或節錄原件的方式，輔以導言、註釋和解說；第 5 輯是人物見聞，第 6 輯是旅遊指南，由於材料較為瑣碎，不便閱讀，所以改用記敘的方法，連綴成篇。

　　編者涉獵香港歷史，是近十餘年來的事，而且未能專心致志，加上有關文獻材料散見多處，至今尚欠系統整理，各種專著亦流傳不廣，本書編排容或未盡完備妥善，敬請專家學人和讀者諒察。

周佳榮

2019 年 11 月 28 日

目錄

一、《遐邇貫珍》：香港第一本中文雜誌文選

【導言】

香港自 1841 年 "開埠" 之後，發展迅速，但有關當時概況的中文資料不多，總括性的著作更付闕如。1853 年 8 月創刊的《遐邇貫珍》（月刊），率先登載〈香港紀略〉一文，這在近代中文出版史和香港史研究上，都有劃時代的意義。

《遐邇貫珍》是香港第一本中文雜誌，亦為鴉片戰爭後在中國人社會出現的第一種中文報刊，由香港英華書院出版，其初的主編是麥都思（W. H. Medhurst, 1796-1857）牧師。

此外，《遐邇貫珍》刊登了一些論述當時香港問題的文章，涉及政治、社會、教育等方面，"近日雜報" 欄中亦載有數則轉錄港府的通告及一些關於治安的新聞，是了解 19 世紀中葉香港情況的珍貴材料。〈本港議創新例〉、〈香港人數加多、幼男多於幼女論〉、〈港內義學廣益唐人論〉和〈賭博為害本港自當嚴禁論〉四篇，較重要和有代表性。《遐邇貫珍》於 1856 年 5 月宣告停刊，總共出版了 34 期（有兩期合刊，實際上是 33 期）。〈《遐邇貫珍》序言〉、〈《遐邇貫珍》告止序〉和〈《遐邇貫珍》目錄〉，有助了解該刊的宗旨和內容。

1.1　《遐邇貫珍》序言

　　吾在中國數載，屢思其地，誠為佳境，其山孕奇蓄異，寶藏而五金礦穴興焉。其河分派皙枝，利濟而灌溉載運備焉。其平原膏田沃壤，蕃植蔬果五穀，千百種悉數而不能終。其巨海涵生廣育，恒產魚鱉水族，萬千人採食而不能盡。念及此，稱之為華夏，誠不虛也。復思其人，常盈億兆，類多聰秀、恒耐、勤勞，其儒者，不惜數十載窗下寒暑辛勤，研求古昔聖賢訓詞之蘊，追溯前代鑑史政治之方。其農人早夜致力耕耡磽瘠之區，收獲倉箱豐登之益，尚有織造絹帛、甄陶磁器，雕鏤采刻等類，由此觀之，環瀛列邦，各有美利，誠難比擬。中國人類之俊秀、物產之蕃庶，可置之列邦上等之伍。所惜者，中國雖有此俊秀蕃庶，其古昔盛時，教化隆美，久已超邁儕倫，何期倏忽至今，列邦間有蒸蒸日上之勢，而中國且將降格以從焉，是可歎已。

　　我英國創始之祖，未備冠裳之時，中國人已解用絲帛。古之亞墨利加[1] 國人，祇識泛海捕魚，刳木為舟，中國已有指南針，製造巨船，出海載運，惟今日不然。列邦日進月盛，而中國且每降日下，其現用商船，恒不逮於古，而聖哲久未梃生，在其始祖，惟虔祀上帝，迨後乃紛崇無知覺之偶像，列邦商船，駛行迅利，天下無港無之。而中國商船，裝駕鈍滯，至遠但抵息力[2] 葛羅巴[3] 等處。列邦偶遇荒年，迅速派船四出，運米賑濟，而中國值荒，惟靠本土，千萬蒼生，饑困者紛紛坐斃。列邦大江泛溢，即能築造石塘，永杜其害，而中國黃河，每歲衝決為災，群黎遭溺。列邦紛興火船，遇風水俱逆，每一時可行八十餘里，而中國一無所有，亦無人解造。泰西各國，俱有火車，人貨並

1　亞墨利加：即亞美利加。

2　息力：即悉尼。

3　葛羅巴：即歐羅巴。

載，每一時可行三百六十餘里，而中國至速，僅屬乘騎，每時可馳二十餘里，其平常行旅，每時不過十餘里耳。泰西各國，創造電氣秘機，凡有所欲言，瞬息可達數千里，而中國從未聞此。

其致此之由，總緣中國邇年，與列邦不通聞問，昔年列邦人於中土，隨意遊騁，近年阻其往來，即偶有交接，每受中國人欺侮，惟准赴五港通商 [4] 而已。彼此不相交，我有所得，不能指示見授，爾有所聞，無從剖晰相傳。倘若此土恒如列邦，准與外國交道相通，則兩獲其益，列邦人原無意尋戰侵疆，因爭占所得，理難久享其利，不若貿易相安，時可獲益無窮也。

是中國愈見興隆，則列邦愈增豐裕。上帝創造斯世，各國咸界以境土，曾錫詔命，凡世上之人，皆為一家，其原始於一夫一婦所生，四海皆為兄弟，設有一家，而兄弟數人，各分居住，其一杜門孤處，日用所需，尤不肯有無相通，緩急相濟，是之謂憂喜不相關。上帝所以詔令各國凡民相待均如同胞，倘遇我有所缺，彼以有餘濟之，或遇彼有所乏，我以其盈酬之，彼此交相通融，彼此亦同受其益也。

吾屢念及此，思於每月一次，纂輯貫珍一帙，誠為善舉。其內有列邦之善端，可以述之於中土，而中國之美行，亦可以達之於我邦，俾兩家日臻於洽習，中外均得其裨也。現經四方探訪，欲求一諳習英漢文義之人，專司此篇纂輯，尚未獲遘，仍翹首以俟其人，乃先自行手為編述，尤勝於畏難而不為也。惟自忖於漢文義理，未能洞達嫻熟，恐於篇章字句，間有未盡妥協，因望閱者於此中文字之疵，勿為深求，但取其命意良厚，且實為濟世有用之編，更望學問勝我者，無論英漢，但有佳章妙解，郵筒見示，俾增入此帙，以惠同好。諒而助益之，是所盼於四海高明耳。

中國除邸抄載上諭奏摺，僅得朝廷舉動大略外，向無日報之類。

4　五港通商：即五口通商，1842 年英國憑藉《南京條約》第二條的規定，強迫中國開放廣州、福州、廈門、寧波、上海五處為通商口岸。

4

惟泰西各國，如此帙者，恒為疊見，且價亦甚廉，雖寒素之家，亦可購閱。其內備載各種信息、商船之出入、要人之往來，並各項著作篇章，設如此方，遇有要務所關，或奇信始現，頃刻而四方皆悉其詳。前此一二人所僅知者，今乃為眾人所屬目焉。中國苟能同此，豈不愉快，若此寸簡，可為中國人之惠，毫末助之，俾得以洞明真理，而增智術之益，斯為吾受無彊之貺也夫。

【解說】

《遐邇貫珍》序言不著撰人，相信是該刊主編麥都思（W.H. Medhurst）所寫，講述創辦這個雜誌的緣由，在於刊載各種信息並加以推廣。第一段對中國推崇有加，第二段則列述中國各方面均落後，進而認為其原因是"與列邦不通聞問"，加強溝通於中外均有裨益。

麥都思，英國倫敦會傳教士。1816年東渡馬六甲，協助米憐管理印刷所。1835年抵廣州，1843年至上海，其後來港，至1856年回英國述職。是西學東漸史上的重要人物，有中、英、馬來文著作九十餘種。

《遐邇貫珍》第1號卷首有〈題詞〉如下："創論通遐邇，宏詞貫古今。幽深開鳥道，聲價重雞林。妙解醒塵目，良工費苦心。吾儒稽域外，賴爾作南針。秉彼風存古，斯言直道行。精詳期實用，褒貶總公評。一氣聯中外，同文睹治平。坤輿誇絕異，空負著書名。"原按："西洋難懷仁有《坤輿外紀》入《四庫全書》。"後署"保定章東耘題"。

1.2　本港議創新例

前於第一號篇內，曾敍及佐理總憲[5]者有創例一堂，蓋專為本港地方創新條例而設，照向有行過成規。凡條例當甫經議定，尚未頒行之初，先刊入本港官報日抄[6]內，俾眾目共覩，咸了然於例中情節，如有參評佐論者，均聽其便而進說焉。此誠至善之法也，因每有多例，實與閭閻中富行庶業、大宗要族恒有關涉。而在創例者，總未能細加體察庶類群倫之中，洞悉其習俗所安，及群情所鼓舞者何事，眾志所負屈者何條，以致其例雖創行，而卒之莫能收其效，且與初心相違也。若預公諸同人，使得遍閱，則例中或有缺漏，或於輿情間有未協者，即可各持其說，以聞於官，或附入於官報日抄內，庶至頒行之日，於缺者補之，否者改之，非然者於甫定議之時，輒即頒行，安能悉臻妥協如此乎？現於前月十五日官報內，曾照此法刊有一條，於本港中土人，所關甚巨，原係專為彼等裨益起見。茲將其略，詳譯於左〔下〕，俾議者閱之，即見有稍未允合之處，各就所見，為函以達本館，使得披覽，當於下號篇內刊白以表之。

近日來港者，冠冕之彥，接踵日增。凡有緣事而棣各司署審理其詞訟者，亦復不少。唯一切措辦處置，皆以英國言詞意旨為指揮，在中土人，能了悟明徹者，實未多覯。雖有通譯人為之傳述轉達，而各司署科條規矩，迴然殊異，故遇有要案，中土人[7]恒託英狀師代為辦理。其狀師之費太奢，在案關為數無幾之債項，尚不為難。因數在

5　總憲：香港總督，通稱"港督"。

6　本港官報日抄：即《香港政府公報》（*The Hongkong Government Gazette*），通稱《香港憲報》或《憲報》，是香港政府編印出版的刊物，1853 年 9 月 24 日創辦，每星期一冊。

7　中土人：即中國人、華人。

五十員〔元〕下者，可以歸刑訟司署（即巡理廳），稟請飭發差票即獲定讞；惟數屬繁巨者，殊覺煩難，需資費既多，而延時日更久。茲特創立此例，乃於中土人有交涉事件，其銀數無論多寡，俱向地保會同勸辦人理斷，無庸費絲毫之資；然亦非遇事概令人詣地保處辦理，所有本港各司署，仍聽人之赴理焉。不過各隨其適，任人擇善而從之耳。且以此法而論，其斷處顯臻公允。蓋中土人，必能自諳悉其本俗之風氣習尚，以擬各司署人員審理，豈不較勝一籌也。例內略載：

其一曰，分本港地為若干圖，每地保轄一圖。如某圖眾人，欲舉行此例者，必統計圖內人數，居其大半，簽名聯稟總憲，始准其舉行。然亦只行於本圖內地方而已，圖外不得逾越。

其二曰，稟准後，該圖民人，即於圖內居住者，選擇二十四人為勸辦，即於二十四人內，推舉一人為地保，勸辦及地保，俱逾一年則更換之。

其三曰，地保之薪水，每月若干，由勸辦人公議，其項所從出，計圖內民人，按戶分攤，視所居之屋，該租幾何，核其數而遞抽之。

其四曰，設有兩造涉訟，即許其聲請地保，會同勸辦人秉公剖斷；兩造俱願聽其斷處者，應先赴刑訟司署稟報，由該司署飭令地保邀集勸辦人公同議斷，斷後仍由該司署責成兩造，盡具遵依無違。

其五曰，公同會集之際，至少必得勸辦五人同座為率；不滿此數，地保不得遽行斷理。凡此例之設，惟屬一切詞訟控訴、交涉事件，聽地保等辦理。至於命、盜、奸、拐，一切干犯例禁之案，仍歸司署究辦，概與地保等無涉。

【解說】

〈本港議創新例〉，載《遐邇貫珍》第 1 卷第 4 號（1853 年 11 月）。第 2 卷第 1 號（1954 年 1 月）"近日雜報"欄有一則補充，內容如下："前第四號篇內，曾敘本港地保各條例。茲擬增改數語。前云勸辦人以二十四名為額，茲改定為十二名。前云會議時同座者以五人為率，今改定為三人。又增一條曰，同坐〔座〕會議之際，倘有事出於可否兩歧者，勸辦人或左袒，或右袒，各署名於紙，隨視署名多寡之數，以較定所議。凡地保署名，抵作勸辦人二名核計。"

　　據〈香港紀略〉所述，19 世紀中，香港設有創例堂，"凡本港應創則例，與其議創，兼以職員官紳任之"。當時的情形，本篇可見一斑。

1.3　香港人數加多、幼男多於幼女論

粵稽道光戊申年，[8] 唐人居於香港者有二萬二千四百九十六口。至咸豐元年，[9] 數已加至二萬八千四百六十三口。詎料舊年[10] 約增至五萬五千人之多。究其原〔緣〕故有二：一因近來粵東內地擾亂，省垣震驚，唐人以本港為樂土，故挈眷源源而來；一因本港官清法善，到處傳揚，唐人聞風悉來營業，故近悅遠來，如魚龍之趨大壑焉。所願英唐交易以禮，彼此相敬，不以秦越相視，是余所厚望也。

今披舊年人口之冊，所載唐人數目，其中有令人生疑者。夫所載幼男六千二百二十口，而幼女止〔只〕有四千三百三十二口，則幼女之少於幼男者一千八百八十八口；內在裙帶路[11] 者，幼男二千零五十五口，幼女一千七百三十二口，幼女之少於幼男者三百三十二口；在水面為家者，幼男三千五百三十八口，幼女二千一百八十二口，幼女之少於幼男者一千三百五十六口；在村落者，幼男六百二十七口，幼女四百一十八口，幼女之少於幼男者二百零九口。夫男女之數相去如此，非天生使然，必由人作弊耳。

自　　上帝造人，一男一女，配為夫婦，開闢以來，降生於世者，男女多少，約略相同。雖或國中有一人數妻，或一人一妻，而另立少妾者，然亦止害風俗，原不礙於　　上帝生人之心。今本港唐人，幼男多於幼女者，必有緣故。或曰唐人輕女而重男，多生女兒，

8　道光戊申年：道光二十八年，即 1848 年。

9　咸豐元年：辛亥年，即 1851 年。

10　舊年：去年，指 1854 年。

11　裙帶路：香港島的舊稱之一，這個名稱的含意有兩種說法：一說港島西北部山腰上，有一條漁夫行走經過的小路，彎彎曲曲像一條裙帶，鄰近地區的人遠赴南洋群島，大都經此出海；另一說認為農家在島上修築了許多蜿蜒曲折的小徑，農田與路徑縱橫交錯，遠望像一條百褶裙帶。

每棄而不育，此幼男多於幼女，職是故也。

竊思人間，不分男女，皆來托生，為父母者，宜念　上帝好生之意，既來則安，方不失慈愛之道。華夏殺其女兒者，必下賤無賴之輩，明理良民烏有如此惡習耶。本港官府，嗣後必嚴究此事。按大英律法，殺卻嬰兒者，與兇手殺人同罪，爾唐人不可不知。

嘗讀《大清律例》，有載其子孫違犯教令，而祖父母、父母非理毆殺者，杖一百；故殺者，杖六十，徒一年。此外別無論及父母殺嬰兒之條。然即其所載故殺者，杖六十，徒一年，實是處之太輕，泰西諸國，無不見異。至父母殺嬰兒一欸，律無明文，官無討罰，此國政不彰，民俗澆漓，莫此為甚。繼嗣令我本港或在水面船中，或在岸上村落，如有此弊，大憲定必窮究其情，悉置之法，斷不令英地長此頹風。奉勸唐人知過而改，勿取罪戾可也。夫殺嬰兒者，既下犯國憲，而且上干　天怒；人法且不容，何況帝審乎！　　上主將置斯人於何地也，讀者請自思之。

【解說】

〈香港人數加多、幼男多於幼女論〉一文，載《遐邇貫珍》第 3 卷第 5 號（1855 年 5 月 1 日）"近日雜報"欄。內容主要據當時香港男多女少的現象，指出華人重男輕女，甚至有殺女嬰之舉，強調這是犯了殺人罪。香港政府今後斷不容許此等事情，必加嚴懲。

應予指出，當時內地來港謀生的，以男子佔大多數，亦有攜帶男童來港的，是幼男多於幼女的原因之一。1850 年代，因爆發太平天國事件，廣州及鄰近城鄉有不少人來港，1851 年至 1955 年間，香港人口增加了一倍，政府除開發新的地區外，還在灣仔鵝頸和上環海旁一帶，進行填海工程。

1.4　港內義學廣益唐人論

　　大英自開港以來，皇家每於該處村場，設立義學，以啟發童蒙，無非胞與為懷，不忍困蒙之吝。近聞香港赤柱等處，竟多有不在義館就學者，詰其所由，乃因其父母不喜其子姪誦讀耶穌經書，且嫌館內不安文昌帝君云云。

　　夫耶穌之書，[12] 始終教人為善去惡，其有益人身心者更大，且為英國所信奉，唐人居在本港，即屬英憲治下，誦習此書，有何不可。至若為父母者，堅意不欲其子弟誦習此書，則脩書達知該學先生，使其專讀唐書亦可，英斷不以歸信耶穌強人。至於設立文昌帝君[13] 銜位，皇家書館，決不准行，蓋有犯於　　上帝聖誡，且亦無益於人，殊屬無為。

　　今港內日就太平無事之時，正值偃武修文之會，故於各處書院，復議別立先生，用英話教以天文、地理、數學等事，其有裨益於後生小子者正復不淺，為人父母者曷細思之。

【解說】

　　〈港內義學廣益唐人論〉一文，載《遐邇貫珍》第 3 卷第 6 號（1855 年 6 月）"近日雜報"欄。此文指出當時香港赤柱等處有很多兒童不入義學就讀，是因其父母不喜歡子姪誦讀基督教聖經，其實學生可以專習唐書，又提到在其他地方設書院以英語授課。內容旨在強調義學有益於學子，勸家長為子女著想。

---

12 耶穌之書：指基督教書籍。

13 文昌帝君：道教神名，相傳是中國古代學問、文章、科舉士子的守護神。

1.5　賭博為害本港自當嚴禁論

〔原編者按〕下所條陳賭博三弊，並本港不可開設明場一折，乃唐友所撰。前月，他曾到余書房，談及此事，言已聞本港大憲[14]業允匪類所求，求余設法阻止，以挽狂瀾。余初聞而不信，以為市井訛傳，迨後果聞有此消息，心竊異之，然終料大憲智珠在扼〔握〕，一任匪人施其誘惑之謀，而仍有毅然不惑之見，斷不作此傷風敗俗之事也。茲印唐友所撰之論於後，俾港內諸君子讀之，知賭之為害甚大，而匪人讀之，勿生覬覦之心，則吾友之心慰，而余心亦慰矣！

夫賭乃盜之源。四民好賭，則必壞品，僥幸之心生，廉恥之道喪。贏錢則花消嫖飲，輸錢則鼠竊狗偷。前者，大憲深明此害，曾經嚴禁在案，故港內工商，年中所賺[15]錢銀，皆得蓄積，漸致殷富，由無賭館之耗也。近有私集打牌者，不過逢場作興耳，非相識者不能入座尚亦安靜，得失無多，不至如明場之肆無忌憚，招集匪類而壞風俗也。大英立法嚴訊，既禁之於前，必不行之於後；國富財雄，亦豈屑收此陋規乎！

今聞有人指打牌館為私賭，不如開例徵收正餉者，以利進言，欲求動聽，是貪小而失大也。請詳言其弊。計其每年納正餉銀二萬四千元，而承辦之人要賺一倍，出本之人又要賺一倍，館租食用工費用及一切虛耗又不止一倍。是一年所需費十餘萬，皆本港工商日夜辛勤之資，特設賭館而誘取之耳。而正餉所得無多，徒填棍徒之壑，是奪工商買賣之本，而養千百無益之人，大為生意之害，恐地方自此難旺矣！試觀內地賭風盛者，其游民必多，盜賊由此而起。伏維大憲明鑒

14　本港大憲：指香港總督。

15　賺：賺的意思。

利害，永遠嚴禁，地方幸甚。謹條陳其弊於後，伏祈察奪。

一、香港商人行內，必須唐人買辦，[16] 以及收支銀兩。若賭局一開，其人誤入賭場，輸去銀兩，將有或私逃匿，或尋自盡，而商人亦受累矣！此不可開賭之弊一也。

一〔二〕、香港公司多費銀兩，開設書院，以育人材，此甚有益於民間子弟；若賭局一開，定必有後生子弟，立志未定，而被賭局所誘者。是設書院有益於人，而開賭局則又損於人，功過豈能相補。此不可開賭之弊二也。

一〔三〕、近今各處盜匪，由內地逃出，潛跡於香港者不少。若開賭局，場中鬧事必多，或爭或搶，難保無人命之案矣；即使現時不鬧事，而將來之禍根亦無底止，是不可開賭之弊三也。

【解說】

〈賭博為害本港自當嚴禁論〉一文，載《遐邇貫珍》第 3 卷第 8 號（1855 年 8 月）"近日雜報" 欄。此文旨在陳述賭博無益，為害社會甚大，強調不能將賭博合法化，而應嚴加禁止。文中列出開賭的 3 個害處，影響商人、學子及治安。撰此文者，是原編者的 "唐友"（華人朋友），從中亦可略悉當時香港的商業、教育和社會情形，以及禁賭政策的由來。

---

16 買辦：指外商在華企業僱傭，從事經濟活動的代理人。

1.6 《遐邇貫珍》告止序

《遐邇貫珍》一書，自刊行以來，將及三載，每月刊刷三千本，遠行各省，故上自督撫，以及文武員弁，下遞工商士庶，靡不樂於披覽。然刊之者，原非為名利起見，不過欲使讀是書者，雖不出戶庭，而於天地之故，萬物之情，皆得顯然呈露於心目。刊傳以來，讀者開卷獲益，諒亦不乏人矣，故西方諸國，每月刊佈者，不下千百餘家，意在斯乎。茲者，本港貫珍擬於是號告止。嘆三載之搜羅，竟一朝而廢弛，自問殊深抱恨，同儕亦動咨嗟。然究其告止之由，非因刊刷乏資，蓋華民購閱是書，固甚吝惜，即不吝惜，而所得終屬無多。惟賴英花二國[17]同人，啟囊樂助，每月準足支應而有餘，特因辦理之人，事務紛繁，不暇旁及此舉耳。至前所刊佈者，共得三十三號，[18]願諸君珍而存之，或者中邦人士，有志踵行，則各省事故，尺幅可通，即中外物情，皆歸統貫，是所厚望也。

【解說】

《遐邇貫珍》出版至 1956 年 5 月停刊，〈告止序〉記述了該刊流傳情況及刊行意義，並交代停刊的原因，寄望中國有心人士繼承此出版事業。值得注意之處，是指出該刊每期印刷 3,000 本及讀者之眾。

---

17 英花二國：英是指英國，花是指花旗國（即美國）。

18 三十三號：《遐邇貫珍》總共出版 34 號（期），有兩期合刊，所以實際上是 33 號（期）。

1.7 《遐邇貫珍》目錄

- 第一卷 第一號（一八五三年八月朔旦）：英華年月歷紀並訣；序言；西興括論；香港紀略；喻言一則；金山採金條規；近日各報

- 第一卷 第二號（一八五三年九月朔旦）：西程述概（圖附後）；地形論；火船機制述略（圖附後）；聖巴拿寺記；喻言一則；近日雜報

- 第一卷 第三號（一八五三年十月朔旦）：西國通商溯源（其一）；彗星說；英國政治制度；喻言一則；近日雜報

- 第一卷 第四號（一八五三年十一月朔旦）：極西開荒建治析國源流；阿歪希島紀略；喻言一則；援辨上蒼主宰稱謂說；本港議創新例；近日雜報

- 第一卷 第五號（一八五三年十二月朔旦）：地球轉而成晝夜論；茶葉通用述概；喻言一則；近日雜報

- 第二卷 第一號（一八五四年正月朔旦）：補災救患普行良法；喻言一則；近日雜報（圖附後）

- 第二卷 第二號（一八五四年正月朔旦）：花旗國政治制度；喻言一則；近日雜報；英國一千八百五十四年歷紀

- 第二卷 第三、四號（一八五四年四月朔旦）：粵省公司原始；喻言一則；地質略論；近日雜報

- 第二卷 第五號（一八五四年五月朔旦）：公司原始後篇；喻言一則；近日雜報

- 第二卷 第六號（一八五四年六月朔旦）：琉球雜記述略；喻言一則；近日雜報

- 第二卷 第七號（一八五四年七月朔旦）：瀛海筆記；喻言一則；近日雜報

論（論冷熱表）；續地理撮要終；天下火車路程論；近日雜報

- 第三卷 第十號（一八五五年十月初一日）：臟腑功用論；熱氣理論（論熱長物）；續英倫國史總略；景教流行中國碑大曜森文日即禮拜日攷；近日雜報

- 第三卷 第十一號（一八五五年十一月初一日）：心經論；英國貿易新例使國裕民饒論；馬可頓流西西羅紀略；雜說編；近日雜報

- 第三卷 第十二號（一八五五年十二月初一日）：大清十八省所屬各府州縣錄；近日雜報

- 第四卷 第一號（一八五六年正月初一日）：黑穴獄錄；象論；虎論；近日雜報

- 第四卷 第二號（一八五六年二月初一日）：玻璃論；崇信耶穌教略；地理全志節錄；近日雜報

- 第四卷 第三號（一八五六年三月初一日）：繼造玻璃論；砵非立金山地志；繼磐石形質原始；磐石方位載物論；京報；香港進支費項；近日雜報

- 第四卷 第四號（一八五六年四月初一日）：缺

- 第四卷 第五號（一八五六年五月初一日）：貨船畫解；照船燈塔畫解；繼磐石方位載物；景教流行中國碑；天人異同；京報

【解說】

《遐邇貫珍》是香港第一份中文刊物（月刊），在鴉片戰爭後的華人社會中亦屬首創。1853 年 8 月創刊時的主筆是麥都思（Water Henry Medhurst），次年由奚禮爾（Charles Batten Hiller）繼任；至 1856 年改由理雅各（James Legge）主筆，旋於同年 5 月停刊。該刊內容除專題論說外，還有〈近日雜報〉一欄，記載香港和中外大事，定期提供各地消息。

《遐邇貫珍》共出 33 號（期），歷時 3 年之久。每期 12 至 24 頁，印 3,000 冊，除香港外，還在廣州、廈門、福州、寧波、上海等地銷售和贈閱。內容包括天文、歷史、科學、醫學、宗教、商務等，在當時是十分難能可貴的。

李志剛〈早期教士在港創辦第一份中文報刊〉，載氏著《基督教與近代中國文化》（台北：宇宙光出版社，1989 年），對《遐邇貫珍》的內容有較詳細的介紹和分析，可供參考。松浦章、內田慶市、沈國威編著《遐邇貫珍の研究》（吹田：關西大學出版社，2004 年）及其中文版《遐邇貫珍——附解題・索引》（上海：上海辭書出版社，2005 年），是研究《遐邇貫珍》的專著。1856 年第 4 號缺。

《遐邇貫珍》第 2 卷第 12 號（1854 年 12 月）有〈《遐邇貫珍》小記〉，頗可注意。文中指出"首號之序，已歷陳造，是書之由，非欲藉此以邀利也，蓋欲人人得究事物之巔末，而知其是非，並得識世事之變遷，而增其聞見，無非以為華夏格物致知之一助。"接著說："余始意以為華民皆樂售觀，而富豪者流，或能如各國商人喜捐題助，將見集腋成裘，眾擎易舉，誠快事也。不謂遲至於今，售者固少，而樂助者終無一人……伏望中華諸君子，勿以孤陋自甘，勿以吝嗇是尚，則事物之巔末，世事之變遷，與及外國之道，山海之奇，無不展卷而在目矣，豈非格物致知之一助乎？"

二、王韜：最早寓港的著名文士論香港

【導言】

　　近代中國著名的思想家、文學家、史學家王韜（1828-1897），早年在上海受僱於英人所辦的"墨海書館"達 13 年之久。1862 年（同治元年），他以"黃畹"的假名上書太平軍蘇州當局，建議專力經營天京（南京）上游，緩攻上海，但事情為清政府所悉，下令緝拿。結果王韜在西教士的協助下，從上海逃到香港，直至 1884 年（光緒十年）得李鴻章默許，始回上海定居。

　　王韜在香港居留超過 20 年，主要從事著作、出版等文化工作，其初對香港印象甚差，後來逐漸熟習本地環境，對香港的事物有所改觀，這種轉變在他的文章和日記中可以清楚看到。〈香港略論〉有"甫里逸民東遊粵海，荏苒三年"之句，由是得知應作於 1865 年（同治四年）間，文中便已指出香港設官之繁密、兵防之周詳、賦稅之繁旺、教民之勤懇、遊歷之地咸備，"前之所謂棄土者，今成雄鎮"，"蓋寸地寸金，其貴莫名，地球中當首推及之矣"。尤其值得注意的，是注意到香港的華人"雖咸守英人約束，然仍沿華俗不變，不獨衣冠飲食已也"。文末為過往史事表示傷痛，寄望中國當局能鑒前之失，"必修己而後治民，必自強而後睦鄰"。

　　《弢園文錄外編》中，還多一些談論香港問題的文章，不但可讀性高，在今日還具有史料價值。〈徵設香海藏書樓序〉和〈創建東華醫院序〉兩篇，分涉文化和醫療；〈送政務司丹拿返國序〉、〈送西儒理雅各回國序〉及〈記香港總督燕制軍東遊〉，交代了人物往來的情形。此外，王韜的《漫遊隨錄》，內有〈香海羈蹤〉及〈物外清遊〉兩篇，記述他南下香港後的見聞，行文更見生動別緻，可以作為〈香港略論〉的補充。

　　關於王韜生平，有忻平著《王韜評傳》（上海：華東師範大學出版社，1990 年）；林啟彥、黃文江主編《王韜與近代世界》（香港：香港教育圖書公司，2000 年）是論文集，方便參考。

2.1 香港略論

　　甫里逸民東遊粵海，荏苒三年，旅居多暇，勤涉書史。以香港僻在一隅，紀述者罕，於是旁諏故老，延訪遺聞，成〈香港略論〉一篇，聊以備荒隅掌故云爾。

　　香港本南微瀕海一荒島也，道光癸卯五年〔月〕[1] 和議成，以島畀英，而英始得以港為屬地，隸入版圖。香港四周約百餘里，地形三角，群峰攢簪。英人既定居，闢草萊，墾蕪穢，平犖确，就山之麓結居構宇。即其彎環曲折之形，名之曰上環、中環、下環。其境距廣屬之新安、九龍以南約十里。地雖蕞爾，稱名頗繁。曰紅香爐峰，曰裙帶路。其西北曰仰船，[2] 曰赤柱；其東曰登龍，[3] 曰灣仔；而香港其大名也。山上多澗溪，名泉噴溢，活活聲盈耳，味甘冽異常，香港之名或以此歟？山中產花崗青石最饒，所值多瓜菜，而蔗尤盛。下環有田，略種禾苗。山坡之上，樹木鮮少，以供民樵爨，常被斬伐故也。居民多蛋戶漁人，誅茅構廬，栽種圍地，隨時捕魚為業，魚汛既過，隨而他徙。英人未至之先，為盜窟，山中有鐵鑊二百餘，列木為柵，若城堡。英人至，烈而焚之。其土著不盈二千，博胡林[4] 一帶有屋二十餘家，依林傍澗，結構頗雅，相傳自明季避亂至此。蓋自桂藩之竄、耿

1　道光癸卯五年〔月〕：道光二十三年，即 1843 年；"五年" 應為 "五月" 之誤。

2　仰船：即昂船洲。

3　登龍：即東龍島。

4　博胡林：即薄扶林。

逆之變，[5] 遺民無所歸，遠避鋒鏑，偷息此間，不啻逃於人境之外。此為跡之最古者矣，至於他所紀載，無聞焉。

英人既割此島，倚為外府，創建衙署，設立兵防，其官文有總督，武有總兵，皆有副貳。有臬司，有巡理廳，有輔政司，有政務司，此外有佐理堂，有創例堂，皆所以輔贊總督者也。有量地官度地建屋，修葺道路。有庫務司，總理港中稅餉。有船政廳，稽司大小船艦出入。臬憲之外，有提刑官、僚佐官，更立陪審之人十有二員，以習法之律正充其事，而民間所舉公正之紳士，亦得與焉，專在持法嚴明，定案鞫獄，期無妄濫。有錢債衙專理商民逋欠事，有虧國餉者亦即在是衙比追，而民間所有罰款，亦由是衙以歸庫務。有巡捕廳專管巡丁，港中晝夜有丁役分班邏察，往來如織。有司獄專管獄囚，一歲中犯案千百，狴犴[6] 每至充斥。顧訊鞫之時，不先鞭扑，定案後，以罪之輕重為笞之多寡，禁之久暫，有在獄終身不釋者，故刑法鮮死罪。惟海盜在立決例，法所不宥。此外又有官醫及驗屍官，遇民間自戕謀死命案，剖腹審視，以釋疑竇。其設官之繁密如此。

下環兩旁多兵房。山半以石室儲火藥，甚謹固。最高山頂建立一旗，專設員兵，俾司瞭望。兵房外，環列巨砲。逢期演習，分別功賞。餉糈餉頗厚，足以自給。軍中皆許攜婦人。其所調遣之兵，大抵本港之外，雜以印度黑人，皆以壯健才武者應其選。自山麓至巔，每相距數十武輒立木柱，繫以鐵線，聯綴比屬，相互不斷。是曰電氣通標，用遞警信，頃刻可達。其兵防之周詳如此。

港中之屋，層次櫛比，隨山高下，參差如雁戶。華民所居者率多

5　桂藩之竄、耿逆之變：指三藩之亂。清初分封降清的明將吳三桂為平西王，守雲南；尚可喜為平南王，守廣東；耿繼茂為靖南王，守福建。其後三藩為割據勢力，康熙時下令撤藩，吳三桂首先起兵叛變，耿精忠（耿繼茂之子）、尚之信（尚可喜之子）響應，一度攻取雲南、貴州、湖南、福建、四川等省，廣西、陝西等地亦叛，動亂持續了8年，始被平定。

6　狴犴：傳說中的獸名，古代牢獄門上繪其形狀，因此又用作牢獄的代稱。

小如蝸舍，密若蜂房。計一椽之賃，月必費十餘金，故一屋中多者常至七八家，少亦二三家，同居異爨。尋丈之地，而一家之男婦老穉，眠食盥浴，咸聚處其中，有若蠶之在繭，蟻之蟄穴，非復人類所居。蓋寸地寸金，其貴莫名，地球中當首推及之矣。泉脈發之山巔，流至博胡林、黃泥涌數處，皆以鐵管置地中，引之貫注，延接流入各家。華民則每街之旁建聚水石池，以機激之，沛然立至，汲用不窮。於上環建煤氣局，夜間街市燈火，咸以煤氣炷燃，光耀如晝，仰望山巔，燦列若繁星，尤為可觀。港中無田賦，但計地納稅，量屋徵銀，分四季，首月貢之於官，號曰國餉。此外水火悉有輸納，大抵民屋一間，歲必輸以十金，稅亦準是，行舖倍之。他如榷酤徵煙，其餉尤重。妓館悉詣官領牌，按月輸銀。下至艇子輿夫負販傭豎，無不歲給以牌，月徵其課。所謂取之務盡錙銖，算之幾無遺纖悉。其賦稅之繁旺如此。

　　傳教者則有監牧總司教事，而有官教民教之分，官設者由官給廩祿，支於公庫，民設者或出自商民，或出自公會。雖名稱不同，而其宣傳福音則一也。所建禮拜堂四五所。有保羅、英華二書院，又有所謂大書館[7]者，皆教子弟肄業英文，歲不下二三百人。此外，更立義塾數處，專讀華文，延師課童之費皆國庫頒給。英華書院則專印教中書籍，流播遐邇。另設女書塾二三所，亦以英文為主，特興廢不常。此外，崇拜天主者則有羅馬廟，[8]頗極崇閎壯麗，亦於旁室設塾招童，此則迦特力教[9]也；巴社白頭[10]於僻處設禮拜寺，而以柳氏女胃日[11]為禮拜，此則摩西古教[12]也。其教民之勤懇如此。

　　博胡林地處山腰，林樹叢茂，泉水淙潺，英人構別墅其間，為逭

7　大書館：即中央書院。由維多利亞城內三間皇家書館合併而成，位於歌賦街的新校舍於 1862 年落成啟用。後於 1889 年改名為維多利亞書院，1894 年再易名為皇仁書院。

8　羅馬廟：即天主堂。

9　迦特力教：Catholic 的音譯，即羅馬公教（通稱天主教）。

10　巴社白頭：猶太教徒。

11　柳氏女胃日：猶太教以星期六為安息日。

12　摩西古教：即猶太教。

暑消夏之所。此外有環馬場，周約二十餘里，日暮颺車怒馬馳騁往來以為樂。每歲賽馬其間，多在孟春和煦之時，士女便娟，其集如雲，遠近趨觀，爭相贊羨。總督又創葺園囿一所，廣袤百頃，花木崇綺，遊人均得入覽。其遊歷之地咸備又如此。

港中華民之寄居者，雖咸守英人約束，然仍沿華俗不變，不獨衣冠飲食已也。如崇神佛則有廟宇，祀祖先則有祭享，正朔時日，無一不準諸內地。元旦亦行拜賀禮，爆竹喧闐，徹於宵旦。令節佳辰，歡呼慶賞。每歲中元，設有盂蘭勝會，競麗爭奇，萬金輕於一擲。太平山左右，皆曲院[13]中人所居，樓閣參差，笙歌騰沸，粉白黛綠，充牣其中。旁則酒肆連比，以杏花樓為巨擘，異饌嘉餚，咄嗟可辦，偶遇客來，取之如寄。

居是邦者，率以財雄，每脫略禮文，迂噱道德。值江、浙多故，衣冠之避難至粵者，附海舶來，必道香港，遂為孔道。香港不設關市，無譏察徵索之煩，行賈者樂出其境，於是各口通商之地，亦於香港首屈一指。前之所謂棄土者，今成雄鎮，洵乎在人為之哉！

甫里逸民曰：香港一隅，僻懸海外，非若濠鏡[14]之與內邑毗連也。在曩者，獸所窟，盜所藪，山赭石瘠，颶號土惡，人跡所不樂居，朝廷亦度外置之，無所顧惜。然必俟其息兵講好，而後割而界之，則誠重之也。所以然者，表海裡山，限制中外，斷不可輕以尺寸予外夷也。觀於此，而深有感於有明疆事之壞矣。在明中葉，以濠鏡一島畀葡人，大為失策。以致接踵而來者，有所駐泊居積，自撤屏蔽，而流漸遂至於斯極。當我宣宗成皇帝[15]時，邊防雖弛，國威尚著，伏莽潛蘗，罔敢竊發。外侮既啓，內難斯作，搶攘廿載，靡有寧處。嗚呼！斯固誰為為之也，夫當日焚煙之舉，原未免持之太促。激忿釀變，一發難收，此雖非始議者所及料，然亦不得不任其咎。然則居今日者將

---

13 曲院：指風月場所。

14 濠鏡：即澳門。

15 宣宗成皇帝：即清宣宗（道光帝），1820 年至 1850 年在位。

奈何？惟鑒前則後平，惟懼外則內寧，必修己而後治民，必自強而後睦鄰。

【解說】

〈香港略論〉全文約 3,000 字，原載 1974 年 4 月 29 日《循環日報》，收入王韜《弢園文錄外編》卷 6。這是王韜自編的文集，1883 年在香港出版；北京中華書局於 1959 年出標點本，由汪北平、劉林整理。上海書店出版社 2002 年版，較便參考。王韜來港初期的日記，則收入方行、湯志鈞整理的《王韜日記》（北京：中華書局，1987 年）中。

林啟彥〈有關香港早期歷史的一篇重要文獻——王韜的《香港略論》〉指出，此文 "已能勾劃出香港早期華人生活的大略，而且更能突出香港市政建設管理之善，地理環境之優及文教之盛各點，從而申論香港在英人統治下發展的快速及所以能成為中外貿易重鎮的理由。可以說此後百餘年香港歷史發展的趨向及其要因，亦不難藉此文以窺知一二"。（《華僑日報・香港史天地》第 12 期，1991 年 9 月 16 日）

還需一提的是，1874 年王韜在香港主編《循環日報》，宣傳變法自強，開近代中國人自辦政論報紙的先河。1879 年間，王韜應日本《報知新聞》主筆栗本鋤雲之邀至日本，是近代中國學者應邀訪問日本之始，並且撰成《扶桑遊記》。林啟彥〈王韜與香港〉一文指出："王韜一生的事業，既能克服傳統與近代的斷層，亦能會通中西文化的隔閡。所以能致此者，實由於香港這個生活環境給他的造就。"（《華僑日報・香港史天地》第 4 期，1991 年 1 月 21 日）凡此，都足以反映出王韜與香港關係之深。至於王韜居留香港期間的一些活動，可參周佳榮〈在香港與王韜會面——中日兩國名士的訪港記錄〉，載氏著《潮流兩岸：近代香港的人和事》（香港：香港中和出版有限公司，2016 年）。

2.2 送政務司丹拿返國序

香港蕞爾一島耳，固中國海濱之棄地也。叢莽惡石，盜所藪，獸所窟，和議既成，乃割畀英。始闢草萊，招徠民庶，數年間遂成市落。設官寘吏，百事共舉，彬彬然稱治焉。遭值中國多故，避居者視為世外桃源。商出其市，賈安其境，財力之盛，幾甲粵東。嗚呼！地之盛衰何常，在人為之耳。故觀其地之興，即知其政治之善，因其政治之善，即想見其地官吏之賢。若丹拿[16]先生者，其為今之良有司者非耶？其職在董理華民事，實稱賢勞。蓋其地雖英屬，而來旅之華民居十之七八，是以華事尤繁劇。先生不敢憚煩，務盡其情。於中國言語文字，民風俗尚，尤能熟悉深究，蒞任以來，興利除弊，理冤平抑，凡港之民，舉嘖嘖稱其公正廉明如一辭。

今將歸國，特介范君雙南索言於不佞。顧不佞何足以知先生，即言亦豈能盡先生萬一。范君乃為余言曰：汝為承乏督署，獲識先生久矣，猥假顏色，辱盼睞，不以汝為為不可教，問奇請益，無有倦容，先生持已也介，待人也和，忠國愛民，其素所抱負然也。余曰：能如是，是固今之良有司也。方幸港民樂得有賢大夫以久為之治，而奈之何遽去也。

不佞聞邇來西國屬地，無不有華民往貿易者，非由其待之厚，治之公，煦育保持於無形，孰肯離逃鄉國而出其地耶？然聞金山[17]所設華民司事之官，因不識華言，民頗弗便。夫治其民，不習其言，則弗悉其情，必至職曠事弛，訟獄滋弊，有負上之設官之意。今先生之於華事稔矣，孰能售其奸哉？宜乎港民之頌弗衰也。聊據不佞所聞於范君

---

16 丹拿（T.Turner），或譯都拿爾，1862 年 5 月 23 日就任香港政務司；至 1864 年 9 月 24 日，其職由史勿夫（C.C.Smith）繼任。

17 金山：指美國三藩市。

者，以贈先生之行。弗敢諛，亦弗攻贅。

【解說】

　　王韜此文，載氏著《弢園文錄外編》卷 8。此文略述丹拿在港任期內的政績，指出西人通曉中國語言文字的重要性，如果"不識華言，民頗弗便"。文中關於丹拿的政績，主要得自轉述，當時香港華民政務的概況，約略可知一二。王韜與西人多所往來，成為一時港中名士，即政府高層官員也有認識他的，蓋王韜亦以此自喜。

2.3　送西儒理雅各回國序

　　三百年前，中國人士罕有悉歐羅巴諸邦之名者。自意大利人利瑪寶[18]入中國，與中國儒者遊，出其蘊蓄，著書立說，然後上自卿大夫，下逮庠序之士，群相傾倒，知有西學矣。繼而接踵來者，皆西方名彥。凡天文歷算，格致器藝，無不各有成書，其卓卓可傳者，均經采入四庫，以備乙覽。其言教之書，曰天學初函著錄，附存目中，覽者已歎為西儒述譔之富。然余嘗得其書目觀之，不下四百餘種，知當時所采進者，不過蹄涔[19]之一勺而已。自是以來，歐洲各國航海東邁，史不絕書。而英國獨以富強雄海外，估舶遍天下，特來中國者多貴官巨賈。嘉慶年間，始有名望之儒至粵，曰馬禮遜，[20]繼之者曰米憐維琳，[21]而理君雅各[22]先生亦偕麥都思[23]諸名宿櫜筆東遊。先生於諸西儒中年最少，學識品詣卓然異人。和約既定，貨琛雲集，中西合好，光

18　利瑪寶（Matteo Ricci, 1552-1610）：天主教傳教士。意大利人，號西泰。1571 年加入耶穌會，1580 年升神父。1582 年抵澳門，次年至廣東肇慶，後定居北京傳教。

19　蹄涔：蹄指獸蹄，涔即雨水，以獸蹄跡中的積水，形容水量極少。

20　馬禮遜（Robert Morrison, 1782-1834）：英國人，1798 年入長老會，1805 年由倫敦佈道會選派來華傳教。1807 年到廣州，後移居澳門，從事基督教《聖經》的中譯工作。

21　米憐維琳（William Milne, 1785-1822）：蘇格蘭人，是繼馬禮遜之後第二個來華的基督教新教傳教士，協助馬禮遜在馬六甲創立英華書院，及創辦《察世俗每月統記轉》。

22　理雅各（James Legge, 1815-1897）：英國傳教士。1839 年由倫敦佈道會派往馬六甲，後任英華書院校長。1843 年赴香港，仍任校長，1873 年回國，1876 年至 1897 年在牛津大學任漢學教授。

23　麥都思（W.H.Medurst, 1796-1857）：英國傳教士。1835 年至中國，回國後復來華，鴉片戰爭時任英軍翻譯，後到上海傳教。著有《神學總論》、《中國》等書。

氣大開，泰西各儒，無不延攬名流，留心典籍。如慕維廉、[24] 裨治文 [25] 之地志，艾約瑟 [26] 之重學，偉烈亞力 [27] 之天算，合信 [28] 氏之醫學，瑪高溫 [29] 之電氣學，丁韙良 [30] 之律學，後先並出，競美一時。

然此特通西學於中國，而未及以中國經籍之精微通之於西國也。先生獨不憚其難，注全力於十三經，貫串考覈，討流泝源，別具見解，不隨凡俗。其言經也，不主一家，不專一說，博采旁涉，務極其通，大抵取材於孔、鄭而折衷於程、朱，於漢、宋之學，兩無偏祖。譯有四子書、尚書兩種。書出，西儒見之，咸歎其詳明該洽，奉為南鍼。夫世之談漢學者，無不致疑於古文尚書，而斥為偽孔。先生獨不然，以為此皆三代以上之遺言，往訓援引，多見於他書，雖經後人之裒集，譬諸截珥編瑙，終屬可寶，何得遽指為贗托而擯之也。平允之論，洵堪息群喙之紛爭矣。

嗚呼！經學至今日幾將絕滅矣。溯自嘉、道之間，阮文達 [31] 公以經

24 慕維廉（William Muirhead, 1822-1900）：英國倫敦佈道會傳教士。1847 年來華。1861 年訪天京（今南京），要求在太平天國境內傳教未果。著有《中國與福音》、《中國的太平天國起義者》。

25 裨治文（Elijah Coleman Bridgman, 1801-1861）：美國派到中國的第一個傳教士。1830 年到廣州，後創辦英文《澳門月報》（一譯《中國叢報》）。

26 艾約瑟（Joseph Edkins, 1823-1905）：英國傳教士。1848 年被倫敦佈道會派到上海，1863 年往北京，1880 年起任中國海軍翻譯。著有《中國的佛教》、《中國的宗教》等。

27 偉烈亞力（Alexander Wylie, 1815-1887）：英國倫敦佈道會傳教士、漢學家。1846 年來華，在中國近三十年。口譯《華英通商事略》、《西國天學源流》、《重學淺說》等，王韜筆錄。

28 合信（B.Hobson, 1816-1873）：英國傳教士、醫生。1839 年受倫敦佈道會來華，曾在澳門、香港、廣州從事傳教與醫療活動。著有《合信氏醫書五種》。

29 瑪高溫（Daniel Jerome Magowan, 1814-1893）：北美浸禮會派遣來華的醫療傳教士，1843 年到香港，其後數度來港。曾在英國講述中國和日本狀況，後在美軍中任職。

30 丁韙良（William Alexander Parsons Martin, 1827-1916）：美國人，教會長老派傳教士。1850 年到寧波傳教，1863 年在北京建立教會。後任同文館總教習，1898 年至 1900 年任京師大學堂總教習。著有《中國人對抗世界》、《中國之覺醒》等書。

31 阮文達：即阮元（1764-1849），謚文達。江蘇儀徵人，乾隆進士。學問淵通，長於考證，曾在杭州創立詁經精舍，在廣州創立學海堂。

師提唱後進，一時人士稟承風尚，莫不研搜詁訓，剖析毫芒，觀其所撰國朝儒林傳以及江鄭堂[32]《漢學師承記》，著述之精，彬彬郁郁，直可媲美兩漢，超軼有唐。逮後老成凋謝，而吳門陳奐碩甫[33]先生能紹絕學，為毛氏功臣，今海內顧誰可繼之者。而先生獨以西國儒宗，抗心媚古，俯首以就鉛槧之役，其志欲於群經悉有譯述，以廣其嘉惠後學之心，可不謂難歟？然此豈足以盡先生哉。先生自謂此不過間出其緒餘耳，吾人分內所當為之事，自有其大者遠者在也，蓋即此不可須臾離之道也。

　　先生少時讀書蘇京太學，[34] 舉孝廉，成進士，翊歷清華，聲名鵲起。弱冠即遊麻六甲，[35] 繼來香港，旅居最久，蓋二十四年於茲矣。其持己也廉，其待人也惠，周旋晉接，恂恂如也。驟見之頃，儼然道貌，若甚難親，而久與之處，覺謙沖和靄之氣浸淫大宅間。即其愛育人才，培養士類，務持大體，弗尚小仁，二十餘年如一日也。粵中士民，無論識與不識，聞先生之名，輒盛口不置。嗚呼！即以是可知先生矣。

　　今以有事返國，凡遊先生之門，涵濡教化者，無不甚惜其去而望其即至。余獲識先生於患難中，辱以文章學問相契。於其歸也，曷能已於言哉。是雖未敢謂能識先生之心，而亦略足盡其生平用力之所在矣。願與海內之景慕先生者，共證之可也。

---

32 江鄭堂：即江藩（1761-1831），號鄭堂。博綜群經，尤深訓詁，著《國朝漢學師承記》、《國朝宋學淵源記》等，均為清代學術史專著。

33 陳奐碩甫：陳奐（1786-1863），字碩甫。始從江沅治小學，繼師事段玉裁。生平專治毛詩，謹守毛公詩義。著《詩毛氏傳疏》、《毛詩說》等。

34 蘇京太學：理雅各生於蘇格蘭，亞伯丁英王學院畢業。

35 麻六甲：即馬六甲。

【解說】

　　王韜此文，載氏著《弢園文錄外編》卷8。內容概述西教士來華情況，以及他們在中西文化交流方面所作出的貢獻，是最早介紹理雅各事略的中文著作，文中提到的西教士多達十數人。

　　王韜於 1862 年 35 歲時避地香港，即與理雅各認識，其後協助他整理中國經籍，二人有一段頗長時間的合作關係。1867 年，王韜隨理雅各去英國（主要在蘇格蘭）譯書，順便遊歷法國，至 1870 年回港。黃文江關於理雅各的英文專著（Wong Man Kong, James Legge: *A Pioneer at Crossroads of East and West*, Hong Kong: Hong Kong Educational Publishing Company, 1996），可作參考。

2.4　徵設香海藏書樓序

　　夫天下之益人神智，增人識見者，莫如書。內之足以修身養性，外之足以明體達用。是以嗜古力學之士，多欲聚蓄書籍，以資涉覽。務博取精，各視其性之所尚。然藏書而不能讀書，則與不藏同，讀書而不務為有用，則與不讀同。國朝文學昌明，經術隆懋，士大夫家雅喜藏書，而其間途徑亦略區異。錢遵王《讀書敏求記》云：牧翁絳雲樓，讀書者之藏書也；趙清常脈望館，藏書者之藏書也。洪亮吉《北江詩話》云：藏書家有數等。得一書必推求原本，是正缺失，是謂考訂家，如錢少詹大昕、戴吉士震諸人是也。次則辨其版片，註其訛錯，是謂校讎家，如盧學士文弨、翁學士方綱諸人是也。次則搜采異本，上以補金匱石室之遺，下可備通人博士之瀏覽，是謂收藏家，如鄞縣范氏之天一閣、錢唐吳氏之瓶花齋、崑山徐氏之傳是樓諸家是也。次則第求精本，獨嗜宋刻，作者之旨意縱未盡窺，而刻書之年月最所深悉，是謂賞鑒家，如吳門黃主政丕烈、鄮鎮鮑處士廷博諸人是也。獨是言藏書於今日，則有甚難者。江、浙素稱藏書淵藪，而自經赭寇之亂，百六飇回，燼於刼火；圖史之厄，等於秦灰。即不佞插架所儲，亦半散亡於兵燹。蓋天下事有聚必有散，其勢則然，而惟書籍一物，造物厄之為尤甚。

　　粵東久享承平，學問文章，日趨雄盛，淹通之士，類喜談收藏而精鑒別。近如潘氏之海山仙館、伍氏之粵雅堂，搜羅浩博，足與海內抗衡。而伍氏尤多秘籍，所刊粵雅堂叢書，采錄宏奇，鉤稽精審，皆正定可傳。顧此皆私藏而非公儲也。我國家右文稽古，教澤涵濡，乾隆四十七年[36]《四庫全書》告成，特命繕寫副本，建三閣於江、浙，以

備存貯。在杭州西湖者曰文瀾，在揚州者曰文匯，在鎮江金山者曰文宗。詔士子願讀中秘書者，就閣廣為傳寫，用以沾溉藝林，實無窮之嘉惠也。他若各省書院學校，皆有官司。然書吏每過為珍秘，非盡人所能得覯，沿至日久，視為具文，良可慨已。

若其一邑一里之中，群好學者輸資購書，藏庋公庫，俾遠方異旅皆得入而蒐討，此惟歐洲諸國為然，中土向來未之有也。今將有之，自香港始。香港地近彈丸，孤懸海外，昔為棄土，今成雄鎮，貨琛自遠畢集，率皆利市三倍，一時操奇贏術者趨之如鶩，西人遂視之為外府。於是遊觀之地，踵事增華，此外如博物院、藏書庫亦皆次第建築。顧旅是土者，華人實居八九，近年來名彥勝流翩然蒞至，裙屐清遊，壺觴雅集，二三朋好結文酒之會者，未嘗無之。即其間習貿易而隱市廛者，或多風雅高材，如周青士、朱可石其人，類亦不乏。如是，豈可讓西人專美於前哉！同治己巳[37]特立東華醫院，百廢具舉，陳、梁二君[38]之力居多。一切規模宏遠，港中人稱之不容口。邇又延邵君紀棠創開講堂，仿古讀法事，日述嘉言懿行，由漸漬以化流俗，甚盛事也。而馮君、伍君猶以文教未備為憂，慨然思有以振興之。謂港中儲積富饒，獨書籍闕如，不第異方來遊者無以備諮訪而資考覽，不足為我黨光，即我儕亦無以為觀摩之助。亟欲糾集近局，賃樓儲書，以開港中文獻之先聲，特來索一言於不佞。

不佞作而歎曰：善矣哉！馮、伍二君之為斯舉也。此向者所未有而有之於今日者也，當必有素心同志之人，以先後贊襄於其間。蓋天特欲興文教於港中，故假手於諸君子以成之耳。

夫藏書於私家，固不如藏書於公所。私家之書積自一人，公所之書積自眾人。私家之書辛苦積於一人，而其子孫或不能守，每歎聚之艱而散之易。惟能萃於公，則日見其多，而無虞其散矣。又世之席豐

37　同治己巳：即同治八年，1869 年。

38　陳、梁二君：陳瑞南（桂士）、梁安（鶴巢）二人。他們分別是瑞記洋行買辦和仁記洋行買辦，均為東華醫院首屆董事會董事。

履厚者，雖競講搜求，而珍帙奇編一入其門，不可復覯。牙籤玉軸觸手加新，是亦僅務於其名而已。曷若此之大公無我，咸能獲益哉。不佞嘗見歐洲各國藏書之庫如林，縹函綠綈幾於連屋充棟，懷鉛槧而入稽考者，几案相接，此學之所以日盛也。將見自有此書樓之設，而港中之媚學好奇者，識充聞博必迴越於疇昔，有可知也。不佞故樂為之序，以告同人。

【解說】

王韜此文原題〈香海擬設藏書樓〉，刊於 1874 年 5 月 1 日《循環日報》，收入氏著《弢園文錄外編》卷 8，改題〈徵設香海藏書樓序〉。首言收藏圖書的重要性，及舉述中國著名的藏書樓，繼而指出香港有識之士亟欲賃樓儲書，振興文教，樂為之序，以待其成。

此文第一段略述中國著名藏書樓與讀書家、收藏家、鑒賞家，慨歎歷來書籍之聚散。次言粵東亦有可觀，然皆私藏而非公儲，私家藏書聚之艱而散之易，不如藏書於公所。歐洲各國藏書之庫如林，學術因而日盛，此亦中土向來所缺，盼能由香港開始。

2.5 創建東華醫院序

嗚呼！地之興廢何常哉？繫於人而已。得其人則興，而百事以治。入其境者，見夫太和翔洽？庶彙舉欣然有自得意，知其地必大有人在。蓋如山澤之有虎豹，江湖之有蛟龍，伏乎其中而威乎其外。是故賢人君子羈旅人國，其足繫於地方之重輕者何莫不然。其所以默化潛孚，移易風俗者，自有其道，初不以其陋而弗居也。

香港蕞爾彈丸，孤懸海外，向者為盜賊之藪苻，飛走之原圃。闢榛莽，平犖确，建屋廬，不過三十餘年間耳。梯航畢集，琛貨遠來，今且視之為重鎮。始而居是邦者率以財雄，脫略儀文，迂噓道德，甚至放佚於禮法之外。貧而無賴者，強則劫奪，弱則流離，卒無所歸，宛轉於溝壑。僑居諸彥怒然以為深憂，謂是不可不引之使進於道。計不如以善機為啓發，善氣為感通，俾其鼓盪變化於無形。顧善非一端，在措其大者而已。恤貧拯病以全其生，納棺瘞土以安其死，尤其卓卓當先者。因諮於眾，僉曰可。

太平山側，固有所謂廣福慈航者，為寄停棺槨，垂死病人遷處之所。特當事以其措置不善，已諭撤除。梁君鶴巢、[39] 陳君瑞南 [40] 請於當事，因其舊址擴而新之，暫為施醫治病之地。於時捐貲集事者凡百二十人，特是經費無所出，事可暫而不可常，因群請於前任督憲麥公，[41] 麥公慨然曰：是固地方之要務，敢不為諸君成斯盛舉。賜地給

---

39 梁君鶴巢：梁安（鶴巢），仁記洋行買辦。東華醫院首屆董事會董事，早期香港華人董事之一。

40 陳君瑞南：陳瑞南（桂士），瑞記洋行買辦。東華醫院首屆董事會董事，早期香港華人領袖之一。

41 督憲麥公：即港督麥當奴（Sir Richard Graves Macdonnell, 1814-1881），1866 年至 1872 年在任。

帑，獎勵甚至，前後撥公項至十餘萬。一時草偃風行，傾囊解橐者，無不輸將恐後，歲捐之數，亦盈八千有奇。於是醫院大功告成，可垂之於不朽。謂非南州諸君子盛德事哉！院中章程周密，規模宏敞，弊絕風清，固無可議。蓋天下事可以麋眾心行久遠者，要惟公而已矣。

始事諸君，既觀厥成，奉身而退，抑然不敢自以為功，而惟冀後來者勉勉焉以臻於勿替，此尤世所難能也。梁君鶴巢以院成巔末索序言於不佞，將泐諸石，用誌經始。自維賤且陋，不敢以不文辭，屢辭弗獲命。余觀邇來江、浙間兵燹之後，百善具舉，義塾善堂鄉邑相望，是豈不謂慈懷足以造福，善念足以致祥，詩書足以消乖戾，弦誦足以召平和哉？登一世於仁壽，納斯民於綏康，固仁人長者之用心也。然則善也者，有裨於地方豈淺鮮哉！

香港光氣漸開，民俗日厚，今昔之異，蓋有一變而不自知者。丁卯之冬[42] 余往遊泰西，遍歷英、法諸國，及余掛帆東還，歲在庚午，[43] 頓覺港中氣象迥殊，人士多彬郁謹願，文字之社，扶輪風雅，宣講格言，化導愚蒙，率皆汲汲然引為己任。知其間必有人以為之倡。逮往觀醫院之設，而恍然於其故矣。

醫院落成，錫名東華，其命意固有顯然可見者。況以東也者，生氣之所發；華也者，萬物極之盛。然則宣布陽和陰行，滋長群生，有不咸被其休者乎。噫！以香港渺然一島耳，僻在炎陬，素非孔道，而一旦為之效，可觀已如此。是則在人而已，固不以地限也。吾言不益信哉！

【解說】

王韜此文，載氏著《弢園文錄外編》卷 8。香港政府於 1870 年 3 月 30 日頒佈《東華醫院立案條例》，4 月 9 日，東華醫院舉行奠基禮，

42　丁卯之冬：同治六年，1867 年。
43　庚午：同治九年，1870 年。

由港督麥當奴主持大會。1872 年 2 月 14 日，舉行開幕典禮，是香港華人社會第一次空前的盛大集會。東華醫院位於上環普仁街，以免費治療貧病華人為宗旨。香港政府除了在東華醫院成立時提供土地及金錢資助外，醫院的經費主要是由總理通過各種渠道和不同方式籌募得來的，運作相對獨立，港府的規管比較少。

東華醫院堂宇宏敞，是富有東方藝術的建築，內分三區八部，可容病人 80 至 100 人。創立之初，純以中醫中藥治療病者，兼辦各項慈善工作，如收容無依婦孺及老弱殘廢者，其後並參與本地救災工作，及賑濟內地災民等活動。

《東華醫院規條》，收錄於 1873 年同治癸酉東華醫院《徵信錄》序言的後面；後來因應實際情況而有所增補，詳見歷年編印的《東華醫院徵信錄》。

關於東華三院的專書很多，主要有：《香港東華三院百年史略》（香港：東華三院，1970 年）；冼玉儀、劉潤和主編《益善行道——東華三院 135 週年紀念專題文集》（香港：三聯書店〔香港〕有限公司，2006 年）；丁新豹著《善與人同——與香港同步成長的東華三院（1870-1997）》（香港：三聯書店〔香港〕有限公司，2010 年）。

2.6 記香港總督燕制軍東遊

香港海中一孤島，而最近於粵，近為大英外府，設官戍兵，視為重鎮。其統率之長，以華官之制稱之曰總督，言總督港中一切事宜，而統屬大小各官焉，是則其權亦綦重矣哉。英廷簡畀是任，必以素著名望者，誠重之也。

今總督燕公桌斯[44]位，崇於朝而譽孚於世，國中學士大夫皆仰其言論風采，得一語以為榮。屢任兼圻，所至皆有政聲。其為治也，以愛民為本，其視中外之民，無畸重輕，不區畛域。涖港十有八月，而治績卓然，民譽翕然，事簡而刑清。乃以政治之暇，挈其眷屬來遊東國，[45]以大藏大輔松方正義[46]為東道主人。蓋松方銜命出使，自法言旋，道經港中，固與燕制軍[47]相識，燕制軍待之有加禮，此足以見東西之交密，而睦鄰修好，即寓於是焉。

燕制軍既至，居大藏別署，一切供給使令，無不周備。東京附近名勝之地，率皆驅車往遊，想其見民物之殷阜，子女之便娟，山川之秀淑，林木之蔥蒨，必有暢然怡然，而惝然若失者。

燕制軍雅度和衷，謙光外著，待人接物，恂恂如也，日之士君子皆以此多之。吾謂此未足以盡燕公也。燕制軍於與國交際之道，能見其大，嘗謂方今俄人雄長於北方，駸駸為歐、亞兩洲之患，中、日兩國，境地毗連，而俄又日窺英之印度，狡焉思逞，未見其止。為今計者，莫如中、日、英三國相親，合力以備俄。嗚呼！非燕公無此識，

---

44 燕公桌斯：即港督軒尼詩（Sir John Pope Hennessy, 1834-1891），1877 年至 1882 年在任。

45 東國：指日本。

46 松方正義（1835-1924）：日本明治時期的政治家、財政改革家。曾任大藏卿和內務卿。

47 燕制軍：清代時對總督的稱呼。

亦不能為是言也。則聯三國而為一，余將於此行也望之矣，是豈徒泛作東遊而已哉！

【解說】

王韜此文，原刊於《循環日報》庚辰年正月初十日，1880 年 3 月 7 日《申報》轉載，收入氏著《弢園文錄外編》卷 8，改題〈記香港總督燕制軍東遊〉。香港總督軒尼詩於 1879 年 5 月 31 日赴日本訪問，6 月 13 日往東京商法會所演說，後來又到大阪的鑄幣廠參觀。王韜在《扶桑日記》中說，6 月 8 日港督曾與他見面，二人並於 8 月底由神戶同船至上海。1879 年間，王韜接受《報知新聞》栗本鋤雲等人的邀請，到日本訪問，歷時 4 個月。其間港督軒尼詩曾赴日本訪問，回程與王韜同船。

2.7　香海覊蹤

　　余年未壯，即喜讀域外諸書，而興宗愨乘風破浪之想，每遇言山水清嘉、風俗奇異，輒為神往；惟以老母在堂，不敢作汗漫遊。庚辛之間，[48] 江浙淪陷，時局愈危，世事益棘，滬上一隅，風鶴頻警。秋初，老母棄養。余硯田久涸，本思餬口於遠方；兼以天讒司命，語禍切身，文字之祟，中或有鬼，不得已蹈海至粵，附"魯納"輪船啟行。時，同行者為江寧范春泉祖洛，其弟鏡秋，蕭山魯荻洲希曾，並其友許識齋。與作清談，頗不寂寞；每話亂後景況，為之酸鼻。

　　舟行兩晝夜抵福州，泊羅星塔，兩岸重崖峛崺，山氣葱蒨撲人。閩省多山，城堞皆依山而築，惟漳州平地差多，閱月〔日〕[49] 抵廈門，市集頗盛。翌日午後抵香港，[50] 山童赭而水汩減，人民椎魯，語言侏㒧，乍至幾不可耐。余居在山腰，多植榕樹，窗外芭蕉數本，嫩綠可愛。既夕，挑燈作家書。隔牆忽有曳胡琴唱歌者，響可遏雲。異方之樂，只令人悲。

　　香港本一荒島，山下平地距海只尋丈。西人擘畫（劃）經營，不遺餘力，幾於學精衛之填海，效愚公之移山。尺地寸金，價昂無垺。沿海一帶多開設行舖，就山曲折之勢分為三環：曰上環、中環、下環，後又增為四環，俗亦呼曰"裙帶路"，皆取其形似也。粵人本以行賈居奇為尚，錐刀之徒，逐利而至，故貿易殊廣。港民取給山泉，清冽可飲。雞豚頗賤，而味遜江浙。魚產鹹水者多腥，生魚多販自廣

48　庚辛之間：指庚申、辛酉之間，即 1860 年至 1861 年間。

49　閱月〔日〕：原文月字應為日字之誤。

50　王韜抵港日期為 1862 年 10 月 11 日（同治元年閏八月十八日）。王韜《蘅華館日記》："十有八日申刻，抵香港，即雇夫攜行李至中環英華書院，見理雅各先生。是夕，與任瑞圖先生同宿。"

州，閱時稍久則味變。上、中環市廛稠密，闤闠宏深；行道者趾錯肩摩，甚囂塵上。下環則樹木陰翳，綠蔭繽紛，遠近零星數家，有村落間意。"博胡林"[51]一帶，多西人避暑屋，景物幽邃，殊有蕭寂之致。下環以往，漁家疍戶大半棲宿於此。

中環有"保羅書院"，[52]上、下交界有"英華書院"，[53]上環有"大書院"，[54]皆有子弟肄業，教以西國語言文字，造就人才，以供國家用。"英華書院"兼有機器活字版排印書籍。

上環高處為太平山，兩旁屋宇參差如雁翅，碧窗紅檻，畫棟珠帘，皆妓女之所居也。粉白黛綠充牣其中，惜皆六寸膚圓，雪光致致；至於弓彎纖小，百中僅一二。容色亦妍媸參半。其有所謂"鹹水妹"者，多在中環，類皆西人之外妻，或擁厚資列屋而居。佳者圓姿替月，媚眼流波，亦覺別饒風韻。或有乞余作香港竹枝詞者，余口占答之云："絕島風光水面開，四重金碧煥樓台。海天花月殊中土，誰唱新詞入拍來。"

港中近日風氣一變，亦尚奢華。余初至時，為經紀者多著短後衣，天寒外服亦僅大布。婦女不務妝飾，妓多以布素應客，所謂金翠珠玉藉以作點綴者，僅一二而已。嗣後日漸富侈。自創設"東華醫院"以來，董事於每年春首必行團拜禮，朝珠蟒服，競耀頭銜，冠裳蹌蹌，一時稱盛，而往時樸素之風渺矣。熱鬧場中，一席之費多至數十金，燈火連宵，笙歌徹夜，繁華幾過於珠江，此亦時會使然歟！

---

51 博胡林：即薄扶林。

52 保羅書院：即聖保羅書院。1851 年正式成立，由創辦至 1941 年，校舍在中環忌連拿利（鐵崗）。《遐邇貫珍》1855 年 5 月號有〈聖保羅書院招生徒告帖〉，是香港學校最早的招生廣告，當中說聖保羅書院"有唐人先生，教讀《四書》、《五經》；有英國先生，兼及英文。而尤重者，在於天文、地理、算學，一一皆切要之務"。

53 英華書院：校舍位於士丹頓街與荷李活道交界處。

54 大書院：即中央書院，1889 年改名維多利亞書院，1894 年再易名為皇仁書院。

【解說】

這是王韜《漫遊隨錄》中的一篇，可與〈香港略論〉並讀。其中比較有趣的是，王韜記下了當時一個流行的稱呼——"鹹水妹"。由於來港的西人，沒有攜帶家眷的，不少都招本地女子為伴，而這些女子多出身於漁家蛋戶，港人又習稱曾經出洋者為"浸過鹹水"，這可能就是"鹹水妹"得名的由來。王韜又觀察到香港社會由儉樸漸趨富侈，分析"港中近日風氣一變，亦尚奢華"，主要是由於自東華醫院創設以來，董事於每年春節例必舉行團拜，影響所及，"熱鬧場中，一席之費多至數十金，燈火連宵，笙歌徹夜，繁華幾過於珠江，此亦時會使然歟！"

文中亦提到當時香港的學校情況，包括聖保羅書院、英華書院和中央書院。英華書院兼有機器活字版排印書籍，19世紀中葉香港一些重要的書刊，就是由英華書院出版的。

《漫遊隨錄》是王韜由香港返回上海後，將過去寫成的遊記整理成書，1890年（光緒十六年）由上海點石齋書局石印出版。現有長沙岳麓書社1985年簡體字版，作為《走向世界叢書》的一種。

2.8　物外清遊

　　余羈旅香海，閉門日多，罕與通人名士交接。讀書之暇，惟與包榕坊孝廉作物外遊，臨水登山，別饒勝趣。

　　最近為博物院，中藏西國書籍甚夥，許人入內繙閱。輿地之外，如人體、機器，無不有圖，纖毫畢具。院中鳥獸蟲魚、草木花卉，神采生新，製造之妙，殆未曾有。

　　院旁即觀劇所，西人於此演劇奏樂伎，大抵搬運之術居多，神妙變化，奇幻不可思議。

　　英人所設書院三所：曰"保羅書院"，主其事者曰宋美；[55] 曰"英華書院"，主其事者曰理雅各；曰"大英書院"，[56] 主其事者曰史安。皆許俊秀子弟入而肄業，學成則備國家之用，或薦之他所。"保羅書院"與會堂毗連一帶，修竹蕭疏，叢樹陰翳，細草碧莎，景頗清寂。每至夕陽將下，散步其間，清風徐來，爽我襟袖，輒為之徘徊不忍去。

　　中環房舍尤精，多峻宇雕牆，飛甍畫棟。所設闤闠，多絕大貿易，衢路亦開廣，故不若上環之甚囂塵上。近臨水濱，有自鳴鐘甚巨，聲聞十許里外。

　　"博胡林"相距較遠，為西人避暑所居，霧閣雲窗，窮極華美。四圍環植樹木，雜以名花，綠蔭繽紛，綺交繡錯；中庭流泉瀄瀄，噴薄而出；室內湘帘棐几，玉碗晶杯，入坐其中，幾忘盛夏，不必雪藕調冰、浮瓜沉李也。理君於課經餘閑，時招余往，作竟日流連。一榻臨風，涼颸颯至，把卷長吟，襟懷閑曠，余謂此樂雖神仙不啻也。理君不敢獨享，必欲分餉，真愛我哉！

55　宋美：或譯史美（George Smith），主理英國聖公會在遠東地區的宗教傳播事宜。

56　大英書院：即中央書院。

距數十武有蓄水池，[57] 澄波數頃，徹底可鑒；旁設兵舍，有專司之人，蓋恐人有投毒物於清流者也。港人飲水多仰給於此，雖遇旱乾，亦無害飲食，德沾被廣焉。

“博胡林”左右，所有西商別墅，多由漸拾級而上。建屋諸式，均各異觀。雉堞周遭，層台軒敞，隱然若防敵國。西人於居家，亦講求武備如此。其屋或在山腰，或踞山脊，造其巔而遠望焉，四顧蒼茫，浩無涯涘，岡巒若垤，海水若盂，船艦橫排，具有行列，亦可擴胸襟而豁眼界矣。附近有仿日本屋宇，紙窗竹欄，亦復雅潔可喜。香港素無蚊，惟其地多長林豐草，夕間安睡，頗有蚊患，亦一憾事。

再由此曲折而登，更上一層，則為山頂。小屋數椽，窗明几淨，守者所居。戶外高豎一竿，上懸旗幟。外埠有船至，則一旗飄揚於空中，從下瞻之，了然可識。余曾至懸旗處當風而立，擲手中巾於地，仍復飄回。守者謂：無論何風，必向內而吹，亦一奇也。

遠客來遊此間，必往公墅。[58] 公墅廣袤數十畝，雜花異卉，高下參差；惜無亭榭樓台為之點綴，殊遜於中國園囿耳。每日薄暮，踆烏將落，皓兔旋升，乘涼逭暑者翩然而來。霧縠雲裳，蕉衫紈扇，或並肩偶語，或攜手偕行，殊覺於此興復不淺。此亦旅舍之閑情，客居之逸致也。

【解說】

這是王韜《漫遊隨錄》中的一篇，介紹 19 世紀中葉香港的主要書院和港島景觀。由中環到薄扶林以至山頂，都作了仔細的描述。最後介紹公家花園，即現時中環的動植物公園。文中提到的書院和重要建築物，描述較〈香海羈蹤〉詳細，兩篇可以對照一併閱讀，其文字之優雅不是一般遊記可比擬的。

---

57 蓄水池：水塘。
58 公墅：公家花園，指兵頭花園，即現時的動植物公園。

三、圖書及報刊：近代香港的出版物

【導言】

　　《智環啟蒙塾課初步》是香港第一本中英文雙語教科書，內容有如一本新知識百科全書，引起明治初年的日本注意，曾多次加以翻印作教學之使用。從該書的目錄和跋，可見其內容大概。課本內的英文淺白易讀，中文則間雜本地粵語，內容相當全面，有關基督教的介紹放在最後第 24 篇。

　　另一方面，香港報業自始即有可觀。《循環日報》保存甚少，幸而《循環日報六十週年紀念特刊》留下了若干記載。20 世紀前半的香港報業，麥思源的兩篇文章提供了主要線索，即〈六十年來之香港報業〉及其補篇〈七十年來之香港報業〉，分別載於《循環日報》和《香港華字日報》的紀念特刊。

　　19 世紀下半葉，在香港出版的中、英雙語工具書，以羅布存德的《英華字典》和《漢英字典》最為可觀，譚達軒的《華英字典彙集》，則是初由中國人自編的一種。1815 年至 1822 年間馬禮遜（Robert Morrison, 1782-1834）在澳門編印的《華英字典》（包括卷 1《字典》、卷 2《五車韻府》、卷 3《英漢字典》）創中英雙語字典的先河，但因當時缺乏可供參考的材料，粗疏錯漏之處甚多，後來在香港出版的字典加以改善，較便應用，從而奠定了中英雙語字典的基礎。

3.1 《智環啟蒙塾課初步》目錄

用（Uses of Insects）；七十七、蚓類蚌蛤類（Worms and Shells）；七十八、蚓類蚌蛤類有用（Uses of Worms）

第十一篇　草木論（OF PLANTS）：七十九、草木分類（Kinds of Plants）；八十、真木苞木（Trees and Shrubs）；八十一、林木（Forest Trees）；八十二、結穀之草（The Corn Plants）；八十三、蔬菜（Garden Produce）；八十四、草木入藥（Medicinal Plants）；八十五、園中花卉（Garden Flowers）；八十六、鳳尾草苔芝數類（Ferns, Mosses, Fungi）；八十七、草木有用（Uses of plants）；八十八、繼草木有用（Uses of plants）；八十九、草木殊異處（Varieties in Plants）；九十、草木生長（Growth of Plants）

第十二篇　地論（OF THE EARTH）：九十一、地面分形（Divisions of Land）；九十二、土之分形（Tracts of Land）；九十三、水匯（Collections of Water）；九十四、水變（Changes in Water）；九十五、地之體質（Substance of the Earth）；九十六、土石類與鹵類（Earths and Salts）；九十七、金類（Metals）；九十八、著火質類（Combustible Minerals）；九十九、金類之用（Uses of Metals）；一百、寶石（Precious Stones）

第十三篇　諸物質體論（OF SUBSTANCES）：一百〇一、諸物分三類（The three Classes of Objects）；一百〇二、入口貨屬生物質者（Animal Substances）；一百〇三、入口貨屬草木質者（Vegetable Substances）；一百〇四、入口貨有樹膠樹脂（Resins and Gums）；一百〇五、入口貨有草木之根與油（Roots and Oils）；一百〇六、礦產（Mineral Productions）；一百〇七、人所花費物料（Waste Materials）；一百〇八、物料之賤值者（Materials of little Value）；一百〇九、物無不有用（Nothing is Useless）

第十四篇　天氣諸天論（THE AIR AND THE HEAVENS）：一百一十、地及宇宙（The Earth and the Universe）；一百十一、地極（The Poles）；一百十二、地之運動（Motions of the Earth）；一百十三、二分

BESIDES BRITAIN）：一百五十二、歐羅巴、亞西亞二洲諸邦
（Europe and Asia）；一百五十三、阿非利加、亞麥里加、阿西亞尼亞
三洲諸邦（Africa, America and, Oceania）；一百五十四、國之野劣者
（Savage Nations）；一百五十五、國之野遊者（Barbarous Nations）；一
百五十六、國之被教化而未全者（Half-civilized Nations）；一百五十
七、國之被教化而頗全者（Civilized Nations）

第二十篇　通商貿易論（OF TRADE AND COMMERCE）：一百
五十八、貿易（Commerce）；一百五十九、出口入口之貨（Exports and
Imports）；一百六十、船（Ships）；一百六十一、機器（Machinery）；
一百六十二、言語（Language）；一百六十三、史記（History）；一百
六十四、新聞篇及書冊（Newspapers and Books）；一百六十五、修身
（Self-Improvement）

第二十一篇　物質及移動等論（OF MATTER, MOTION, &c.）：
一百六十六、物質可以細分（Divisibility of Matter）；一百六十七、
物質不能滅（Indestructibility of Matter）；一百六十八、物之相引
（Attraction）；一百六十九、物之體質異性（Peculiar Properties of
Matter）；一百七十、物之移動（Motion）；一百七十一、物之形像
（Form）；一百七十二、物之大小（Magnitude）；一百七十三、量物之
法（Measurement）；一百七十四、物色（Colour）

第二十二篇　借力匠器論（OF THE MECHANICAL POWERS）：
一百七十五、舉物器（The Lever）；一百七十六、續舉物器（The
Lever）；一百七十七、輪軸相合（The Wheel and Axle）；一百七十八、
斜板及尖口（The Inclined Plane, &c.）；一百七十九、螺絲及轆轤（The
Screw, the Pulley）；一百八十、工匠機謀（Mechanical Contrivances）；
一百八十一、匠器勢力之用（Mechanical Power）；一百八十二、工藝
之見於天成（Mechanism in Nature）

第二十三篇　五官論（OF THE SENSES）：一百八十三、眼官（The
Sight）；一百八十四、聽與言（Hearing and Speech）；一百八十五、嘗與
聞（The Taste and Smell）；一百八十六、覺（Feeling or Touch）；一百八

十七、五官之用（Use of the Senses）；一百八十八、身子安康（Health）；
一百八十九、身玷缺（Bodily Defects）；一百九十、疾病（Diseases）；一
百九十一、死亡（Death）

第二十四篇　上帝體用論（ATTRIBUTES OF GOD）：一百九
十二、上帝永在（Eternity of God）；一百九十三、上帝無更易（God
Unchangeable）；一百九十四、上帝全能（God Almighty）；一百九十五、
上帝無所不在（God Every-where Present）；一百九十六、上帝全智全恩
（God All-Wise and Good）；一百九十七、上帝純全（God Perfect）；一
百九十八、上帝公義慈悲（God Just and Merciful）；一百九十九、上帝
乃神（God a Spirit）；二百、上帝宜恭（God to be Honoured）

【解說】

《智環啟蒙塾課初步》（*A Circle of Knowledge*）是香港英華書院出
版的中、英文雙語對照教科書，英文署倫敦傳道會 1856 年印刷。理雅
各編譯。書首有英文序言，署 J.L.，即 James Legge 的縮寫。全書分 24
個部門，共 200 課，從內容看來，應是西洋知識的啟蒙讀物。該書傳
至日本，被翻印了 13 次之多，詳見周佳榮〈十九世紀香港書刊在日本
的傳播〉，氏著《潮流兩岸：近代香港的人和事》（香港：香港中和出
版有限公司，2016 年）。內田慶市、沈國威著《近代啟蒙の足跡：東
西文化交流と言語接觸》（吹田：關西大學出版社，2002 年）是研究
《智環啟蒙塾課初步》的專著。

《智環啟蒙塾課初步》簡稱《智環啟蒙塾課》、《智環啟蒙》，是西
洋知識及日常生活的啟蒙讀物，類似今日的通識讀本，在當時實為首
創；並且中英對照，可以兼習英文。江戶幕府末年、明治時期初年的
日本人，對西洋新知渴求甚殷，得見此書，如獲至寶。1867 年據以印
成《翻刻智環啟蒙》，並在中文旁邊加上日本式的訓點。1872 年譯成
日文，改題《啟蒙知惠乃環》（意即啟蒙智慧之環）。其後又有漢文標
點本、英日對照本、插圖本等，廣泛為各地學校尤其是洋學校所採用。

3.2 《智環啟蒙塾課初步》跋

理雅各先生者，耶穌教會之牧師、英華書院之教授也。余自甲寅歲，[1] 忝居西席，得與日夕討論，故洞悉先生之為人。其生平以主道為依歸，以誨人為樂事，每於傳道課徒之暇，輒手不釋卷，先生其真學不厭，而誨不倦者歟。茲譯有《智環塾課》[2] 一卷，以授生徒，其中自

上帝之體性功用以及所造之天文地理、人事、服食、器用，與夫一切飛潛動植之物，罔不悉載，卷中將英唐文字，分列上下，俾學者開卷了然，足以增廣智慧，固不僅為學語之津梁已也。

丙辰冬西樵任瑞圖氏識[3]

【解說】

任瑞圖為《智環啟蒙塾課初步》所寫的〈跋〉，指出此課本是理雅各譯，內容包羅萬有，英文及中文分列一頁的上下，既可學習語文，亦足以增廣智慧。

英華書院成立於 1843 年，最初的校舍在士丹頓街與荷李活道交界處。校舍除上課外，兼作禮拜及教徒聚集之所，並在校內印刷《聖經》等，肩負教育、傳道、翻譯、出版等工作。《遐邇貫珍》、《智環啟蒙塾課初步》等均由該校印刷出版。後因校長理雅各負責籌備中央書院，學校接辦乏人，暫告停辦，至 1914 年始復校。

---

1 甲寅歲：咸豐四年，1854 年。

2 《智環塾課》：即《智環啟蒙塾課初步》。

3 丙辰冬西樵任瑞圖氏識：丙辰，即 1856 年；任瑞圖，是理雅各的中文秘書。

3.3 《循環日報》略歷

〔一〕源流

　　我國報紙，肇元香江。當西曆一八四九年〔道光二十九年〕至一八五七年〔咸豐七年〕間，外教士傳道來華，以言語文字之隔閡，乃於香港編印書報，藉以輸入西方文教。其時風氣未開，銷流不廣，收效極微，顧外人卒鍥而弗舍，延延垂十稔。至同治初年，始有我國人集資經營之港報，流風所被，由申江以及京津，以及各省埠。時至今日，則全國報紙，已達二千餘家，然攷其歷史，則先後不過六十餘年，而此六十餘年中，盛衰起仆，以人事之摧殘，與天然之淘汰，如朝菰夕菌，倐起驟滅者，實不可更僕以數。其能週歷六十年，不為黨派所羈絆、不因時代而陳謝、巍然獨存、日益進步者，則本報之略歷，殆有不可湮沒者矣。

〔二〕創始

　　西曆一八七三年，即清同治十二年，歲次癸酉，夏曆十一月十七日，香港《循環日報》，干時誕生。初，太平天國有殿元王紫詮先生者，以文人鼓吹革命。太平天國失敗，先生盡室以行，止於香港，為英華書院基督教牧師編輯教籍，號天南遯叟，以自韜晦。同治十年，先生乃集資組設中華印務總局，僱工自製鋼版字模。越二年，始組織日報，附印於中華，而名之曰"循環"。循環者，取義於天道周星，意謂革命事業，雖挫敗於一時，而其傳播種子，無往不復，循環不已，卒底於成。此本報之所由肇造也。

〔三〕改進

當本報創刊之初，亦即香港報業草昧經營之日，其時各報，均間日出紙，獨王紫詮先生以為非每日一紙不足以副日報之名。顧其時交通梗塞，消息滯緩，一紙之中，僅選錄《京報》及《羊城新聞》與《中外新聞》，略備報紙之雛形耳。翌年，增出月刊，閱一歲而止辦。至光緒庚辰年，極力再增一紙；乙未，又改為晚報；庚子，又復舊觀。光緒卅年〔1904年〕，甲辰，溫俊臣先生纘王君餘緒，益銳意展拓，改為大紙兩張，內○復增加諧部一欄。丁未，始參用五號字。己酉，添聘京滬訪員，增加特電。迨民國六年〔1917年〕，加印一紙；民十三年〔1924年〕，再加一紙，共為四大張。近更以國難方殷，外交內政，瞬息萬殊，消息傳播，急不容緩，復附設晚報，以應社會之需求。此皆本報六十年來之經過。由一紙以增至四紙，其刻意經營，充實內美，同人等靡敢少懈，以求改進，而日臻於完善也。

〔四〕擴充

嘗聞水之積不厚，則其負大舟也無力。風之積不厚，則其負大翼也無力。本報以六十年之慘淡經營，由間日一紙，以迄於每日出紙四大張，豈復能因陋就簡，以取得社會人士之愛護哉。於此，則最近之積極擴充，力求完備，其間種種，抑又有不能已於言者矣。敢為分述其略於下：

（甲）工場之展拓　當中華印務局開業時，僦居於必列者士街，因陋就簡。甲戌，乃遷居歌賦街五十一號，是屋為三間相連，即以左右兩間為印刷場，而以樓之二層為編輯部，三層為排字工場。戊午，乃購買是屋，加以修葺，工場土木之費，實逾萬金。辛酉，再購其鄰居四十九號屋。民十四年〔1925年〕，以添置新機，故改建工場，通連兩屋，鳩工庀材，閱數月遂告落成。自時而後，或加修改，或事飾增，至今日而偉大之工場，遂乃廓其有容矣。

（乙）印刷之改良　本報之與中華印務公司，子母相生者也。當印務營業開始，祇承購英華書院之十六度手扳印機二事，其於字粒，則亦祇有大號四號之鋼模鉛字與及英文字粒各一套耳。丙戌，報業漸進，則添購十六度之新機及新式之鑄字機，而印務始為之改良。甲辰，報業又進，則更改用廿四度之大機，改手扳為電力，而印務又為之改良。丁未，復添購二號三號五號等銅版並最新式之鑄字機器。於此，經三度之改進，而印務亦稍稱完備矣。顧此項廿四度之印機，雖有五具，而計其速率，則每機一小時不過出紙一千餘，本報共出紙四張，其銷數又久經逾萬，是雖日夜不息，而其為數亦有供不給求之勢。民十四年〔1925 年〕，因董事會之議決，遂有購外國摺疊機之議，僉稱此摺疊機之為物，其價值雖逾十萬金，然語其效能，一則能自印自摺，無手續之繁，二則能以一小時印紙一萬三千份，三則能以其同時兼印數色，有此種種之利便，以適應時勢之要求，故雖耗巨金，在所勿惜。翌年，再增購一具，先後共購附屬品共值價二十餘萬金。本報之積極擴充，與其苦心毅力，殆又如此。

〔五〕希望

大撓作甲子，以六十為周，循環不息，與時俱邁。今本報由草創經營，以迄今日，凡六十週年矣。昔人創始之苦心、纘承之毅力，與社會人士之熱心愛護，使本報不隨朝菰夕菌而湮滅，巍然獨存於吾國報業始源之香港，斯後吾人敢不本純潔之精神、公正之態度，以翔實之消息、正大之言論，以與社會人士相見面哉！方今六十週年紀念之日，所敢述往徵來，以昭告於凡百君子，而希望周行之示，載賦彤弓者也，於是乎書。

　　本文載於 1934 年出版的《循環日報六十週年紀念特刊》，內容包括該報的源流、創始、改進、擴充和希望。學界對《循環日報》的探討，一般集中於創辦初期，尤其是與王韜的關係，此文大致上可以展示該報在王韜離港後的發展概況。下列著作可進一步參考：卓南生著《中國近代報業發展史：1815-1874》增訂版（北京：中國社會科學出版社，2002 年）；蕭永宏〈《弢園文錄外編》篇目來源考辨──《弢園文錄外編》和《循環日報》"論說" 關係之研究〉（《香港中國近代史學報》第 4 期，2006 年）；蕭永宏〈《循環日報》之編輯與發行考略〉，《江蘇社會科學》，2008 年第 1 期；丁潔〈《循環日報》與近代中國報業發展〉，周佳榮、范永聰主編《東亞世界：政治・軍事・文化》（香港：三聯書店〔香港〕有限公司、香港浸會大學當代中國研究所，2014 年）。

　　20 世紀前期，《循環日報》在香港仍很有影響力；日軍佔領香港期間，該報與《大光報》合併為《東亞晚報》。戰後一度以《循環日報》原名，於 1945 年 11 月復刊，約在 1946 年 9 月停刊。

3.4 《循環日報》現存論文目錄一覽

1874 年

題目	西曆	農曆	備註
本館日報略論	1874.2.4	同治十二、十二、十八	
富強要策	1874.2.5	同治十二、十二、十九	
日報有裨於時政論	1874.2.6	同治十二、十二、二十	
法辟議院	1874.2.10	同治十二、十二、廿四	
倡設日報小引	1874.2.12	同治十二、十二、廿六	
西國日報之盛	1874.2.12	同治十二、十二、廿六	
台灣土番考中	1874.5.12	同治十三、三、廿七	《申報》轉載
台灣土番考下	1874.5.13	同治十三、三、廿八	《申報》轉載
續論舊金山事	1874.5.16	同治十三、四、一	
論舊金山土人不得驅華傭	1874.5.16	同治十三、四、一	
論華人駕駛輪船	1874.5.18	同治十三、四、三	
台灣番社風俗考五	1874.5.19	同治十三、四、四	
台灣番社風俗考六	1874.5.20	同治十三、四、五	
台灣番社風俗考七	1874.5.21	同治十三、四、六	
論日本往剿台灣生番	1874.5.23	同治十三、四、八	
台灣番社風俗考一	1874.5.27	同治十三、四、十二	《申報》轉載
台灣番社風俗考八	1874.5.28	同治十三、四、十三	
論煙宜禁	1874.5.29	同治十三、四、十四	
台灣番社風俗考二	1874.5.30	同治十三、四、十五	《申報》轉載
論火船之盛	1874.6.1	同治十三、四、十七	
台灣番社風俗考九	1874.6.1	同治十三、四、十七	
西人論日本新政	1874.6.1	同治十三、四、十七	《申報》轉載
論日本使臣之言不可信	1874.6.6	同治十三、四、廿二	

題目	西曆	農曆	備註
台灣番社風俗考十	1874.6.8	同治十三、四、廿四	
西人論日本新政	1874.6.10	同治十三、四、廿六	
論日本伐台灣生番之難	1874.6.12	同治十三、四、廿八	
論西人所謂四端不能驟行	1874.6.13	同治十三、四、廿九	
論西土述東洋事	1874.6.13	同治十三、四、廿九	
論東洋近日籌議情形	1874.6.15	同治十三、五、二	
台灣番社風俗考十一	1874.6.16	同治十三、五、三	
論英美貿易之利	1874.6.18	同治十三、五、五	
論與日本交兵情形	1874.6.20	同治十三、五、七	
台灣番社風俗考十二	1874.6.23	同治十三、五、十	
論李制軍籌辦台灣近日情形	1874.6.23	同治十三、五、十	
論台灣形勢	1874.6.24	同治十三、五、十一	
議林華書館東洋伐台灣論	1874.6.24	同治十三、五、十一	
論東洋伐生番	1874.6.27	同治十三、五、十四	
台灣番社風俗考十三	1874.6.29	同治十三、五、十六	
論日本之必可勝	1874.7.1	同治十三、五、十八	
書中外新報論中國後	1874.7.8	同治十三、五、廿五	
論鐵界戰艦	1874.7.9	同治十三、五、廿六	
論人不可恃智力	1874.7.9	同治十三、五、廿六	
紀星使往核古巴華傭事	1874.7.11	同治十三、五、廿八	
紀日本用兵台灣生番辨	1874.7.11	同治十三、五、廿八	
台灣番社風俗考之三	1874.7.11	同治十三、五、廿八	《申報》轉載
書學校論略李序後	1874.7.14	同治十三、六、一	
當仿西法造戰艦	1874.7.15	同治十三、六、二	
論台灣實為中國重鎮	1874.7.16	同治十三、六、三	
台灣番社風俗考十四	1874.7.20	同治十三、六、七	
論華人以彗星為不祥	1874.7.24	同治十三、六、十一	
論鐵甲戰艦之足恃	1874.7.28	同治十三、六、十五	
西人甲乙論	1874.7.28	同治十三、六、十五	
台灣番社風俗考十五	1874.7.29	同治十三、六、十六	

題目	西曆	農曆	備註
西人論中國當與日本和	1874.8.4	同治十三、六、廿二	
土耳其與波蘭不和	1874.8.5	同治十三、六、廿三	
台灣番社風俗考十六	1874.8.6	同治十三、六、廿四	
論日本舉事之謬	1874.8.10	同治十三、六、廿八	
台灣番社考第十四	1874.8.11	同治十三、六、廿九	《申報》轉載
西報論琉球所屬	1874.12.15	同治十三、十一、七	《申報》轉載
續論琉球所屬	1874.12.16	同治十三、十一、八	《申報》轉載
答西人論《循環日報》說	1874.12.23	同治十三、十一、十五	《申報》轉載

1875 年

題目	西曆	農曆	備註
論日本猝長於用兵	1875.1.1	同治十三、十一、廿四	《申報》轉載
論日本人誇語	1875.1.2	同治十三、十一、廿五	《申報》轉載
編述日本火船情形	1875.1.7	同治十三、十一、三十	《申報》轉載
新立戰艦	1875.1.14	同治十三、十二、七	《申報》轉載
論征新疆	1875.9.6	光緒一、八、七	《申報》轉載
論西人欲中國富強	1875.10.16	光緒一、九、十八	《申報》轉載
論中國肖西法	1875.10.29	光緒一、十、一	《申報》轉載
論高麗宜仇日本	1875.11.3	光緒一、十、六	《申報》轉載

1876 年

題目	西曆	農曆	備註
有備無患	1876.1.8	光緒一、十二、十二	《申報》轉載
論日本厚待琉球	1876.1.13	光緒一、十二、十七	《申報》轉載
跋歐洲遊客書後	1876.9.27	光緒二、八、十	《申報》轉載
論旺貿易不在增埠	1876.9.29	光緒二、八、十二	《申報》轉載

1877 年

題目	西曆	農曆	備註
論中國宜名實並務	1877.1.2	光緒二、十一、十八	《申報》轉載
論六合將混為一	1877.1.18	光緒二、十二、五	《申報》轉載
論新疆台灣皆中國必不可棄之地	1877.9.1	光緒三、七、廿四	《申報》轉載
礦務宜歸商辦	1877.11.20	光緒三、十、十六	《申報》轉載
論英俄近事	1877.12.14	光緒三、十一、十	《申報》轉載
論宜設法以保新疆	1877.12.27	光緒三、十一、廿三	《申報》轉載

1878 年

題目	西曆	農曆	備註
論俄宜因各國以和土	1878.1.4	光緒三、十二、二	《申報》轉載
守禮說	1878.1.7	光緒三、十二、五	《申報》轉載
口琮庵主自強要策	1878.1.9	光緒三、十二、七	《申報》轉載
東遊紀盛	1878.1.15	光緒三、十二、十三	《申報》轉載
論練兵以固邊防	1878.1.23	光緒三、十二、廿一	《申報》轉載
論練兵以固邊防接續前編	1878.1.24	光緒三、十二、廿二	《申報》轉載
論出洋傭工	1878.1.25	光緒三、十二、廿三	《申報》轉載
海防要策	1878.1.26	光緒三、十二、廿四	《申報》轉載
論俄潛移碑石	1878.1.28	光緒三、十二、廿六	《申報》轉載
論俄澳失睦	1878.2.28	光緒四、一、廿七	《申報》轉載
論日本募民開耕	1878.3.6	光緒四、二、三	《申報》轉載
論歐洲近事	1878.3.13	光緒四、二、十	《申報》轉載
論日報錄西征事	1878.12.3	光緒四、十一、十	《申報》轉載
平寇宜不分畛域說	1878.12.13	光緒四、十一、二十	《申報》轉載
論高麗與日本失和	1878.12.19	光緒四、十一、廿六	《申報》轉載
辨近日所傳李楊村事	1878.12.24	光緒四、十二、一	《申報》轉載
論日本國人不用泰西器物	1878.12.26	光緒四、十二、三	《申報》轉載

1879 年

題目	西曆	農曆	備註
論俄人專意鐵路中國不可不備	1879.1.10	光緒四、十二、十八	《申報》轉載
論土耳機欲使埃及歸英管轄	1879.1.13	光緒四、十二、廿一	《申報》轉載

1880 年

題目	西曆	農曆	備註
論錢貴日貴	1880.2.14	光緒六、一、五	
論保甲團練宜分別舉行	1880.2.16	光緒六、一、七	
論港督振興文教	1880.2.17	光緒六、一、八	
論港督為政執中	1880.2.18	光緒六、一、九	
華人不宜往舊金山說	1880.2.19	光緒六、一、十	
論法國越南	1880.2.20	光緒六、一、十一	
論英俄爭結好於波斯	1880.2.23	光緒六、一、十四	
論西報紀俄國事	1880.2.25	光緒六、一、十六	
論波斯擬抗俄兵	1880.2.27	光緒六、一、十八	
論禁入廟燒香	1880.3.1	光緒六、一、廿一	
論中俄近事	1880.3.2	光緒六、一、廿二	
論日本政刑得失	1880.3.3	光緒六、一、廿三	
論俄人設立水師義勇公司	1880.3.4	光緒六、一、廿四	
論出遊被辱	1880.3.5	光緒六、一、廿五	
論俄用兵未必盡利	1880.3.11	光緒六、二、一	
中國宜亟設電線論	1880.3.12	光緒六、二、二	
日本武備考	1880.3.13	光緒六、二、三	
論助賑阿爾蘭饑	1880.3.15	光緒六、二、五	
論水師宜招集沿海梟徒充補	1880.3.16	光緒六、二、六	
閱西人論中國事書後	1880.3.17	光緒六、二、七	
論西人關心中俄時事	1880.3.18	光緒六、二、八	
論普澳立約互相保護	1880.3.19	光緒六、二、九	

題目	西曆	農曆	備註
論書院甄別	1880.3.20	光緒六、二、十	
論水師當求駕駛戰艦員弁	1880.3.22	光緒六、二、十二	
論西人皆注意伊犁	1880.3.23	光緒六、二、十三	
論中外交涉事宜明白宣佈	1880.3.24	光緒六、二、十四	
論台北礦務亟宜整頓	1880.3.26	光緒六、二、十六	
禦外論	1880.3.29	光緒六、二、十九	
論中國購辦軍火	1880.3.30	光緒六、二、二十	
論俄人請救崇星使	1880.3.31	光緒六、二、廿一	
論謠言可慮	1880.4.1	光緒六、二、廿二	
閱西字報論中俄事書後	1880.4.2	光緒六、二、廿三	
論朝廷諭舉賢人	1880.4.3	光緒六、二、廿四	
論當審時局	1880.4.5	光緒六、二、廿六	
論美國貨物之消流	1880.4.5	光緒六、二、廿六	
論日人善變	1880.4.6	光緒六、二、廿七	
治兵論	1880.4.8	光緒六、二、廿九	
論考舉真才	1880.4.9	光緒六、三、一	
書言官論俄約難行疏後	1880.4.15	光緒六、三、七	
論日本擬遣人來學中國	1880.4.16	光緒六、三、八	
論禦俄	1880.4.17	光緒六、三、九	
再論禦俄	1880.4.19	光緒六、三、十一	
論中國急務在固結民心	1880.4.20	光緒六、三、十二	
成敗是非論	1880.4.21	光緒六、三、十三	
論裁汰差役	1880.4.22	光緒六、三、十四	
書黔撫撥解兵餉折後	1880.4.26	光緒六、三、十八	
論俄日結好	1880.4.27	光緒六、三、十九	
閱各報洋煙事書後	1880.4.28	光緒六、三、二十	
論日本設興亞會	1880.4.29	光緒六、三、廿一	
興亞會事續錄	1880.4.30	光緒六、三、廿二	
論各國關心中俄事	1880.5.1	光緒六、三、廿三	
論整頓水師	1880.5.3	光緒六、三、廿五	

題目	西曆	農曆	備註
論理財不可惑於人言	1880.5.5	光緒六、三、廿七	
論縣府考錄案宜嚴	1880.5.7	光緒六、三、廿九	
論日耳曼議通商高麗	1880.5.8	光緒六、三、三十	
日本人論中外大勢	1880.5.10	光緒六、四、二	
接錄中外大勢論	1880.5.11	光緒六、四、三	
接錄中外大勢論	1880.5.12	光緒六、四、四	
論西報述俄事	1880.5.13	光緒六、四、五	
論中日當釋嫌	1880.5.14	光緒六、四、六	
譯東瀛報論中東事	1880.5.14	光緒六、四、六	
論善舉宜設善法	1880.5.15	光緒六、四、七	
論亞洲大局可危	1880.5.17	光緒六、四、九	
論籌賑款	1880.5.18	光緒六、四、十	
論試士宜參變其法	1880.5.19	光緒六、四、十一	
論俄人逐客	1880.5.20	光緒六、四、十二	
論查勘田畝	1880.5.21	光緒六、四、十三	
論日人擬改和約第二款	1880.5.22	光緒六、四、十四	
論意國送炮與日本	1880.5.25	光緒六、四、十七	
論華商關心時事	1880.5.26	光緒六、四、十八	
論亞洲時事	1880.5.28	光緒六、四、二十	
論粵垣賭館閉歇	1880.5.29	光緒六、四、廿一	
論西商團練法可行於沿邊	1880.5.31	光緒六、四、廿三	
論俄人備予啟釁	1880.6.1	光緒六、四、廿四	
論除官場陋習	1880.6.2	光緒六、四、廿五	
論俄人救星使	1880.6.3	光緒六、四、廿六	
論日本議收民間金銀器皿	1880.6.4	光緒六、四、廿七	
論俄人通東洋	1880.6.5	光緒六、四、廿八	
論美國兵船再往高麗	1880.6.7	光緒六、四、三十	
論中國宜助越南以自強	1880.6.8	光緒六、五、一	
論嘉興案情	1880.6.9	光緒六、五、二	
論禦強寇宜先安奸民	1880.6.10	光緒六、五、三	

題目	西曆	農曆	備註
論暹羅有意自強	1880.6.11	光緒六、五、四	
論中西貿易	1880.6.14	光緒六、五、七	
論台灣防守	1880.6.15	光緒六、五、八	
續論台灣防守	1880.6.16	光緒六、五、九	
招回金山華傭議	1880.6.17	光緒六、五、十	
紀西班牙得呂宋島之難	1880.6.18	光緒六、五、十一	
論西報述曾襲侯回英國事	1880.6.22	光緒六、五、十五	
論日本人興設各會	1880.6.23	光緒六、五、十六	
論西班牙通商越南	1880.6.24	光緒六、五、十七	
論俄船來華	1880.6.25	光緒六、五、十八	
論英人議維持貿易	1880.6.26	光緒六、五、十九	
論中國戰俄	1880.6.28	光緒六、五、廿一	
論葡人建議助俄	1880.6.29	光緒六、五、廿二	
論印度煙利	1880.6.30	光緒六、五、廿三	
閱西報論中國軍政書後	1880.7.2	光緒六、五、廿五	
論盜劫官衙	1880.7.3	光緒六、五、廿六	
論中國創造機器	1880.7.5	光緒六、五、廿八	
論查辦教匪	1880.7.6	光緒六、五、廿九	
論中國軍務	1880.7.7	光緒六、六、一	
論出洋學童不必再遣	1880.7.8	光緒六、六、二	
論習西學宜知變通	1880.7.9	光緒六、六、三	
論禁鴉片宜行之以漸	1880.7.13	光緒六、六、七	
琉球瑣記	1880.7.13	光緒六、六、七	
論法在因時變通	1880.7.15	光緒六、六、九	《外編》收錄
論亞洲已半屬歐人	1880.7.16	光緒六、六、十	《外編》收錄
論禦俄宜用士勇	1880.7.20	光緒六、六、十四	
論出使	1880.7.26	光緒六、六、二十	
論西國兵額日增	1880.7.27	光緒六、六、廿一	《外編》收錄
謠言不足深辨說	1880.7.28	光緒六、六、廿二	
論土耳機大勢	1880.7.30	光緒六、六、廿四	

題目	西曆	農曆	備註
吏役為奸說	1880.7.31	光緒六、六、廿五	
論籌辦軍需	1880.8.2	光緒六、六、廿七	
論練兵宜先練將	1880.8.4	光緒六、六、廿九	
中國戰和說	1880.8.5	光緒六、六、三十	
論拒外寇官軍不如義勇	1880.8.10	光緒六、七、五	
論西報述中俄近事	1880.8.12	光緒六、七、七	
論各國斷難合從	1880.8.13	光緒六、七、八	
續錄各國斷難合從論	1880.8.14	光緒六、七、九	
論中外籌辦軍務不同	1880.8.16	光緒六、七、十一	
附錄東洋興亞會同人上李爵相書	1880.8.17	光緒六、七、十二	
論聯諸國以拒俄	1880.8.21	光緒六、七、十六	《外編》收錄
論俄擬攻中國	1880.8.23	光緒六、七、十八	
論日本留心理在	1880.8.30	光緒六、七、廿五	
論和局難恃	1880.8.31	光緒六、七、廿六	
論整頓軍政	1880.9.2	光緒六、七、廿八	
論俄仍志任啟釁	1880.9.7	光緒六、八、三	
論辦防務不可擾民	1880.9.8	光緒六、八、四	
論俄人索賠	1880.9.9	光緒六、八、五	
論習西國語言文字無實濟	1880.9.13	光緒六、八、九	
論儒者當見其大	1880.9.14	光緒六、八、十	
論通事宜選用正人	1880.9.15	光緒六、八、十一	
采郭侍郎論上	1880.9.16	光緒六、八、十二	
采郭侍郎論下	1880.9.17	光緒六、八、十三	
論中國不可自恃	1880.9.18	光緒六、八、十四	
論民教宜使相安	1880.9.21	光緒六、八、十七	
論日本助俄無益	1880.9.22	光緒六、八、十八	
息謠言以固民志說	1880.9.24	光緒六、八、二十	
論西國謀通商高麗	1880.9.25	光緒六、八、廿一	
論管駕輪船務在得人	1880.9.29	光緒六、八、廿五	
論傳訊婦女不宜輕發官媒	1880.9.30	光緒六、八、廿六	

題目	西曆	農曆	備註
論辦海防	1880.10.1	光緒六、八、廿七	
論俄將探察軍情	1880.10.2	光緒六、八、廿八	
論派捐軍需	1880.10.7	光緒六、九、四	
論戰守當審諸己	1880.10.9	光緒六、九、五	
論中外人情	1880.10.9	光緒六、九、六	
智利國沿革考	1880.10.11	光緒六、九、八	
論政教各有所偏	1880.10.13	光緒六、九、十	
論俄人志不僅在得伊犁	1880.10.14	光緒六、九、十一	
論中國宜助高麗開設口岸	1880.10.15	光緒六、九、十二	
希臘國沿革考	1880.10.16	光緒六、九、十三	
論觀俄國日報宜有辨別	1880.10.19	光緒六、九、十六	
波斯有志振興	1880.10.20	光緒六、九、十七	
閱黃崖教匪事書後	1880.10.20	光緒六、九、十七	
書機器織布局章程後	1880.10.25	光緒六、九、廿二	
論西人諳中國政體	1880.10.27	光緒六、九、廿四	
論民間善舉以美邦為最	1880.10.28	光緒六、九、廿五	
論舊金山人輕侮華官	1880.10.29	光緒六、九、廿六	
書西報論高麗通商事宜後	1880.10.30	光緒六、九、廿七	
論戰守具宜剔除積弊	1880.11.2	光緒六、九、三十	
論俄欲索台灣	1880.11.3	光緒六、十、一	
論中國不可一日亡戰	1880.11.4	光緒六、十、二	
論綏靖洋盜	1880.11.6	光緒六、十、四	
論緝捕宜求善法	1880.11.8	光緒六、十、六	
閱貴州巡撫奏折書後	1880.11.9	光緒六、十、七	
論日本結好俄羅斯	1880.11.10	光緒六、十、八	
論官役巡查	1880.11.11	光緒六、十、九	
論高麗不宜遽絕日本	1880.11.12	光緒六、十、十	
辨琉球屬於我朝	1880.11.15	光緒六、十、十三	《外編》收錄
論俄近事	1880.11.20	光緒六、十、十八	
論土廷割地	1880.11.22	光緒六、十、二十	

題目	西曆	農曆	備註
黑龍江中俄分界考	1880.11.23	光緒六、十、廿一	
論富強自有水務	1880.11.24	光緒六、十、廿二	
答籌餉捷徑論略	1880.11.25	光緒六、十、廿三	
論購辦軍火亟宜變通	1880.11.26	光緒六、十、廿四	
論防守陸路宜設地雷	1880.11.27	光緒六、十、廿五	
論天時	1880.11.29	光緒六、十、廿七	
論兵強不足恃	1880.12.1	光緒六、十、廿九	
論泰西政治日上	1880.12.2	光緒六、十一、一	
論西國不能保護華官	1880.12.3	光緒六、十一、二	
泰西富強已久論	1880.12.6	光緒六、十一、五	
論為人以誠為本	1880.12.8	光緒六、十一、七	
論俄人釋霍酋回國	1880.12.9	光緒六、十一、八	
論西報述東事	1880.12.10	光緒六、十一、九	
論中外務敦和宜	1880.12.11	光緒六、十一、十	
閱一知子論中俄事書後	1880.12.13	光緒六、十一、十二	
論施棉衣宜變通其法	1880.12.17	光緒六、十一、十六	
論營兵宜體恤	1880.12.18	光緒六、十一、十七	《外編》收錄
重刻《弢園尺牘》書後	1880.12.18	光緒六、十一、十七	
論俄人致書	1880.12.20	光緒六、十一、十九	
守舟山議	1880.12.21	光緒六、十一、二十	
論高麗籌辦防務	1880.12.24	光緒六、十一、廿三	
中國海防較易籌辦論	1880.12.25	光緒六、十一、廿四	
論西人防事迅速	1880.12.30	光緒六、十一、廿九	
論粵東防務	1880.12.31	光緒六、十二、一	

1881 年

題目	西曆	農曆	備註
攘外探原論	1881.1.4	光緒六、十二、五	
民兵禦敗說	1881.1.5	光緒六、十二、六	

題目	西曆	農曆	備註
論中俄和耗	1881.1.6	光緒六、十二、七	
論俄人安慰英心	1881.1.7	光緒六、十二、八	
原富強	1881.1.8	光緒六、十二、九	
論開墾	1881.1.10	光緒六、十二、十一	
論西報述俄事	1881.1.11	光緒六、十二、十二	
論俄經營西域	1881.1.18	光緒六、十二、十九	
論學西藝不必遣人出洋	1881.1.19	光緒六、十二、二十	
左侯經營暮外紀略	1881.1.20	光緒六、十二、廿一	
接錄左侯經營關外紀略	1881.1.21	光緒六、十二、廿二	
論葡日二國近事	1881.1.22	光緒六、十二、廿三	
俄人窺伺高麗	1881.1.22	光緒六、十二、廿三	
論造士	1881.1.24	光緒六、十二、廿五	
論製造	1881.2.3	光緒七、一、五	
俄人通商高麗	1881.2.3	光緒七、一、五	
論炮匠赴俄	1881.2.5	光緒七、一、七	
論俄人窺伺日本	1881.2.7	光緒七、一、九	
節錄海防臆測一	1881.2.8	光緒七、一、十	
節錄海防臆測二	1881.2.9	光緒七、一、十一	
論備箸不可存幸災之心	1881.2.10	光緒七、一、十二	
節錄海防臆測三	1881.2.11	光緒七、一、十三	
整頓茶務	1881.2.11	光緒七、一、十三	
振興農務	1881.2.11	光緒七、一、十三	
論中國待俄宜有區別	1881.2.12	光緒七、一、十四	
東瀛籌辦防務	1881.2.12	光緒七、一、十四	
節錄海防臆測四	1881.2.14	光緒七、一、十六	
論中東近事	1881.2.15	光緒七、一、十七	
日使回國續耗	1881.2.15	光緒七、一、十七	
論日本建築炮台	1881.2.16	光緒七、一、十八	
論高麗通商利害	1881.2.18	光緒七、一、二十	
節錄海防臆測五	1881.2.19	光緒七、一、廿一	

題目	西曆	農曆	備註
論招工	1881.2.21	光緒七、一、廿三	
節錄海防臆測六	1881.2.22	光緒七、一、廿四	
論西貢發回華人	1881.2.23	光緒七、一、廿五	
論中國武備不可少也	1881.2.24	光緒七、一、廿六	
論東路宜先建於邊省	1881.2.26	光緒七、一、廿八	
攘敵非佳兵辨	1881.2.28	光緒七、二、一	
論船政宜早為整頓	1881.3.1	光緒七、二、二	
保民說	1881.3.2	光緒七、二、三	
論火器不可購諸外國	1881.3.3	光緒七、二、四	
論教民墾耕	1881.3.4	光緒七、二、五	
連閱虐婢案情有感	1881.3.5	光緒七、二、六	
論調和息爭	1881.3.7	光緒七、二、八	
論中西武備同異	1881.3.9	光緒七、二、十	
檀香山考	1881.3.12	光緒七、二、十三	
書中美新約後	1881.3.15	光緒七、二、十六	
論教習水師	1881.3.16	光緒七、二、十七	
論日本近事	1881.3.17	光緒七、二、十八	
論俄人開礦	1881.3.19	光緒七、二、二十	
論疑習西學	1881.3.21	光緒七、二、廿二	
書英人重議禁煙條款後	1881.3.22	光緒七、二、廿三	
論東瀛國勢	1881.3.23	光緒七、二、廿四	
論建鐵路	1881.3.25	光緒七、二、廿六	
論中國商務	1881.3.26	光緒七、二、廿七	
閱東瀛新報書後	1881.3.28	光緒七、二、廿九	
論俄國大勢	1881.3.30	光緒七、三、一	
論土希兩國不宜構兵	1881.3.31	光緒七、三、二	
招回華人未議	1881.4.7	光緒七、三、九	
書伊犁將軍奏請獎折後	1881.4.12	光緒七、三、十四	
飭議琉球事	1881.4.12	光緒七、三、十四	
撫存琉球議	1881.4.13	光緒七、三、十五	

題目	西曆	農曆	備註
論檀王頗有志於治國	1881.4.19	光緒七、三、廿一	
論中西政俗	1881.4.26	光緒七、三、廿八	
論英國屬土兵費	1881.4.26	光緒七、三、廿八	
論波斯有志振興	1881.4.28	光緒七、四、一	
巴西非波斯考	1881.4.29	光緒七、四、二	
論中國宜自造槍炮	1881.6.6	光緒七、五、十	
論船政	1881.6.8	光緒七、五、十二	
論日本民變	1881.6.10	光緒七、五、十四	
論出洋謀生	1881.6.11	光緒七、五、十五	
端尼士暨尼羅河考	1881.6.13	光緒七、五、十七	
論省憲查辦出洋	1881.6.15	光緒七、五、十九	
論宜特設海軍大員以專責成	1881.6.17	光緒七、五、廿一	
書西報論中國水師事後	1881.6.18	光緒七、五、廿二	
答客問	1881.6.20	光緒七、五、廿四	
為高麗謀意見不同	1881.6.20	光緒七、五、廿四	
閱澳門戶口冊有感	1881.6.21	光緒七、五、廿五	
書日本新報後	1881.6.24	光緒七、五、廿八	
論俄船留華	1881.6.25	光緒七、五、廿九	
論承充人不可有必得心	1881.6.28	光緒七、六、三	
論歐洲時局	1881.7.1	光緒七、六、六	
論俄擬增鐵路	1881.7.4	光緒七、六、九	
論練兵宜自為號令	1881.7.5	光緒七、六、十	
論出洋事	1881.7.7	光緒七、六、十二	
論官場陋習	1881.7.8	光緒七、六、十三	
琉球難民不應交日本領事	1881.7.8	光緒七、六、十三	
書西報論琉球難民事後	1881.7.11	光緒七、六、十六	
論招工	1881.7.13	光緒七、六、十八	
論體制不宜	1881.7.18	光緒七、六、廿三	
論出售海島	1881.7.19	光緒七、六、廿四	
論恤囚	1881.7.20	光緒七、六、廿五	

題目	西曆	農曆	備註
論查辦會匪	1881.7.21	光緒七、六、廿六	
論撤防	1881.7.23	光緒七、六、廿八	
日本通商當以中國為重	1881.7.25	光緒七、六、三十	
閱秘智和約有感	1881.7.27	光緒七、七、二	
論票害亟宜查禁	1881.7.29	光緒七、七、四	
船政亟宜整頓說	1881.7.30	光緒七、七、五	
論法意近事	1881.8.3	光緒七、七、九	
論法征端尼士	1881.8.4	光緒七、七、十	
論查驗出洋	1881.8.5	光緒七、七、十一	
論巡船走私	1881.8.6	光緒七、七、十二	
論戰爭斷難解息	1881.8.8	光緒七、七、十四	
論禁鴉片事不易行	1881.8.9	光緒七、七、十五	
續論禁鴉片事不易行	1881.8.10	光緒七、七、十六	
論宜變古以通今	1881.8.12	光緒七、七、十八	
論中國當自強	1881.8.13	光緒七、七、十九	
論滇境宜早設備	1881.8.15	光緒七、七、廿一	
論日本當與中國和	1881.8.16	光緒七、七、廿二	
續論日本當與中國和	1881.8.17	光緒七、七、廿三	
論中日當合力以拒俄	1881.8.18	光緒七、七、廿四	
琉球臣服中國考	1881.8.23	光緒七、七、廿九	
琉球見聞瑣紀	1881.8.30	光緒七、閏七、六	
琉球見聞小紀	1881.9.2	光緒七、閏七、九	
琉球見聞續紀	1881.9.3	光緒七、閏七、十	
琉球見聞續紀	1881.9.7	光緒七、閏七、十四	
論高麗亟宜圖存	1881.9.9	光緒七、閏七、十六	
論邊防不能廢弛	1881.9.10	光緒七、閏七、十七	
論出洋華民亟宜保護	1881.9.14	光緒七、閏七、廿一	
論琉球事宜速辦理	1881.9.16	光緒七、閏七、廿三	
論駐洋星使宜多帶翻譯人員	1881.9.23	光緒七、八、一	
論通商未必盡得利益	1881.9.27	光緒七、八、五	

題目	西曆	農曆	備註
論俄國徙民以實邊	1881.10.3	光緒七、八、十一	
論日本擴商務	1881.10.7	光緒七、八、十五	
論召學童回華	1881.10.11	光緒七、八、十九	
論台匪滋事	1881.10.14	光緒七、八、廿二	
論法俄近事	1881.10.17	光緒七、八、廿五	
論中國宜亟求真才	1881.10.19	光緒七、八、廿七	
地蘭士華路考	1881.10.21	光緒七、八、廿九	
論俄人不忘併土	1881.10.24	光緒七、九、二	
論小呂宋華商請設領事	1881.10.26	光緒七、九、四	
論馭兵宜嚴	1881.10.27	光緒七、九、五	
論招華工	1881.10.29	光緒七、九、七	
論日商維持絲業	1881.10.31	光緒七、九、九	
論波斯練兵	1881.11.1	光緒七、九、十	
論宜拔真才以講武備	1881.11.2	光緒七、九、十一	
論軍火被竊	1881.11.5	光緒七、九、十四	
論日本搜獲金銀	1881.11.7	光緒七、九、十六	
論高麗近事	1881.11.8	光緒七、九、十七	
論西人作事認真	1881.11.10	光緒七、九、十九	
波斯興替論	1881.11.11	光緒七、九、二十	
論土耳機易於振興	1881.11.12	光緒七、九、廿一	
論意國與普奧立約	1881.11.14	光緒七、九、廿三	
論秘魯華民亟宜保護	1881.11.15	光緒七、九、廿四	
論德國查禁造船	1881.11.17	光緒七、九、廿六	
論德國有志經營南洋	1881.11.18	光緒七、九、廿七	
論開通紅河	1881.11.21	光緒七、九、三十	
論中國茶利將為印度所奪	1881.11.22	光緒七、十、一	
論俄國經營亞洲	1881.11.25	光緒七、十、四	
論弭禍在得人心	1881.11.30	光緒七、十、九	
論為治宜知急務	1881.12.2	光緒七、十、十一	
論停止華人往檀香山	1881.12.6	光緒七、十、十五	

題目	西曆	農曆	備註
論俄人立心叵測	1881.12.7	光緒七、十、十六	
書印度報論洋布機器事後	1881.12.8	光緒七、十、十七	
論暹羅志圖自強	1881.12.10	光緒七、十、十九	
論俄使請通電線	1881.12.12	光緒七、十、廿一	
淘汰僧尼議	1881.12.16	光緒七、十、廿五	
論土希二國終必啟爭	1881.12.17	光緒七、十、廿六	
論剿辦台匪	1881.12.20	光緒七、十、廿九	
閱西人論使才書後	1881.12.21	光緒七、十一、一	
論俄奧欲分土耳機地	1881.12.24	光緒七、十一、四	
論強兵必先去弊	1881.12.27	光緒七、十一、七	
閱西人報述檀香山事書後	1881.12.29	光緒七、十一、九	
論日本經營琉球	1881.12.30	光緒七、十一、十	
論高麗民情	1881.12.31	光緒七、十一、十一	

1882 年

題目	西曆	農曆	備註
論辦理中外交涉事	1882.1.2	光緒七、十一、十三	
論黑番殘酷	1882.1.5	光緒七、十一、十六	
論會剿紅帽賊	1882.1.6	光緒七、十一、十七	
閱西人述秘魯事書後	1882.1.7	光緒七、十一、十八	
論武昌宜知法紀	1882.1.10	光緒七、十一、廿一	
論秘魯用偽票	1882.1.11	光緒七、十一、廿二	
弭火災說	1882.1.12	光緒七、十一、廿三	
論中朝宜亟謀保朝鮮	1882.1.17	光緒七、十一、廿八	
論火水油貽害	1882.1.18	光緒七、十一、廿九	
論琉球欲圖恢復	1882.1.19	光緒七、十一、三十	
論回疆宜設法抗緝	1882.1.21	光緒七、十二、二	
論秘智二國事	1882.1.24	光緒七、十二、五	
論日本優待琉王	1882.1.28	光緒七、十二、九	

題目	西曆	農曆	備註
論輪船管駕須慎選真才	1882.1.30	光緒七、十二、十一	
論西報述中東事	1882.2.1	光緒七、十二、十三	
論中西民情不同	1882.2.2	光緒七、十二、十四	
閱晉源西報論中國炮船書後	1882.2.3	光緒七、十二、十五	
論籌餉	1882.2.4	光緒七、十二、十六	
論合兵以和萬國	1882.2.6	光緒七、十二、十八	
論差役不可過多	1882.2.7	光緒七、十二、十九	
論埃及近事	1882.2.9	光緒七、十二、廿一	
論出洋僱工	1882.2.10	光緒七、十二、廿二	
論西陲邊備宜周	1882.2.11	光緒七、十二、廿三	
中國振興說	1882.2.22	光緒八、一、五	
論美邦於預秘智二國事	1882.2.23	光緒八、一、六	
論歲除查封賭館	1882.2.25	光緒八、一、八	
論俄普近事	1882.2.27	光緒八、一、十	
閱舊金山新例書後	1882.3.2	光緒八、一、十三	
論高麗遣人學製造	1882.3.3	光緒八、一、十四	
論剿台匪	1882.3.4	光緒八、一、十五	
論東洋票貽害	1882.3.6	光緒八、一、十七	
論波斯援阿富漢逆酋	1882.3.7	光緒八、一、十八	
論查辦豬仔	1882.3.8	光緒八、一、十九	
論鴉片釐稅	1882.3.9	光緒八、一、二十	
閱西報述中俄事書後	1882.3.13	光緒八、一、廿四	
閱外國日報述中國事書後	1882.3.14	光緒八、一、廿五	
論日本甚俄人圖高麗	1882.3.20	光緒八、二、二	
論中朝宜助高麗以拒俄	1882.3.22	光緒八、二、四	
論治國當內外相維	1882.3.24	光緒八、二、六	
海防設官考上	1882.3.25	光緒八、二、七	
海防設官考下	1882.3.27	光緒八、二、九	
興京畿水利議上	1882.3.28	光緒八、二、十	
申端京畿水利下	1882.3.31	光緒八、二、十三	

題目	西曆	農曆	備註
中國辦事解	1882.4.4	光緒八、二、十七	
論高麗通商	1882.4.5	光緒八、二、十八	
述日本人論中國事一	1882.4.6	光緒八、二、十九	
述日本人論中國事二	1882.4.7	光緒八、二、二十	
述日本人論中國事三	1882.4.8	光緒八、二、廿一	
論東瀛多盜	1882.4.10	光緒八、二、廿三	
論法國調兵至越南	1882.4.14	光緒八、二、廿七	
閱外國新聞紙書後	1882.4.15	光緒八、二、廿八	
越南保守東京議	1882.4.17	光緒八、二、三十	
論高麗國俗	1882.4.20	光緒八、三、三	
論俄人必爭伊犁	1882.4.21	光緒八、三、四	
論俄國時事	1882.4.24	光緒八、三、七	
論俄人不欲啟釁於德國	1882.4.25	光緒八、三、八	
論固邊宜廣教化	1882.4.26	光緒八、三、九	
論越南籌辦防務	1882.4.28	光緒八、三、十一	
論黔滇粵三省情形	1882.4.29	光緒八、三、十二	
論辦理中外交涉事	1882.5.1	光緒八、三、十四	
論美國通商高麗	1882.5.3	光緒八、三、十六	
論辦事難於和協	1882.5.6	光緒八、三、十九	
論通商口岸宜亟立規條	1882.5.8	光緒八、三、廿一	
論保國首在恤民	1882.5.9	光緒八、三、廿二	
論剿除回匪	1882.5.12	光緒八、三、廿五	
論英人請勿預聞煙鰲事	1882.5.13	光緒八、三、廿六	
論法人經營海內	1882.5.15	光緒八、三、廿八	
論美總統准禁華人前往	1882.5.16	光緒八、三、廿九	
論埃及亂耗	1882.5.17	光緒八、四、一	
論越南遣使議和	1882.5.18	光緒八、四、二	
論日本不欲高麗與各國通商	1882.5.19	光緒八、四、三	
論西人慮事周詳	1882.5.20	光緒八、四、四	
論使署下旗	1882.5.25	光緒八、四、九	

題目	西曆	農曆	備註
跋申報書美將致美員信後	1882.6.1	光緒八、四、十六	
書洪侍御奏折後	1882.6.2	光緒八、四、十七	
論德俄近事	1882.6.3	光緒八、四、十八	
論華人難安居美國	1882.6.6	光緒八、四、廿一	
論埃及時事	1882.6.7	光緒八、四、廿二	
述錄戈將軍事跡	1882.6.8	光緒八、四、廿三	
論高麗待日本人	1882.6.10	光緒八、四、廿五	
論俄人欲在高麗開口岸	1882.6.12	光緒八、四、廿七	
論南洋各島宜設官以宜教化	1882.6.13	光緒八、四、廿八	
論法人不認越南為中朝藩屬	1882.6.16	光緒八、五、一	
論土廷不允法國所請	1882.6.17	光緒八、五、二	
論載華傭出洋	1882.6.22	光緒八、五、七	
論俄人謀攻南洋諸島	1882.6.26	光緒八、五、十一	
論俄人背約	1882.6.27	光緒八、五、十二	
論西報傳高麗事	1882.6.29	光緒八、五、十四	
論俄國岸宜設領事	1882.7.3	光緒八、五、十八	
論法人謀攻黑旗黨	1882.7.4	光緒八、五、十九	
美紳駁苛待華人書	1882.7.7	光緒八、五、廿二	
接錄美紳駁苛待華人書	1882.7.8	光緒八、五、廿三	
論高麗民俗	1882.7.10	光緒八、五、廿五	
論日本民間設會聚黨	1882.7.11	光緒八、五、廿六	
書美紳駁苛待華人新例後	1882.7.12	光緒八、五、廿七	
論英攻埃及	1882.7.14	光緒八、五、廿九	
論西報述美高和約	1882.7.15	光緒八、六、一	
論日本學生暗通電信	1882.7.21	光緒八、六、七	
論婦女出洋	1882.7.24	光緒八、六、十	
論伊犁善後事宜	1882.7.26	光緒八、六、十二	
論中國駐防越南	1882.7.28	光緒八、六、十四	
論俄人致書高麗	1882.7.29	光緒八、六、十五	
西報論華傭書後	1882.8.1	光緒八、六、十八	

題目	西曆	農曆	備註
論俄人良言	1882.8.2	光緒八、六、十九	
閱西人論法攻越南事書後	1882.8.3	光緒八、六、二十	
論宜設法以杜拐誘	1882.8.5	光緒八、六、廿二	
論土耳機宜協同各國以靖埃亂	1882.8.7	光緒八、六、廿四	
論琉球人不忘故君	1882.8.11	光緒八、六、廿八	
籌賑六策跋後	1882.8.16	光緒八、七、三	
論中朝宜助高麗平亂	1882.8.18	光緒八、七、五	
論查辦會匪	1882.8.19	光緒八、七、六	
論俄使不赴士丹波路之會	1882.8.22	光緒八、七、九	
重刻徐光烈公遺集序	1882.8.26	光緒八、七、十三	《外編》收錄
論中國辦事不如西人切實	1882.9.19	光緒八、八、八	
駁禁華工始末情由	1882.9.22	光緒八、八、十一	
續錄駁禁華工	1882.9.23	光緒八、八、十二	
再錄駁禁華工	1882.9.29	光緒八、八、十八	
再錄駁禁華工	1882.9.30	光緒八、八、十九	
論領事宜兼勸學	1882.10.7	光緒八、八、廿六	
論暹羅卻法人設電局	1882.10.10	光緒八、八、廿九	
論防禦宜明形勢	1882.10.11	光緒八、八、三十	
論土希啟釁	1882.10.12	光緒八、九、一	
論中東近事	1882.10.17	光緒八、九、六	
論日本重索賠款	1882.10.19	光緒八、九、八	
論越南近事	1882.10.21	光緒八、九、十	
閱西字報論越南事書後	1882.10.23	光緒八、九、十二	
述高麗全境形勢	1882.10.26	光緒八、九、十五	
續述高麗全境形勢	1882.10.27	光緒八、九、十六	
論中國宜力庇越南	1882.10.28	光緒八、九、十七	
婆羅洲遊記上	1882.10.30	光緒八、九、十九	
婆羅洲遊記下	1882.10.31	光緒八、九、二十	
論越南存亡有關邊省安危	1882.11.3	光緒八、九、廿三	
論越南宜去虐政以愛民	1882.11.4	光緒八、九、廿四	

題目	西曆	農曆	備註
論使臣宜探悉外情	1882.11.8	光緒八、九、廿八	
論埃及近事	1882.11.9	光緒八、九、廿九	
論嗇提督勸美廷迫勒中國	1882.11.14	光緒八、十、四	
論回人欲助埃及	1882.11.16	光緒八、十、六	
閱西報論朝鮮亂書後	1882.11.17	光緒八、十、七	
論中國宜聯絡南洋	1882.11.18	光緒八、十、八	
朝鮮人心忿怒說	1882.11.22	光緒八、十、十二	
論中朝辦理越南事	1882.11.24	光緒八、十、十四	
論琉球事未易調停	1882.11.25	光緒八、十、十五	
論法人干預埃及事	1882.11.28	光緒八、十、十八	
論會黨宜解散	1882.11.30	光緒八、十、二十	
書富強奇策後	1882.12.4	光緒八、十、廿四	
舊金山領事官新政紀一	1882.12.7	光緒八、十、廿七	
舊金山領事官新政紀二	1882.12.8	光緒八、十、廿八	
華人可到舊金山	1882.12.11	光緒八、十一、二	
舊金山領事官新政紀三	1882.12.12	光緒八、十一、三	
舊金山領事官新政紀四	1882.12.13	光緒八、十一、四	
論查禁放火	1882.12.14	光緒八、十一、五	
論通商宜知各國情形	1882.12.15	光緒八、十一、六	
論報窮滋弊	1882.12.19	光緒八、十一、十	
論朝鮮民情	1882.12.22	光緒八、十一、十三	
論歐洲患俄侵擾	1882.12.30	光緒八、十一、廿一	

1883 年

題目	西曆	農曆	備註
論地方官宜練習外事	1883.1.3	光緒八、十一、廿五	
論越南近事	1883.1.4	光緒八、十一、廿六	
論越官殺商人事	1883.1.6	光緒八、十一、廿八	
論廈門近事	1883.1.8	光緒八、十一、三十	

題目	西曆	農曆	備註
論德俄兩國大勢	1883.1.9	光緒八、十二、一	
論朝鮮民俗難化	1883.1.18	光緒八、十二、十	
論西陲宜自籌兵餉	1883.1.19	光緒八、十二、十一	
論西藏宜防意外	1883.1.20	光緒八、十二、十二	
論剖分越南東京	1883.1.26	光緒八、十二、十八	
論日本增修武備	1883.1.31	光緒八、十二、廿三	
論巴西招工	1883.2.1	光緒八、十二、廿四	
論西人經營阿非利加洲	1883.2.2	光緒八、十二、廿五	
論中朝宜助朝鮮通和歐美各國	1883.2.13	光緒九、一、六	
論法人欲專南洋利權	1883.2.14	光緒九、一、七	
閱各國武備錄書後	1883.2.15	光緒九、一、八	
琉球近耗	1883.2.16	光緒九、一、九	
論歐洲政教	1883.2.17	光緒九、一、十	
論中東商辦琉球事	1883.2.19	光緒九、一、十二	
書西報述中法商辦越南事後	1883.2.20	光緒九、一、十三	
論俄人不足畏	1883.2.23	光緒九、一、十六	
論宜建車路以輔電線	1883.2.26	光緒九、一、十九	
論綏外當用威武	1883.3.1	光緒九、一、廿二	
豫儲米以備荒說	1883.3.2	光緒九、一、廿三	
論西人以堅忍成事	1883.3.5	光緒九、一、廿六	
論歐洲大勢	1883.3.7	光緒九、一、廿八	
論法人調兵越南	1883.3.10	光緒九、二、二	
論弓矢能盡廢	1883.3.17	光緒九、二、九	
閱滬報法人論越南事書後	1883.3.20	光緒九、二、十二	
論泰西於中國交涉事宜遵和約	1883.3.22	光緒九、二、十四	
論朝鮮禍尚未已	1883.3.23	光緒九、二、十五	
論拐販豬仔亟宜查辦	1883.3.24	光緒九、二、十六	
論日官識治體	1883.3.26	光緒九、二、十八	
論學校宜核實	1883.3.27	光緒九、二、十九	
論日人多疑實	1883.4.14	光緒九、三、八	

題目	西曆	農曆	備註
論台灣近事	1883.4.21	光緒九、三、十五	
論會黨不利於國家	1883.4.24	光緒九、三、十八	
論俄人戍邊	1883.4.28	光緒九、三、廿二	
論檀香山近事	1883.5.3	光緒九、三、廿七	
論中朝宜力保越南	1883.5.5	光緒九、三、廿九	
論法國派船來華	1883.5.9	光緒九、四、三	
論外情宜洞悉	1883.5.10	光緒九、四、四	
論日使議琉球事	1883.5.11	光緒九、四、五	
論和約宜詳為修改	1883.5.12	光緒九、四、六	
論歐洲黨人近事	1883.5.14	光緒九、四、八	
論日本整頓軍制	1883.5.19	光緒九、四、十三	
論中國宜先籌海防以備法人	1883.5.22	光緒九、四、十六	
論中國與法構釁宜兼防俄	1883.5.24	光緒九、四、十八	
閱西報論中法事書後	1883.5.26	光緒九、四、二十	
論黑旗拒法人	1883.6.2	光緒九、四、廿七	
論法人不許華軍入越境	1883.6.4	光緒九、四、廿九	
閱外洋日報論越事書後	1883.6.7	光緒九、五、三	
論黑旗不進攻河內	1883.6.11	光緒九、五、七	
論黑旗智敗法人	1883.6.12	光緒九、五、八	
論和議當操權於己	1883.6.14	光緒九、五、十	
黑旗進攻河內說	1883.6.15	光緒九、五、十一	
論和議未易猝成	1883.6.21	光緒九、五、十七	
和戰末議上	1883.6.22	光緒九、五、十八	
和戰末議下	1883.6.23	光緒九、五、十九	
論倡團練以禦敵	1883.6.25	光緒九、五、廿一	
論西報多言法國兵強	1883.6.29	光緒九、五、廿五	
論法軍在越情形	1883.7.3	光緒九、五、廿九	
閱叻報法國謀越原起書後	1883.7.4	光緒九、六、一	
論邊防不可廢弛	1883.7.6	光緒九、六、三	
西人論法難動眾以攻越	1883.7.7	光緒九、六、四	

題目	西曆	農曆	備註
論中朝請英國勸和	1883.7.11	光緒九、六、八	
論攘外即以安內	1883.7.14	光緒九、六、十一	
論中法事未易調停	1883.7.16	光緒九、六、十三	
日本叵測	1883.7.17	光緒九、六、十四	
論中國水師宜遣出洋	1883.7.19	光緒九、六、十六	
論法募華人為兵	1883.7.24	光緒九、六、廿一	
論法人欲奪中國所恃	1883.7.25	光緒九、六、廿二	
論法人議封中國海口	1883.7.26	光緒九、六、廿三	
論法人以紅河餌各國	1883.7.27	光緒九、六、廿四	
論辦理越事	1883.7.28	光緒九、六、廿五	
論民愚始可用	1883.7.31	光緒九、六、廿八	
時事增慨	1883.8.1	光緒九、六、廿九	
論中原大勢	1883.8.4	光緒九、七、二	
論賭匪械鬥	1883.8.15	光緒九、七、十三	
中法越三國交涉近聞	1883.8.21	光緒九、七、十九	
越南軍務近聞	1883.8.22	光緒九、七、二十	
論法人必不肯退兵	1883.8.24	光緒九、七、廿二	
論慎省礦務	1883.8.25	光緒九、七、廿三	
論法強不利於德	1883.8.30	光緒九、七、廿八	
論邊防不宜稍弛	1883.8.31	光緒九、七、廿九	
論中朝欲救越南亟宜發兵	1883.9.5	光緒九、八、五	
論法越議和	1883.9.6	光緒九、八、六	
論軍火宜招商製造	1883.9.7	光緒九、八、七	
論防內河宜多製小戰船	1883.9.8	光緒九、八、八	
中國不必畏法人辨	1883.9.10	光緒九、八、十	
中國以守為戰說	1883.9.14	光緒九、八、十四	
法軍敗績彙記	1883.9.17	光緒九、八、十七	
節用以裕餉說	1883.9.18	光緒九、八、十八	
論法人擬攻粵東	1883.9.19	光緒九、八、十九	
弭亂說	1883.9.20	光緒九、八、二十	

題目	西曆	農曆	備註
敵愾國心	1883.9.20	光緒九、八、二十	
論朝鮮近事	1883.9.25	光緒九、八、廿五	
論官民皆宜知和約	1883.9.27	光緒九、八、廿七	
論紅河為法所必爭	1883.9.28	光緒九、八、廿八	
論舉事宜先去民疑心	1883.10.4	光緒九、九、四	
論中朝並未預黑旗事	1883.10.13	光緒九、九、十三	
論法人斷不與中國構兵	1883.10.15	光緒九、九、十五	
黑旗戰捷紀事	1883.10.18	光緒九、九、十八	
接錄黑旗戰捷紀事	1883.10.19	光緒九、九、十九	
論越南事勢可危	1883.10.23	光緒九、九、廿三	
論法人籌兵	1883.11.1	光緒九、十、二	
詳述黑旗事	1883.11.5	光緒九、十、六	
論邊防不可因無事稍弛	1883.11.8	光緒九、十、九	
論法人籌餉	1883.11.10	光緒九、十、十一	
論維持商務	1883.11.13	光緒九、十、十四	
續論維持商務	1883.11.15	光緒九、十、十六	
中國非助黑旗辨	1883.11.17	光緒九、十、十八	
論法人擬向中國索賠兵餉	1883.11.21	光緒九、十、廿二	
論法人探察越礦	1883.11.22	光緒九、十、廿三	
閱字林西報論滬市書後	1883.11.23	光緒九、十、廿四	
論民心當聯絡	1883.11.24	光緒九、十、廿五	
論省浮費	1883.11.27	光緒九、十、廿八	
論謹慎為辦事之本	1883.11.28	光緒九、十、廿九	
中國不必與敵爭勝於海上說	1883.12.6	光緒九、十一、七	
論法人籌餉	1883.12.7	光緒九、十一、八	
劉永福非發逆辨	1883.12.10	光緒九、十一、十一	
論中國自固藩籬	1883.12.11	光緒九、十一、十二	
論中國重在能守	1883.12.13	光緒九、十一、十四	

1884 年

題目	西曆	農曆	備註
調集兵勇末議	1884.1.3	光緒九、十二、六	
論禦外寇當參用民兵	1884.1.4	光緒九、十二、七	
論中國備禦無時可弛	1884.1.5	光緒九、十二、八	
論法人必不敢窺瓊州	1884.1.12	光緒九、十二、十五	
論法人擬在暹緬募兵	1884.1.15	光緒九、十二、十八	
論越南官賣城	1884.1.21	光緒九、十二、廿四	
防邊贅言	1884.2.2	光緒十、一、六	
論觀捐宜得簡便之法	1884.2.4	光緒十、一、八	
防守北寧議	1884.2.5	光緒十、一、九	
論靖寇宜懲貪去懦	1884.2.6	光緒十、一、十	
論海戰宜募私梟	1884.2.7	光緒十、一、十一	
中國可自造戰艦說	1884.2.9	光緒十、一、十三	
論辦理中外交涉事	1884.2.11	光緒十、一、十五	
論北寧戰務當專用黑旗	1884.2.29	光緒十、二、三	
論學習西藝	1884.3.6	光緒十、二、九	
論靖內亂	1884.3.8	光緒十、二、十一	
論中國購造戰艦	1884.3.10	光緒十、二、十三	
商務近論	1884.3.14	光緒十、二、十七	
論禦敵	1884.3.19	光緒十、二、廿二	
論北寧軍報	1884.3.20	光緒十、二、廿三	
論民團	1884.3.22	光緒十、二、廿五	
答客問	1884.3.24	光緒十、二、廿七	
禦法管見	1884.3.29	光緒十、三、三	
論劉提督募苗禦敵	1884.4.1	光緒十、三、六	
論法人窮兵	1884.4.2	光緒十、三、七	
墾荒即以防寇論	1884.4.4	光緒十、三、九	
致亂有源說	1884.4.5	光緒十、三、十	
中國戰勝續聞	1884.4.7	光緒十、三、十二	

題目	西曆	農曆	備註
論禦敵與剿賊不同	1884.4.8	光緒十、三、十三	
論防軍退守諒山	1884.4.9	光緒十、三、十四	
論兵潰	1884.4.10	光緒十、三、十五	
論總署宜藉使臣以悉外情	1884.4.12	光緒十、三、十七	
論中國民心大可用	1884.4.19	光緒十、三、廿四	
法越交兵記序	1884.6.20	光緒十、五、廿七	《外編》收錄
芻言	1884.7.8	光緒十、閏五、十六	
續芻言	1884.7.9	光緒十、閏五、十七	
續芻言	1884.7.11	光緒十、閏五、十九	
續芻言	1884.7.15	光緒十、閏五、廿三	
續芻言	1884.7.21	光緒十、閏五、廿九	
論中國此時機會不可不戰	1884.8.14	光緒十、六、廿四	
論不戰必不能和	1884.8.19	光緒十、六、廿九	
論漢奸當誅	1884.8.22	光緒十、七、二	
論中朝勝法情形	1884.8.25	光緒十、七、五	
論軍情電音難得確實	1884.8.27	光緒十、七、七	
論招商局仁和濟和貴池各股宜早調停	1884.9.1	光緒十、七、十二	
論粵民遷徙之非	1884.9.8	光緒十、七、十九	
論台灣近事	1884.9.13	光緒十、七、廿四	
裕民食以資敵愾說	1884.9.16	光緒十、七、廿七	
練水師以制強敵說	1884.9.20	光緒十、八、二	
論中國有可恃之民心	1884.9.25	光緒十、八、七	
忠勇可嘉	1884.9.27	光緒十、八、九	
海防七策	1884.10.14	光緒十、八、廿六	
論法人有思和之意	1884.10.15	光緒十、八、廿七	
論粵垣近日民心靜謐	1884.10.24	光緒十、九、六	
論人封禁台灣口岸之非	1884.11.1	光緒十、九、十四	
禦法條陳	1884.11.4	光緒十、九、十七	
論法人始終無悔悟之心	1884.11.12	光緒十、九、廿五	
今日亟宜選學將材論	1884.11.14	光緒十、九、廿七	

題目	西曆	農曆	備註
今日亟宜富強論	1884.11.21	光緒十、十、四	
論宜遵約章以維國體	1884.11.22	光緒十、十、五	
戰守宜相輔而行說	1884.11.26	光緒十、十、九	
論西人助順	1884.11.28	光緒十、十、十一	
平法寇以靖邊疆說	1884.11.29	光緒十、十、十二	
奇士上書	1884.12.2	光緒十、十、十五	
北宋亡於和議論	1884.12.6	光緒十、十、十九	
論中國宜乘勝以剿滅敵人	1884.12.11	光緒十、十、廿四	
擬討法蘭西檄文	1884.12.12	光緒十、十、廿五	
不可輕視機說	1884.12.20	光緒十、十一、四	
妄論可笑	1884.12.24	光緒十、十一、八	
論朝鮮亂耗	1884.12.26	光緒十、十一、十	
論撥船援台為今日最好機會	1884.12.27	光緒十、十一、十一	

1885 年

題目	西曆	農曆	備註
論粵人急公好義	1885.1.3	光緒十、十一、十八	
守口芻言	1885.1.5	光緒十、十一、二十	
續錄守口芻言	1885.1.6	光緒十、十一、廿一	
三錄守口芻言	1885.1.7	光緒十、十一、廿二	
條陳高事	1885.1.13	光緒十、十一、廿八	
書日人論台灣役	1885.1.16	光緒十、十二、一	
書本報昨錄津電法人議和後	1885.1.21	光緒十、十二、六	
能戰而後可和論	1885.1.28	光緒十、十二、十三	
接續能戰而後可和論	1885.1.29	光緒十、十二、十四	
撥電援台不宜再遲說	1885.1.30	光緒十、十二、十五	
亟宜查辦豬仔以清其弊說	1885.1.31	光緒十、十二、十六	
擬築炮台說	1885.2.23	光緒十一、一、九	
中必勝法論	1885.2.24	光緒十一、一、十	

題目	西曆	農曆	備註
書本報諒山驚耗後	1885.2.25	光緒十一、一、十一	
聯民團以同敵愾說	1885.2.26	光緒十一、一、十二	
接續聯民團以同敵愾說	1885.2.27	光緒十一、一、十三	
接續聯民團以同敵愾說	1885.2.28	光緒十一、一、十四	
接續聯民團以同敵愾說	1885.3.2	光緒十一、一、十六	
宜密佈水雷說	1885.3.4	光緒十一、一、十八	
緬甸故事考	1885.3.12	光緒十一、一、廿六	
論謀持不必遠適異地	1885.3.14	光緒十一、一、廿八	
三續緬甸故事考	1885.3.16	光緒十一、一、三十	
論士宜求實學	1885.3.18	光緒十一、二、二	
四續緬甸故事考	1885.3.20	光緒十一、二、四	
論星嘉坡法船購煤事	1885.3.21	光緒十一、二、五	
論法好用兵以殘民	1885.3.26	光緒十一、二、十	
論法人斷敢窺伺粵垣	1885.3.28	光緒十一、二、十二	
中法和議未定說	1885.4.2	光緒十一、二、十七	
書中法和議電音後	1885.4.9	光緒十一、二、廿四	
和戰務以得才為要論	1885.4.16	光緒十一、三、二	
中英有可合之機說	1885.5.5	光緒十一、三、廿一	
日本報述中日訂約事	1885.5.14	光緒十一、四、一	
論冒名行騙之非	1885.5.15	光緒十一、四、二	
諒山戰事虛實辨	1885.5.20	光緒十一、四、七	
古今彝患綜論	1885.5.21	光緒十一、四、八	
英俄爭據海島中國利害說	1885.5.25	光緒十一、四、十二	
法怨宰臣花利確證說	1885.5.30	光緒十一、四、十七	
論澎湖險要	1885.6.4	光緒十一、四、廿二	
時務策	1885.6.8	光緒十一、四、廿六	
書本報中法議和信息後	1885.6.10	光緒十一、四、廿八	
英俄阿交涉起端詳述	1885.6.10	光緒十一、四、廿八	
續時務策	1885.6.11	光緒十一、四、廿九	
諒山勝仗指證說	1885.6.12	光緒十一、四、三十	

題目	西曆	農曆	備註
再續時務策	1885.6.17	光緒十一、五、五	
評論法事	1885.6.17	光緒十一、五、五	
中法詳約書後	1885.6.19	光緒十一、五、七	
三續時務策	1885.6.20	光緒十一、五、八	
四續時務策	1885.6.22	光緒十一、五、十	
五續時務策	1885.6.23	光緒十一、五、十一	
六續時務策	1885.6.25	光緒十一、五、十三	
論洋約與草約異同	1885.6.26	光緒十一、五、十四	
勝法補紀	1885.7.8	光緒十一、五、廿六	
申論俄高訂約事	1885.7.15	光緒十一、六、四	
宜慎選出使人員不可濫竽充數說	1885.8.1	光緒十一、六、廿一	
和局既定宜亟籌善後事宜總論	1885.8.3	光緒十一、六、廿三	
善後策設官第一	1885.8.4	光緒十一、六、廿四	
善後策設官第二	1885.8.21	光緒十一、七、十二	
綜論亞細亞洲時局	1885.8.23	光緒十一、七、十四	
善後裕餉第二	1885.9.3	光緒十一、七、廿五	
中國方域總論	1885.9.9	光緒十一、八、一	

【解說】

　　《循環日報》刊行多年，1874 年初創辦，至 1941 年 12 月太平洋戰爭爆發，長達 67 年；日侵時期，該報與《大光報》合併為《東亞晚報》。但《循環日報》保存極少，現時所見，主要是 1874 年至 1885 年一部分。香港大學圖書館及香港中央圖書館有一部分縮微膠卷，本目錄的製作，並參考了日本學者西里喜行〈關於王韜和《循環日報》〉（《東洋史研究》第 43 卷第 3 期，1984 年）、蕭永宏〈《弢園文錄外編》篇目來源考辨──《弢園文錄外編》和《循環日報》"論說"關係之研究〉（《香港中國近代史學報》第 4 期，2006 年）及其他相關著作。

　　根據蕭永宏的查考，《循環日報》論文收錄於《弢園文錄外編》

的，還有以下若干篇：

1.〈任將相說〉，1874 年 3 月 16 日；

2.〈擇友說〉，1874 年 3 月 26 日；

3.〈香港略論〉，1874 年 4 月 29 日；

4.〈香港擬設藏書樓〉，1874 年 5 月 1 日，題目改為〈徵設香海藏書樓序〉；

5.〈宜重視華商〉，1879 年 1 月 9 日《申報》轉載，收入《弢園文錄外編》時，題目改為〈西人漸忌華商〉；

6.〈論辦洋務宜得人〉，1879 年 3 月 27 日《申報》轉載，收入《弢園文錄外編》時，題目改為〈辦理洋務在得人〉；

7.〈論歐洲將有變局〉，1879 年 12 月 27 日《申報》轉載，收入《弢園文錄外編》時，題目改為〈歐洲將有變局〉；

8.〈日本未嘗無人〉，1879 年 12 月 29 日《申報》轉載，收入《弢園文錄外編》時，題目改為〈跋岡鹿門《送西吉甫遊俄》〉；

9.〈論日本未嘗無人二〉，1879 年 12 月 30 日《申報》轉載，收入《弢園文錄外編》時，題目改為〈岡鹿門文集後〉；

10.〈論琉事不足辦宜亟自強〉，1880 年 1 月 20 日《申報》轉載，收入《弢園文錄外編》時，題目改為〈琉事不足辦〉；

11.〈論歐洲近日不肯輕啟兵釁〉，1880 年 1 月 24 日《申報》轉載，收入《弢園文錄外編》時，題目改為〈歐洲近日不輕用兵〉；

12.〈論英人減兵之非計〉，1880 年 1 月 27 日《申報》轉載，收入《弢園文錄外編》時，題目改為〈英人減兵非計〉；

13.〈論越南當善保東京〉，1880 年 2 月 6 日《申報》轉載，收入《弢園文錄外編》時，題為〈越南當親法自存〉；

14.〈港督燕制軍東遊記並序〉，1880 年 3 月 7 日《申報》轉載，收入《弢園文錄外編》時，題目改為〈記香港總督燕制軍東遊〉；

15.〈跋鐵城杞憂生《易言》後一〉及〈跋鐵城杞憂生《易言》後二〉，1880 年 8 月 26 日及 27 日，收入《弢園文錄外編》時合為一篇，題目改為〈杞憂生《易言》跋〉；

16.〈原才上〉，1880 年 8 月 19 日，收入《弢園文錄外編》時，題目改為〈原才〉；

17.〈《英語匯腋》序〉，1884 年 6 月 21 日；

18.〈潘孺人傳略〉，1884 年 9 月 23 日。

此外，《循環日報》論說收入《弢園目錄外編》時，部分題目名稱略有改動，包括：

1.〈論法在因時變通〉，1880 年 7 月 15 日，題目改為〈變法自強下〉；

2.〈論亞洲已半屬歐人〉，1880 年 7 月 16 日，題目改為〈亞洲半屬歐人〉；

3.〈論西國兵額日增〉，1880 年 7 月 27 日，題目改為〈西國兵額日增〉；

4.〈論聯諸國以拒俄〉，1880 年 8 月 21 日，題目改為〈中外合力防俄〉；

5.〈辯琉球屬於我朝〉，1880 年 11 月 15 日，題目改為〈琉球朝貢考〉；

6.〈重刻《弢園尺牘》書後〉，1880 年 12 月 18 日，題目改為〈書重刻《弢園尺牘》後〉；

7.〈論西人欲中國富強〉，1875 年 10 月 16 日，題目改為〈英欲中國富強〉；

8.〈論旺貿易不在增埠〉，1876 年 9 月 29 日，題目改為〈旺貿易不在增埠〉；

9.〈論六合將混為一〉，1877 年 1 月 18 日，題目改為〈六合將混為一〉。

3.5 《循環日報六十週年紀念特刊》發刊詞

書曰："天降下民，作之君，作之師。"自一人恣睢，萬姓荼苦。而君之道廢，自溝猶瞀儒，德不足以華其身，學不足以文其陋，覥然學為人師，而師之道亦幾乎息矣。於是社會民眾，所賴以指導匡正者，厥有報紙。歐人之譽報紙，曰無冠帝皇，又曰：社會之良導師也。報之為職，起於晚近，以代君師者，其任至重也。抑報之為義，說文以為當罪人，其從㮍從反，反服罪也，義取判斷，所謂彰善殫惡，樹之風聲者，庶幾近之。五洲萬國，藉報紙以宣達政要，發揚國光，亦既彰彰矣。而其效用，則尤在於激勵民族精神，促進社會風化，使毋瀆墜。斯一國之政治文物，亦得以登納軌道，知此義也，乃可以言報。

本報肇造，於茲六十年矣，王紫詮[4]先生當太平軍定都金陵，以書生贊機要，不幸事敗，息影海濱，本其民族精神，醒國人鼾夢，故有本報之設。經營之始，當不料此幼小之刊物，能綿續至六十年，其卒能是，則以繼述者競競業業，罔敢或懈，有以發揚而光大之也。然吾人終自信，自今以往，仍當循環進展而勿息焉，則以王紫詮先生之遺教與精神，有以撝拄於其間。故不敢自域，不敢自卑，求所以適應世界之潮流，謀增進吾民族之光榮者靡不至；然此非同人之力所能及，深有望於國內賢俊之劻助。蓋同人所以自勉，以葆持此六十年之光榮史者，又未嘗不悚慄也。

竊以為報紙之天職，在於不眩不撓而已。世運遞遭，思潮演進，瀚然如太空之雲，軒然若滄瀣之波，不可以審視而跡象之也。其有所眩，斯有所蔽，欲其無所眩，則非徒接納之而已，且將加以抉擇，貢

4　王紫詮：王韜，《循環日報》的創辦人。

獻於國人。庶不入主出奴，看朱成碧。此同人等用以自勉者一。報紙本其天職，以糾繩政治風俗之紕繆，時與不便者錯迕。有所畏懾，將為摧折。本報六十年來，本其不屈不撓之精神，屹然存立於驚濤駭浪中，未嘗披靡決蕩者。是又有賴於國人之厚愛，而予以同情也。此同人等之欲以自勉者二。

嗟夫，東北淪陷，歲星已周，金人淚消，銅駝影滅。肉食者鄙，氣盡於尊俎；甲冑之士，爭紛於蠻觸。荒蕪不治，杼軸其空，國之為國，不亡者幾希矣。吾人居指導匡正之地位，靦顏受君師之期許。不能障挽狂流，發揚忠義，使政府與民眾，奮發激勵，恢復我國之領土主權，在此六十周紀念中，能無悵喟？！惟茲刊之成，乃得海內人士，錫以偉論，賜之嘉言，其宏大博洽，非詹詹如同人者比。又未嘗不以此自慰，而喜此指導匡正之責，分而任之者，固大有人。同人等更得以為南針也。用特茅次排比，以成斯刊，世之覽者，其有感乎！

二一、[5] 一二、十、於中華中學

【解說】

黃冷觀為《循環日報六十週年紀念特刊》所撰的〈發刊詞〉，及附錄列述《循環日報》歷屆主要職員事略及歷任督印人年表，可補學界對《循環日報》整體認識的不足，尤其是 20 世紀前期的辦報情況。

王韜與黃勝於 1872 年合辦中華印務總局，開業時僦居於中環必列者士街，因陋就簡，地方很細小。1874 年創辦《循環日報》，場地不敷應用，遷至歌賦街 51 號一所三層樓房。底層三間，左右為印刷室，二樓為編輯部，三樓為檢字工場。

5　二一：民國二十一年，1932 年。

3.6 《英華字典》序

　　中外通商以來，兩國和好，彼此往來交際，必須藉筆墨以通情。但著述英國文字作者如林，未能領略旨意多有，是物而不知其名者，以致初學徒事揣摩，不能了然心目，良由法未備而學有未精也。今 西儒羅存德[6] 先生輯成《英華字典》一書。其中俚語文言，無不悉載，前人所略者，詳之不厭。其繁所贅者，刪之不嫌，其簡訪諮至，於邇言搜羅不遺，俗字重抽舊緒，別出新詮。博採旁稽，合參互證，務使開卷了然，無一義之不詳、一音之不備矣。由是學者循途索軌，有所適從，則於西學大有裨焉。方今 朝廷化洽，萬邦於沿海各省宏開譯館，在粵曰同文，在滬曰廣方言，皆選諳悉英文者主理其事，有此字典一書，將見不數十年深通西學者固不乏人，而此書誠不可少也。 西儒羅先生溫文爾雅，和氣藹然，無事常到九龍過訪，執禮甚恭，別有一種詩書氣味。茲輯成此書，問序於余，余投筆多年，久荒著作，因重其誠，爰綴數語於簡，端其工拙所不計也。是為序。

同治丙寅[7] 夏四月

翰生張玉堂書於九龍官署西齋[8]

【解說】

　　羅布存德的《英華字典》（*An English and Chinese Dictionary*），

6　羅存德：亦作羅布傳德（William Lobscheid）、羅傳列，德國傳教士。1856 年來港，就香港政府之聘，任皇家書館監督，著作頗豐。

7　同治丙寅：同治五年，1866 年。

8　張玉堂書於九龍官署西齋：張玉堂（1794-1870），字翰生，1854 年任大鵬協副將，鎮守九龍寨城。文武雙全，有"儒將"之稱。

1866 年至 1869 年出齊四分冊，是一部逾兩千頁的巨著，在日本備受注意，有譯本和增訂本，對日本新詞匯的製訂影響頗大。羅布存德還編有《漢英字典》（*A Chinese and English Dictionary*），於 1871 年出版。香港浸會大學圖書館有《英華字典》全套，香港大學圖書館有《漢英字典》。

羅布存德的《英華字典》，在規模上和內容方面，都大大超越了馬禮遜所編的中英雙語字典，即使在 1870 年代以後的三、四十年間，舉世亦無出其右，直至 20 世紀初，始為其他中英雙語工具書所取代。

3.7 《華英字典彙集》自序

　　邇來之談西學者夥矣，其著書立說，付手民以問世者，幾於層見疊出，無不自以為握靈蛇之珠，而探荊山之璞，以余所撰，廁於其間，曾何足以云哉！特微悟所尚略，有數端可得而言，英文譯解，貴乎淺顯，庶使揣摩者得由捷徑，不誤歧塗〔途〕，一也。家常習用之語，貴乎通行，庶使矢口陳詞，入於耳者，即通於心，惟人人易明，則人人易習，二也。英文之法，一字而有數用，一字而兼數義，必使詮解明哲，庶使學者易於曉會讀之，乃能妙悟環生，觸處洞然，三也。凡此三者，皆就字義而言，而搜羅之廣、採選之勤、決擇之精，即寓於此矣。余於此書，反覆詳譯，凡歷數寒暑，自謂於後學不無少裨。學者入門，蓋非此不足為嚆矢，與他人之作似同而實異。況今　國家崇隆西學，譯館宏開，將儲材以供奔走後先之用，不日又將遣使泰西，乘槎遠邁，更於各處設立領事，則有需於西國之語言文字者，正不一其途也。學者負素抱以翔天，衢將出其家修以為廷獻者，必其挾持之有具也。吾雖不敢謂是書為登進之階，而家置一編是書，要亦不可廢也歟。

　　光緒元年歲次乙亥[9]秋七月，下澣譚宴昌達軒[10]自序於香海之業精於勤書樓。

【解說】

　　《華英字典彙集》（*English and Chinese Dictionary*），1875 年在

9　光緒元年歲次乙亥：1875 年。

10　譚宴昌達軒：譚達軒於 1875 年出版《華英字典彙集》及《通商指南》，均署"粵東端郡明邑譚宴昌譯刊"。

香港出版，封面署 Tam Tat Hin（譚達軒），印刷者為 The Chinese Printing and Publishing Company Limited（即中華印務總局）。〈自序〉前面有〈王廣文序〉，指出此書搜羅宏富，考訂詳慎，可與西儒編著之字典相頡頏。香港大學圖書館現存《華英字典彙集》。

論者或謂，譚達軒的《華英字典彙集》，實參考了羅布存德的《英華字典》，內容有部分摘錄自該字典。與譚氏之書同一年在香港出版的，有鄺其照的《華英字典集成》，此書 1868 年初版時題為《字典集成》，第 3 版始加"華英"二字。有關鄺其照、譚達軒二氏之字典，可參霍啟昌著《香港與近代中國：霍啟昌香港史論》（香港：三聯書店〔香港〕有限公司，2019 年）。

3.8 《華英字典彙集》王廣文序

我國家崇尚西學，雅重同文，立譯館於京師，廣方言於各省，於西國文字語言之學，拔尤萃秀，儲之以為他日用，而又遣幼童百二十人，出洋肄業於西學，所造正未可量。蓋將舉象緯、輿圖、歷算、格致、機器、藝術，無所不通，而後材始備焉。顧西學無涯，而尋流泝源，則皆自西文始。西文入門，亦豈易講哉！我友 譚君達軒固深於西學者也，少時讀書於西塾，穎悟冠常兒，嶄然見頭角，為之師者多器重之。逮乎學業既成，乃應聘於西署，歷試煩劇，居穗垣尤久，於繙譯之事務造精深。去歲設絳帷於香海，以西學教授弟子以及門諸子，憚西文八門之難也，因著字典彙集一書。凡西文通用之字，無不備載。一字之義，有獨用者，有數用者，有一字而包蘊數意者，悉為詳明譯解，瞭然如指掌，其所採擇咸掇自英文善本。此書出誠於肄業西文者，大有裨益矣。夫自中外立約通商以來，西國之文人學士，至者接跡，無不以立說著書為務，其間有《馬禮遜字典》、[11]《麥都思字典》[12]最行於一時，不脛而走。繼之者為衛廉臣之《華英韻府歷階》，[13]此外則自鄶以下無譏焉。 譚君此書搜羅之宏富、考訂之詳慎，可與三西儒相頡頏，如驂之有靳，學西文者，當必奉之為金科玉律矣。 譚君之為學，克副乎　國家，樂育人才之意，而能為當務之急，故不辭而為之序。

---

11 《馬禮遜字典》：馬禮遜（Robert Morrison, 1782-1834）是最早來華的基督教（新教）傳教士，英國人，曾將《聖經》譯成中文，及編輯出版《華英字典》（*A Dictionary of the Chinese Language*）。

12 《麥都思字典》：麥都思是英國傳教士，鴉片戰爭時任英軍翻譯。漢學家，著有《英漢字典》（*English and Chinese Dictionary*）。

13 衛廉臣之《華英韻府歷階》：衛廉臣（Samuel Wells Williams, 1812-1884），又譯衛廉士、衛三畏，編《英華韻府歷階》。

光緒元年乙亥[14] 七月二十四日，長洲王韜序於香海。

【解說】

　　譚達軒的《華英字典彙集》，王韜作序，當中提到西教士編有三種中英字典，譚氏此書可與相提並論。《馬禮遜字典》、《麥都思字典》都有盛名，後繼的《華英韻府歷階》亦受注意，但都出於西人之手，中文用語間亦有不巧當處。譚氏之字典則能從中文角度出發，加以對應；又較能知道中文讀者使用英文的需要，有其切合實用的功能。

14　光緒元年乙亥：1875 年。

3.9 七十年來之香港報業
（一八六四 —— 一九三四年）

一、發端

我國之有日報，以香港為最先，而日報之留存，以《華字日報》為最久，此考報業史者所同認也。茲篇所述，注重於七十年來之日報，則外此者宜可缺焉，第歷史遞嬗，非追溯過去，無以比較現在；非灼知現在，更無推測將來，故於七十年前報業，時亦略及，覽斯文者，或不以駢指誚乎。

二、報業之椎輪

香港改隸後之十一年（公元一八五三年、清咸豐三年），有英華書院中人，發行一種華英文合璧之月報，名曰《遐邇貫珍》（*Chinese Serial*）。篇幅約十餘頁，報價港錢十五文，此為華文報之雛形。《遐邇貫珍》者，殆繼《天下新聞》（*Universal Gazette*）《察世俗每月統記傳》（*Chinese Monthly Magazine*）而作者也。先是，英華書院刱辦於馬六甲。在道光八年〔1828 年〕，曾發行《天下新聞》。在嘉慶二十二年〔1817 年〕，曾發行《察世俗每月統記傳》。蓋當時教士來華，多賴刊物，以為傳教利器，故其刊物，宣揚宗教為主，兼錄時事，不過旁義而已。迨英華書院由馬六界遷港，即本其《天下新聞》、《察世俗每月統記傳》之辦法，以施行於此間。計《遐邇貫珍》刊行僅三年，而主編者數易。初年麥都思（Water Henry Medhurst）主之，次年奚禮爾（C. B. Hillier）主之，三年理雅角（James Legge）主之。理雅角通華文，譯有《尚書》及四子書行世，每於《遐邇貫珍》中論及經學，孔、鄭、程、朱之說粗有徵引，以西方學者而能解此，亦可謂不妄自菲薄者矣。《遐邇貫珍》雖較澳門之《依涇雜說》為晚出（《彝情備錄》云：《依涇雜說》道光七年〔1827 年〕葡萄牙人士羅所著，由英吉利字譯出中國字，以中國木版會合英吉利活字版，同印在一篇，此書初出時，人爭購之，因其中多有揭載官府陋規，旋為官府所禁）。而其持論雅有斷制，不以放言高論為能事，則又過之也。

三、日報之刱始

《遐邇貫珍》為月報，而非日報，為宣傳宗教之報，而非紀錄時事之報。刊行僅三年，以咸豐六年〔1856 年〕而輟（《遐邇貫珍》第三號為一八五三年〔咸豐三年〕十月朔旦，推測其創刊當為一八五三年八月朔日，其停刊時期待考）。迨咸豐八年（一八五八年）始有《中外新報》出。《中外新報》者，其體裁與今時之日報同，我國伍廷芳博士所刱辦也 [15]（伍博士時為香港《孖剌西報》〔*Hongkong Daily Press*〕譯員，適倫敦傳道會牧師英人羅傳列者，以所著《漢英字典》一書，交《孖剌西報》排印，所有漢文字顆，經一度用後，即什襲而藏，伍博士遂向該報訂借，月納印費，而成立《中外新報》）。初辦時，篇幅頗狹，每日出紙一小張，約容四號字一萬五千字，除廣告外，新聞僅佔面積三分之一，不過五千餘字，另以土紙印載貨價船期一頁，名曰行情紙，隨報派送，年收報費三元。其時僑商甚鮮讀報，大抵多訂閱行情紙，主報事者乃收半價以便閱者焉。至光緒中，始擴充篇幅為兩頁，分類紀事，有曰"《京報》全錄"，則清廷諭旨暨各省奏章屬之；有曰"《羊城新聞》"。則督撫轅門抄，暨各衙署批示屬之，閑附以民間瑣事；有曰"中外新聞"，則事之不能列入《京報》與《羊城新

---

15 伍廷芳博士：伍廷芳（1842-1922），廣東新會人。1858 年《中外新報》創辦時，他是個 16 歲少年，可能參與創辦該報，但應不是主辦者。

聞》者屬之。各類新聞之標題甚簡略，大都如火警、盜竊、物妖、詼諧等。主筆政者每有論著，不直指時事，一託以寓言，勸懲之旨，往往而見。斯匪獨《中外新報》為然，維時《華字》及《循環》兩報，亦大略相似。孰知夫昔日主文譎諫之作，移諸今日，又成為極時髦之幽默派者耶。光緒晚年，篇幅益增，洎入民國，數易其主，宗旨亦隨所主而易，卒於民國七年〔1918 年〕停辦。惜哉！今環顧海內外日報，其能歷有七十餘年之久者，惟《華字日報》巋然獨存矣。

四、各日報之派別

《華字日報》刱於同治三年（1864 年），其歷史詳見本刊本報刱造以來篇中，茲不復贅。至各日報之繼《華字日報》而起者，各有派別，分述於後：

（一）《循環日報》 同治十年〔1871 年〕，英華書院停辦。由校長歐德理牧師鬻其校內印務部所有於崐山王韜（字紫詮，曾仕太平天國，國亡後，遯隱香港）。王韜時旅港，為教會迻譯經籍，與其友黃平甫集貲購得之，先設中華印務局，以營印刷業。嗣於同治十二年〔1873 年〕乃設《循環日報》，計其出世後於《華字日報》者九年。當時主筆政者，王韜而外，有洪幹甫及王韜之婿錢昕伯。隨後昕伯適滬，與英國人美查（F. Majex）合辦日報即今之《申報》是也。

（二）《中國日報》 光緒間，有興中會者，以排滿興漢為職志。光緒二十五年〔1899 年〕，圖發難於廣州，孫中山主之。事洩失敗，乃走日本。命陳少白、王質甫等回香港，籌設宣傳機關。一八九九年（光緒二十五年），賃士丹利街二十七號，刱立《中國日報》。輔以楊少歐、陳春生、鄭貫公。繼而附刊《中國旬報》，除彙錄近事外，並著為俳文、歌謠，以寓諷刺，顏曰"鼓吹錄"，所著多出鄭貫公手筆。旋而旬報輟刊，此類小品文字，移而實於日報篇末。歷主筆政，有黃世仲、馮自由、盧信公、廖平子、謝英伯、謝心準、鄧少呂等。當光緒之季，海內文人，主立憲議者多，主革命議者少。惟正因其少，精神反易於團結。其時引《中國日報》為同調者，競相投稿，不待懸酬金以招之，故報材之富，有足觀焉。民國初元，《中國日報》遷於廣州，盧信公主其事。二年秋，龍濟光入粵，凡國民黨系統下之報，悉被封禁，《中國日報》首在封禁之列。於是十餘年提倡革命之報，及此而終矣。

（三）《世界公益報》 刱辦於光緒二十九年〔1903 年〕。鄭貫公任總編輯，黃魯逸佐之。其宗旨與《中國日報》同。每日出紙二大張，約可容四號字四萬八千字。撰述分莊諧二部，間附以圖畫。繼鄭任編輯者，為李大醒、黃世仲、黃耀公等。黃世仲任最久，閱者習誦其文，漸成為偏嗜，世仲歿後（按，黃世仲於民元慘遭粵督陳炯明所槍殺），行銷頓不如前。迨民國六年，因營業折閱停辦。有購得其印刷機具者節取“公益”二字，以命報名，出世不逾年，亦告歇業。

（四）《實報》 與《世界公益報》同年出版，潘飛聲任編輯，論列時事，多出以婉約之詞，不流於偏激。潘雅好為近體詩，風花月露之作，往往充斥副刊，譽之者謂其提倡風雅，毀之者謂其無關美刺。報業不振，旋而易主，改為《真報》，持論轉趨偏激，與潘殊矣，卒於民四時停辦。

（五）《商報》 康有為自戊戌政變後，盛倡君主立憲之說於海外，以香港為南方重要口岸，不可無宣傳機關。光緒三十年〔1904 年〕，乃在港刱設《商報》。主筆政者有徐君勉、伍憲子、伍權公等。民國後易名《共和報》，伍權公任編輯，伍為簡竹居（朝亮）弟子，著《燈窗瑣記》，登於副刊，每論修身處世之道，時有精要語。民十易主，未幾輟刊。

（六）《廣東日報》 出版於光緒甲辰年春季，初任編輯者鄭貫公、李大醒，勞緯孟繼之，宗旨與《中國日報》大致相同，謂民主政體，足以振朝氣而挽積弱，故力駁君憲之說。後因收回粵漢鐵路風潮，該報最以直言著，為粵吏所忌；而股東多數為內地搢紳，懼以此賈禍，至光緒丙辰年三月輟版。

（七）《有所謂報》　報之篇幅頗小，既名曰"有所謂"，復顏以"唯一趣報"四字。鄭貫公任編輯，持論激烈，內載俳文歌曲，幾佔全報五分之二。此類小品文字，如胡子駿、陳樹人、盧偉臣等，皆工為之。當時一紙風行，為省、港各報之冠。出版後翌年，貫公既歿，易名為《東方報》，胡子駿、謝英伯、劉思復、駱漢存先後主之。省吏惡該報屢揭其過也，因禁之行銷內地。行銷之地既隘，遂不得不停辦。

（八）《新漢報》　出版於宣統三年〔1911年〕九月，主筆政者盧博浪、李孟哲。是年三月廿九後，清吏藉口維持地方治安，每以甘言餂廣州記者，使之頌功德而塗民耳目，記者多未之許也。而素唱民族主義之記者，知省吏之詐而薀，因持民族益力，遂有《天民報》之獄。盧李為《天民報》同人，避地至港組織《新漢報》。出版時，距武漢首義，不過旬日耳。報之資本，悉當時同志所伙助，逮夫南北統一告成，斯報亦從而結束。

（九）《大光報》　基督教會中人所辦。民國二年〔1913年〕出版。先是光緒十六年〔1890年〕，基督教徒曾刱設《郇報》，日出紙一張，行之月餘即停刊。迨光緒三十二年〔1906年〕，德國禮賢會葉牧師，刱《德華朔望報》，歷三年而輟。是年，在港基督教徒以港地人口日繁，宜有宗教報以傳播其道，冀邀人之信仰，遂由尹文楷醫生等集資刱設斯報。後雖易主事者，惟報至今尚存。洪孝充、張亦鏡、陸丹林、黃冷觀等先後主筆政。

（十）《華商總會報》　旅港華商總會同人所辦。刱設於民國八年〔1919年〕。其主旨在傳遞商務消息。發行數年，不復賡續。至今年四月，另辦一月報，斯則屬雜誌性質矣。

（十一）《新聞報》　民九而後，陳炯明力主聯省自治之說，遂與國民黨政見不合。十三年，在港刱辦此報，命陳秋霖主持之。是年七月十九日，秋霖突於報上登"致陳競存先生書"，及同主筆政之黃古等亦發出"我們宣言"，聲明脫離陳黨關係，轉為國民黨之擁護者。宣言全文，列舉改變宗旨之理由六點，並自承"不惜以今日之我，與昔日之我作戰"。自此項宣言發表後，廣州國民黨對秋霖等獎飾有加。而秋霖等當發表宣言日，在報端特印紅字，易報名為《中國新聞報》。閱者皆詫之，稱曰報變。不久，秋霖在廣州與廖仲愷同車，遇狙擊而斃，斯報命運，亦隨之俱盡。

（十二）《工商日報》　民國十四年〔1925 年〕，廣州有"六二三"事變，省、港交通，因此斷絕，港商苦之，乃集資刱設《工商日報》，藉以表示僑民意見。潘惠儔任編輯兼撰社論。潘歿後數年，報乃易主，賡辦至今。

（十三）《香港時報》　民國十八年〔1929 年〕出版。闡揚國家社會主義，對於地方秕政，指斥尤力，輟刊於去年。

（十四）《香港小日報》　出版與《時報》同年，對於馬克斯經濟學說，多所稱述。復詳載蘇俄現行制度。惟銷行不廣。數月而廢。

上述七十年來各報，若《循環日報》、《實報》、《華商總會報》、《工商日報》諸家，純乎其為民辦者也。若《中國日報》、《世界公益報》、《商報》、《廣東日報》、《新漢報》、《大光報》、《新聞報》、《香港時報》、《香港小日報》諸家，則專為發揮政論，或播傳宗教而設者也。各家派別，大略具此。至其中亦有因一時意見之爭，專設一報以自鳴者，然旋設旋輟，歷時不久，若此可謂之同黨糾紛，不足以云派別也。計七十年來各報，其已停辦者有：《中外報》、《粵報》、《維新報》、《捷報》、《郇報》、《香港新報》、《東報》、《晨報》（與民八出版之《香港晨報》不同）、《中國日報》、《香港日報》、《世界公益報》、《公益報》、《實報》、《真報》、《商報》、《共和報》、《廣東日報》、《有所謂報》、《東方報》（與現存之《東方報》不同）、《少年報》、《人道報》、《社會報》、《新漢報》、《中國軍事報》、《中國英文報》、《民國新報》、《新少年報》、《中華新報》、《中華日報》、《新商報》、《仁報》、《現象報》、《時報》（與民十八出版之《香港時報》不同）、《中國新報》、《國是報》、《香港晨報》、《華商總會報》、《自重報》、《僑聲報》、《新聞報》、《中國新聞報》、《新國華報》、《明星報》、《香港時報》、《香港小日報》、《中華民報》、《華人報》、《國民新報》、《中國報》、《正報》、《南方報》、《中和報》、《天南報》、《遠東報》、《大同報》、《公論報》、《東亞報》、《靈通報》等共五十八家。其存於今者，共一十四家。如下表：

名稱	出世	歷年
華字日報	同治三年〔1864〕	七十一年
循環日報	同治十二年〔1873〕	六十二年
大光報	民國二年〔1913〕	二十二年
工商日報	民國十四年〔1925〕	一十年
華僑日報	民國十四年〔1925〕	一十年
南強報	民國十七年〔1928〕	七年
南華報	民國十九年〔1930〕	五年
超然報	民國十九年〔1930〕	五年
東方報	民國二十年〔1931〕	四年
新中報	民國二十一年〔1932〕	三年
平民報	民國二十一年〔1932〕	三年
中興報	民國二十一年〔1932〕	三年
天光報	民國二十二年〔1933〕	二年
大眾報	民國二十三年〔1934〕	一年

統上列所舉，均屬日報。若夫晚報，則以民國五年〔1916 年〕之《小說晚報》為始。民國十年〔1921 年〕，《香江晚報》繼之。嗣是《華強晚報》、《南中晚報》、《工商晚報》、《中和晚報》、《天南晚報》、《循環晚報》，相踵而興。計晚報今日所存者，祇有三家：曰《南中》、曰《工商》、曰《循環》而已。

五、結論

敘述既畢，竊有感焉。香港報業，始於咸豐八年〔1858 年〕，逮光緒三十三年〔1907 年〕，方有報界公會之設，中經四十八年矣。復逮民國十七年〔1928 年〕，方有記者聯合會之設，中經七年矣。聯絡之誼，昔有未周，今後進而善之，斯同業應有之責也。

【解說】

麥思源撰〈六十年來之香港報業〉，載《循環日報六十週年紀念特刊》（1932 年），是最早一篇全面敘述香港報業發展的文章，對前期香港報刊的記載頗為珍貴。其後又有〈七十年來之香港報業——1864-1934 年〉，載《香港華字日報七十一週年紀念刊》（1934 年 10 月），內容有所增補，尤其是關於日報的記述。

《香港華字日報》創於 1864 年，每週出版三次，實際上是雙日刊，主筆是陳藹亭。其初是由《德臣西報》的週末中文版發展而來，至 1919 年始脫離該報，自立門戶。在戰前，《香港華字日報》與《中外新報》、《循環日報》並稱三大中文報紙。

〈七十年來之香港報業——1864-1934 年〉一文，其後收入張靜廬輯註《中國出版史料補編》（北京：中華書局，1957 年），字句間中有所改動，本文據以調整初出時的一些刊誤。

四、《香港紀略》：二十世紀前期的專著

【導言】

賴連三著《香港紀略》（上海：萬有書局，1931年），是繼陳鏸勳撰《香港雜記》之後又一本以筆記體裁寫成的關於香港的專著。賴連三（1891-1964），生於印度尼西亞坤甸坡，一生主要從事文化工作，喜愛旅遊，1919年至1935年間，旅居南洋及香港。本書主要就是根據他搜集的文獻材料，加上個人的見聞體驗寫成的。

《香港紀略》共分5章，第1章為〈概論〉，記述香港的地理環境、歷史沿革、政治、經濟、軍事、法律、人文景觀、城市建置和社會生活，相當全面地勾畫出20世紀初期香港的社會面貌。第2至4章依次為〈潮人事蹟之徵述〉、〈潮人社團之成立〉、〈潮人聞名之采集〉，是記述早期潮州人在香港發展的重要史料。第5章為〈結論〉，表達了作者的感想和希望。據說此書初版時印數甚少，流傳不廣，香港大學圖書館有存本。直至近年，另有賴連三著、李龍潛點校《香港紀略（外二種）》（廣州：暨南大學出版社，1997年）行世。

以下所錄，是《香港紀略》第1章〈概論〉中的前4節，依次為〈香港之位置疆域地勢及歷史〉、〈香港之天氣物產及手工業製造廠牧牛場〉、〈香港之商務及交通貿易航路〉及〈香港之行政司法海陸軍警情形〉；第5節〈香港現狀之面面觀〉原有50個項目，此處只摘錄其中幾項，包括語言、金融、電影及戲院。

賴連三是潮籍人士，《香港紀略》記載了潮州人在香港經商活動的事蹟，潮人社團成立和發展概況等，資料是很珍貴的。

4.1 香港之位置疆域地勢及歷史

世界之所著名者，中土之南部，有香港在焉。香港，一孤島耳，原名裙帶路洲，位於粵省之南，珠江之口，為新安縣屬。地當北緯二十二度十三分，東經一百一十四度十二分。其離廣州也，約二百八十里；距澳門也，約一百二十里；與汕頭海程相隔，則一百八十英海里。疆域四至，環海成山，東西皆有海峽，廣約十一英里，南北由二英里至五英里，面積約計二十九英方里。集東亞南北交通總樞紐，英人恃為東方海軍重鎮，海水淳深，利泊軍艦。周圍建築炮台，守衛嚴密，西設昂船洲炮台、碟維氏山炮台，東設鯉魚門炮台，而以尖沙咀為扼要，形勢天成也。

九龍對岸，雖一水相望，然咫尺天涯，無陸可通。而香港地勢起伏，由於陵阜變遷，或移山以填海，或鑿嶺以闢路，崇樓傑閣，高低不齊；商店街衢，依山傍水，傾斜者步步而升，豈知陟道之難！不平者層層而上，猶覺履夷化險。其於夜景也，燈光燦爛，有如天星，山陂明亮，恍似白晝。總全埠之建設，全借人力而造成。論原初之荒徑，已非當年面目。高瞻眼界固寬，俯視胸襟又暢。四通八達，彷彿山川之現形；波平浪靜，依稀湖沼以停泊。遊其地者，每讚英人之善治，溯及歷史，突觸吾人之感懷。夫昔為荒島者矣，海盜逋逃藪者矣，漁家棲息者矣，今何如乎？電車直達，上登太平，雲霧橫空，山巔有屋，崎嶇者可成坦途，僻壤者轉為熱鬧。過海之舟，不分晝夜。人口之眾，昔豈例今。噫嘻，盛矣！惜乎地雖中土，權歸他人，未免有故園之思耳。然世界潮流，日趨親善，國際之交，願回原主，或者為香港之當局者，所樂讚〔贊〕同者乎？跂予望之。

余於香港舟次口占二絕：

嵯峨樓屋著南方，海面浮梭一葉航。

四望山光明似鏡，雲橫嶺表隔滄浪。

其二

斜陽西照水波紅，港裡香塵四面風。

旅客開懷觀好景，太平山上淡煙籠。

蓋紀實也。猶憶去歲過山西太原，進娘子關後，見土人從山陂挖穴而居，高下數層，密如蜂窩，即穴居野處也。此種穴居，土名曰窰。土質乾燥堅固，冬溫而夏涼。小說上所稱薛仁貴未得志時居窰，及貴時回窰，為此種土窰也。自遠而望，土窰之頂，乃係田畝或孔道，車馬經過窰頂，深覺有趣，以是旅行晉秦兩省者，聞有窰歌。余記二句云：“人家半鑿山腰住，車馬多從屋頂過。”今觀香港層級參差，幾同“山腰住”。而馬路高者竟至一千英尺，縱橫交錯，亦類於“屋頂過”矣。述之可博一粲。但香港輪奐輝煌，與晉秦之穴居，傴僂而入，其文野之相去，則未可同日語也。

考香港歷史，始於清道光十九年〔二十年〕（西曆一八四〇年）[1]廣州鴉片一役，延至二十二年〔1842 年〕，清廷派耆英訂結《江寧條約》，[2]去今已八十九年矣。細查道光年數為三十年，由二十二年至三十年，係八年，合之咸豐十一年〔1861 年〕，同治十三年〔1874 年〕，光緒三十四年〔1908 年〕，宣統三年〔1911 年〕，並加本年為民國二十年〔1931 年〕，統計之，則為八十九年也。不厭求詳，毋嫌詞費。

鴉片二字，譯音（英名 opium）。係刺取嬰〔罌〕粟未熟果實之汁候乾，製成褐色之塊，味苦有異臭，內含嗎啡等質，性毒，為定病安眠藥品，久服之則成癮矣。鴉片為印度孟加拉等地著名產物，唐稱

1　鴉片戰爭始於 1840 年（道光二十年），此處新舊曆換算有誤差。按：虎門之戰是在道光二十年十二月。

2　《江寧條約》：即《南京條約》。

"阿芙蓉"。明季南洋番酋曾以鴉片進貢我國，稱為上品，其時價值頗昂，以藥料視之也，故神宗（萬曆年間）關稅冊中，載有"鴉片十斤"。迄於清初，葡人運鴉片至澳門，輸入中國，作為藥材納稅，唯數量不多。乾隆時英使到北京，求通商，未允許。道光初年，英已併印度全土，乃注目我國，推廣商務，組織東印度公司，有貿易鴉片特權，於是鴉片輸入中國，數量大增。道光十四年〔1834年〕，廣東某巡撫以鴉片流毒，殘弱生靈，特命英商退往澳門，中止貿易。蓋乾隆三十年〔1765年〕以前，每年鴉片入口，不過二百箱（每箱一百二十斤）。嘉慶元年〔1796年〕，嗜者漸多，因嚴禁之。至嘉慶末，私鬻者至三四千箱，始積於澳門，繼移黃埔。道光初，禁稍弛，道光六年〔1826年〕至二萬箱，十七年〔1837年〕至四五萬箱矣。十八年〔1838年〕以鴻臚寺卿黃爵滋奏，命各督撫議，中外皆主嚴禁。兩湖總督林則徐言尤烈。則徐，福建侯官人。當年疏中有"搜得煙槍三千五百支，煙土一萬二千餘兩。人民戒絕後，身體漸強，不能戒者治以法"，並謂"煙不禁絕，國日貧，民日弱，數十年後，豈唯無可籌之餉，抑且無可用之兵"等語。清廷動容，十九年〔1839年〕乃調則徐督粵。則徐抵粵，諭外國商人，限三日內，盡出所藏鴉片，不能隱諱。然鴉片商多觀望。於是查得二萬零二百八十三箱，值資本五六百萬元，以嚴厲之手段，堅決之主張，燒之於海口，並毀其船。道光二十年〔1840年〕，英以軍艦十七艘，運船二十七隻，駛抵香港，中英釁開。英知粵有備，不能取勝，轉攻福建浙江等省。清廷忽變宗旨，罷則徐，改派琦善繼任。琦善庸懦。英要求割讓香港，琦善不待朝廷命而允之。清廷以琦善應付無方，再罷琦善，另派耆英等，與英使璞丁查訂結《江寧條約》。結果香港割讓，再償銀二千一百萬兩（鴉片估價六百萬，商人欠款三百萬，軍費一千二百萬）。此鴉片戰爭經過情形，亦中國主權受外人干涉開始也。

當香港之歸英管轄也，海賊遷移，而漁人數千，則分居於香港仔、薄扶林、赤柱等處。赤柱者，位於今日香港之背面，英人最先上岸開闢者也。然英人居赤柱，不服水土，乃遍覽全港山勢，捨赤柱而另闢今日之香江埠市。山環水抱，面對九龍，誠天然之佳港也。東有鯉魚門，西有琉璜峽、汲水門，而黃泥涌谷、香港仔谷、掃竿甫谷，尤為名勝。至論海灣，則東有大石灣、西灣等，南有鴨巴甸灣、深水灣、士丹利灣、大潭灣等，西有新利灣、大口灣、水落灣、奇瀝灣等，北有西灣環〔環灣〕、鯉魚門灣、筲箕灣、鰂魚涌灣、維多利亞灣等。此外銅鑼灣及前之灣仔等，為向來便利泊船者也。就各灣景致而論，可謂在亞洲方面最〔具〕特色者。而近港之洲島，東有石島、佛頭洲等，南有林麻島、鴨利〔脷〕洲、一木島等，西有壽春島、大嶼山等，北有昂船洲、奇瀝島等。高山則以升旗山最高，約一千七百七十英尺；次為柏架山，一千七百三十三英尺，此近太古船塢也；再次為奇瀝山，一千四百三十英尺，此近薄扶林道也；又次為歌賦山，一千三百七十五英尺，此近纜車路也；又次為砵甸乍山，一千零二十二英尺，此近石澳山徑也。以上就形勢，撮要記錄，不難按圖索驥也。

余既概論香港經過，則九龍有附載之必要焉。九龍在香港對岸之北，東有大鵬灣，西有深水灣，皆便於碇泊。清咸豐十年〔1860 年〕，以南端九龍司一小角，讓英管理。光緒二十四年〔1898 年〕，英復以保護香港為名，展拓地址，訂租借條約，以九十九年為期，劃元朗、錦田、屯門、石澳、大嶼山、沙田、大埔、荃灣、上水、沙頭角等地，二百英方里，謂之新界；則合以前九龍司一隅之地，共三百七十六英方里矣。此國人所宜注意也。唯大鵬、深洲〔水〕兩灣，雖畫〔劃〕作租借地界內，我國兵艦尚可寄泊也。

原夫歐人最先至中土者，為元世祖時，意大利人馬哥孛羅。馬氏遊歷中國，返歐洲後，著書頌揚中土富庶，引起一般歐人羨中土之地廣人眾者。明武宗時（正德元年，西曆一五〇六〔年〕），葡人繞非洲，經印度，來廣東，佔澳門為根據地。

余於民〔國〕七〔年，1918 年〕到寧波，訪其掌故，知當年葡人抵廣州後，即往寧波，乃不容於寧波，見逐而去。延至嘉靖（明世宗）二十三年〔1544年〕，葡人到廈門。廈門掌故亦有述及葡人船舶被焚，不能駐足者。乃退而求諸粵之澳門，據其地焉。澳門本屬香山縣，在珠江口之西南，為一土股，面積十一英方里半，石壁峭立，港口便於泊舟。嘉靖三十六年〔1557年〕，葡萄牙、西班牙、荷蘭、英吉利諸國商人，俱航海而至，通商於中國沿岸。唯葡人已自正德年間為先來者，勢力自大，乃以金錢運動明之官吏，都指揮黃慶代向上官請求，許以澳門，為葡人居住，每年繳納租銀二萬兩。此其佔據歷史也。從嘉靖以迄崇禎，一百左右年間，葡人以澳門為東方貿易寄泊之所。崇禎元年〔1628年〕，始設官主治焉。自明季至清季二百餘年，我國放棄主權，不加過問。光緒十三年〔1887年〕，葡人要求條約之訂，其許葡永遠管理，毋待言矣。各要隘建築炮台，形勢雄壯，此又為我國人所不能不溯洄而慨想者也。聞澳門有荷蘭園及其炮台，為南懷仁故址。蓋借一支之地，為傳教修曆。嗣南懷仁死，荷蘭不能接管，始為葡人所獨佔也云云。附述之以待考證。

以澳門之故，而聯想及於各口岸之通商。查道光二十二年〔1842年〕，既結江寧之約，割讓香港，並開上海、寧波、福州、廈門、廣州，名曰五口。自此而後，歐人視東方中土為最大市場。故咸豐八年〔1858年〕，熱河之變，開汕頭、瓊州（海口）、南京（下關）、鎮江、煙台、牛莊各商埠。越二年，再開天津、營口，並喪失海參威於俄。而同治元年〔1862年〕，則開長江中部之漢口、及九江兩地。光緒二年〔1876年〕，開蕪湖及北海（合浦縣屬）。至於龍州與蒙自，及膠州灣青島之租借，係光緒十三年〔1887年〕。而光緒二十一年〔1895年〕開梧州，二十二年〔1896年〕開杭州，二十三年〔1897年〕開三水，其於二十四年〔1898年〕之旅順大連灣與廣州灣之租借，則為滿清失政，喪權辱國，暴露於外者也。青島雖歐戰後，華府會議，已由我國收回，獨旅順大連灣等地，依然主權未歸。至廈門對岸之鼓浪嶼，闢為公共租界，係光緒二十八年〔1902年〕條約也。余述之，余重有慨耳。若威海衛，去秋雖收回，尚附帶有條件也。

雖然昔日之滿清，不同今日之民國，而今日之民國，凡講國際者，豈得以昔日之眼光，而同一忽視也乎！固知外人轉移視線，自廢不平等條約，以取親善，或不勞吾人起而廢除焉歟。

【解說】

本文首先記述香港島和九龍的地理形勢，然後交代中英鴉片戰爭的由來和經過，以及《南京條約》歸結後，各口岸通商的情形。文中還有作者旅遊的見聞，間亦抒發感慨。

4.2 香港之天氣物產及手工業製造廠牧牛場

　　天氣之溫和，寒暑之適中，有如香港者乎？以言乎北，如東三省也。冰雪凝積；以言乎南，如南洋群島也，酷熱殊甚，蓋北則近寒帶，而南則為熱帶耳。當余之居黑龍江、哈爾濱也，舊曆八月，即見大雪繽紛，而暑月尚穿秋衣焉，氣候不齊，未得與香港比也。又余之僑南洋各屬也，終歲如夏，未見寒冬，其氣候不齊，仍未得與香港比也。然則，香港夏不甚暑，冬不甚寒，可謂佔溫帶之適宜，而旅行者深覺天氣宜人也。

　　按世界最冷之處，為西比〔伯〕利亞貝加爾湖之東北，每年冰雪積地，時居大半，舊曆六月之間稍融，而八月又堅結如冬寒矣，十二月冷至零度下五十六度。余在哈爾濱，有友從該地來，據其談話，真地球上所僅有者也。然地球氣候最熱者，乃在非洲，紅海濱之撒哈拉。前歲余僑檳榔嶼，聞一非洲土人所述，與西伯利亞寒熱，成反比例。蓋該地每四五年之久，方見一次之雨，所以土如火，風如焰，熱沙不能著足，熱至法倫表一百五十度。試置蛋於沙上，能自吐出。此真駭人聽聞者矣。

　　夫以香港有若斯之天氣，則植物之蕃〔繁〕茂，何如乎！曰：高山為阜，深陷為壑，鮮見平原者。雖間有阡陌，田園成蹊，偶施種植，然已逐漸填造棟宇。而近歲山坡，專培一種之草，以牧牛者。其工人約二百餘名，領工之首，每年扣傭入息，不下萬餘元，足見是項牛草，為香港之一大宗。餘如各種菜蔬瓜荇，[3] 僅供小可出產而已。至米穀則全由外來，對岸九龍新界，雖有穀米，出產無多。新界居民，

3　原文作"荙"，但無此字，疑為"荇"字之誤。荇菜是多年生草本植物，菜浮在水面，根生在水底。

有客人集處者，或耕植，或榨油，或釀酒等。其田則分鹹淡兩種，而米、糖、蔗、木棉、油為出產大宗也。荃灣菠蘿，亦甚著名。而網漁者，則海產也。赤柱、筲箕灣、香港仔等地為漁家之漁村，網船咸泊其間耳。

若夫手工藝，如家私及各雜項出品甚多。因香港係無稅商埠，自由口岸、生產出品，免抽關稅，亦一有利可和者也（英以新嘉坡及檳榔嶼為自由港，與香港同）。其用機器製造者，有罐頭廠、油廠、煙枝廠、織造廠、織染廠、帽廠、襪廠、機件廠、銻器製造廠、鐵廠、磚瓦廠、樹膠製造廠、船廠，以及最近設廠製造之手電筒、電池、汽水瓶、鏡圈等等，不讓舶來品，且陸續發明者、仿造者，固尚多也。

獨以余之所聞，觸動感想者，其為香港牛奶公司乎。查牛奶公司，由小而擴充，經營得法，今日資本竟超百萬以上，每年公司溢利，且十餘萬元焉者。余遊香港山中，見牛多頭，即係公司牧牛之場。每牛價值千餘元之巨，來自金山，[4] 小牛亦有數百元。其每日每牛揉出之乳，約五十磅，每磅值港銀一角二仙。奶消〔銷〕本港，可知港中飲牛奶者之眾，為飲食消耗上之一大產品，亦港中之大畜牧，無怪牛之價值巨也。此外於山上有白豬群，為該公司兼飼者。豬皆白色，其來自洋地乎。

【解說】

本文首先記述香港的天氣，進而列舉主要的物產；手工藝出品甚多，採用機器製造的廠房不下十餘類別。此外，還以較詳細的篇幅介紹香港牛奶公司。

4　金山：概指澳洲，以其發現金礦。或稱 "新金山"，以別於 "舊金山"（美國三藩市）。

4.3 香港之商務及交通貿易航路

香港地居東亞，南北總樞紐，余於第一節已述之矣。顧香港商務之所成為大者，有南北行、九八行、洋行、內地行，及外洋莊口，如暹羅莊、石叻莊、金山莊、安南莊、日本莊、仰光莊、小呂宋莊、爪哇莊、庇能莊（即檳城）、仙〔山〕打根莊、亞拿灣莊、上海莊、雲南莊，與辦館等。總其出入口貨，以米、糖、麵粉、油、木棉、琥珀、茶葉、食鹽、朱古力、絨呢、絲綢、匹頭、花紗、象牙、皮革、皮帶、皮包線、地線、絲髮、窗門、鐵器、銅、鉛、瓷器、玻璃、漆、鐘錶、番梘〔肥皂〕、罐頭、汽水、田料、籐、樹膠品、裝飾品、音樂品、書籍、文具、紙料、機器、煤、硝磺、松香、爆竹、蚊香、炸藥、火柴、電器、洋貨、雜貨、蘇杭雜貨、藥材、參茸品、鹹魚、臘味、海味、海鮮、蔬菜、青菓、牛、羊、豬、雞、鵝、鴨，及惡蛇、魚龜、大螺、龍蝦、飛禽走獸等，此為香港商務出入口各貨情形也。此外煙、酒兩項，為有稅之品，餘則自由營業矣。查清光緒十三年〔1887年〕（或云二十四年〔1898年〕），於九龍設關，徵收稅品，有九龍關之名焉。

唯自滿清中葉以來，與各國訂約通商者，二十餘國，而各省開為商埠者，九十餘地。其商務以上海、天津、漢口、廣州為最。蓋漢口居中，天津居北，廣州扼南，而上海為中樞，華洋貿易總其成焉。述之以見香港商務，與各地有脈絡貫通也。余以香港交通為問題，則此問題也，約略之有五，曰輪船也，鐵路也，航空也，電線也，郵政也，五者備矣。雖萬里之遙，不啻比鄰焉。

且夫世界商港船舶出入最繁者，首推美國紐約，次為英京倫敦，再次則香港，船舶交通上，在世界亦列第三地位焉。上海及新嘉坡，尚在第四位耳。良以歐亞交通航路，以香港為終點。其修整船舶也，購置用品也，咸視為航行要道。夫從香港北行，而上海，而日本，或經太平洋，而檀香山，而舊金山（美之加利佛尼亞省，以產金著名，又曰桑港），此一航線也。從香港南行，而新嘉坡，而可〔科〕倫布〔坡〕，而亞丁灣，過蘇伊士河，入地中海，而馬賽（法國口岸），更北而至倫敦，此又一航線也。南北之最大航線，如上所述矣。若暹羅曼谷也，安南西貢也，菲律賓小呂宋也，澳洲新金山也，北波〔婆〕羅仙〔山〕打根也，爪哇島吧城也，以及近鄰如台灣、海防、汕頭、廈門、海口、北海、梧州、廣州、澳門、並廣屬各地，皆有輪舶川走焉。至鐵路則有廣九路線，為當年中英資本合辦。該車由九龍尖沙咀，直達新安深圳接華段以抵廣州大沙頭。此外於九龍租借界內，關有軍路、車路，以利交通。而於航空而論，自歐戰後，世界注意空軍，或為帶書郵焉，或為乘客焉，且或為軍備上所必需焉。然則香港航空之設，意在斯乎！若電線也，有陸電、水電之分，而無線電及無線電話與焉。其為科學交通上之一大進步，可毋待言，而郵政亦交通之一也。

以上所述，為香港交通之大者。乃若小焉者，有運輸公司、報關行、帶水、船務代理、海面駁載、升降機、單車、自由車、電車、汽車、人力車等，何莫非交通上之可附紀者耶。

余以交通之故，乃有溯及疇昔者。當歐人最先到東方殖民，係一五一一年，為科〔哥〕倫布發現新大陸後之十九年（明嘉靖年間），葡人即佔南洋之馬六甲，逼走其蘇丹（即土王）。嗣葡人拉佛兒氏，從馬六甲航海至廣東。當時係舊式帆船也。惟以輪船為最初交通者，係一八二五年（清道光五年）英船嘉艇為嚆矢。迨鴉片案，割香港，締結《江寧條約》後，越年一八四四年（道光二十四年），即有英輪密特斯於廣州、香港開始航行（距今已八十七年）。又一八四五年〔道光二十五年〕，英國被阿輪船公司，由倫敦經意大利，過南洋而抵我國。自此輪船在我國沿海一帶航行。於是有英人組織之太古洋行（即中國航業公司），和怡和洋行（即中國印度航業公司）。此外日本有日清輪船會社之創辦。同時中國於一八七一年（同治十年），由李鴻章倡導，以百萬兩，成立官商合辦之招商局。初時係收買英國旗昌洋行輪船十八艘。至一八九八年（光緒二十四年），始歸商辦，增充資本為五百萬兩也。招商局從創辦至現在，已六十年之歷史，並無發展，且前後共沉輪船，聞有二十八艘，淨噸數計約二萬八千左右噸，洎乎去年南京國民政府，以明令將該局收歸交通部直轄，但該局內容複雜，此後能否擴充為一疑問也。

【解說】

本文介紹香港的商務情況，列舉各種出入口貨物，繼而指出香港與各地有脈絡貫通，輪船、鐵路、航空、電線、郵政五者俱備。歐亞交通航路，亦以香港為終點；或由香港出發，可以前往海外各國。

文中又提到外國輪船公司創辦的情形，認為中國的招商局，自創辦以來無甚發展，能否擴充經營實屬疑問。

4.4 香港之行政司法海陸軍警情形

香港行政官吏，最高級者，有總督焉，為英王直轄，專司行政權，管轄香港九龍新界等處。而輔政司，則理行政事宜。按察司為司法獨立。而陸軍有將軍，水師有提督，均可直接指揮海陸軍隊。其軍餉由英京直匯，有時可由港借墊。而飛機則歸入海軍也。聞陸軍屯駐，有二三千名，當軍者，印度人為多。華民政務司，專理華人婚姻家庭訟務，及華人社團注冊等事。其民刑案件，或違警律，歸之巡理府；而巡理府不直，則上控於按察司；使按察司而不直也，移英京倫敦理藩院矣。港中律師，可出庭巡理府。獨於按察司，出庭辯護者非律師，必注冊為大律師者，始能有此出庭資格也。警務方面，俗稱為差館，亦警署之意耳。至庫務司，專管財政。衛生司專管公共衛生。工務司專管建築。水務司專管食水。教育司專管教育。船政署專管船戶，及來往船隻，預告天氣等。郵政司專管郵遞。此外議政局，設議員七名，華人得一名，現年第一名之議員為華人，凡屬行政事宜，皆可建議，如上議院也。又有議院局者，設議員十五名，華人得三名，如下議院也。兩院主席，皆港督任之。至太平紳士，名額無限制，附屬於議院局之內，但華人為紳衿者，數十人也。另團防局局紳，皆為華人任之，而主席係華民政務司焉。其被派充為團防局局紳者，有五年一任、一年一任之別也。九龍為英擴張租界後，各處皆設警局一所，以維治安。此其行政司法大略情形也。

夫香港英既設總督矣，其東亞南部屬地，亦可得而言者，如印度設總督，原駐孟加拉省，統轄全土。以一九一二年〔民國元年〕英王行加冕禮於印度，乃移總督駐地於特〔德〕里。其孟買者，為印度有名之口岸，東西郵船，所灣泊者也。印度總督之權限，可轄及緬甸仰光。憶清光緒十年，我國喪失緬甸全土，入英範圍，英乃劃緬甸治權於印度總督。其海口（仰光）即出米著名於地球者也。唯錫蘭島，地居印度東南，首府曰哥倫布，治權不轄於印度，而直接受英王指揮，設立巡撫，捨近為遠，用分化政策，可見一斑。馬來半島者，英設總督駐於新嘉坡也。馬來半島為總名，其以新嘉坡、檳榔嶼、馬六甲為英之海峽殖民地也。以彭亨（掛勞里比士）、雪蘭莪（吉隆坡）、森美蘭（芙蓉）、霹靂（怡保，首府早在太平，今移）為英之馬來聯邦也。以柔佛、吉礁〔打〕、加央、吉蘭丹、丁加奴，為英之馬來屬邦也。此外，基陵群島、如納閩等，於一九〇三年〔光緒二十九年〕，劃入海峽殖民地區域之內，歸〔新加〕坡督轄治者也。查八十餘年前，馬來半島原隸印度總督，嗣以地方開闢，商務發達，乃特設坡督，而離印督治權焉。至北波〔婆〕羅首府曰仙〔山〕打根，亦設總督。此東亞英屬各設總督情形也。但世界第一大島者，曰澳洲，地在亞洲之南，英設總督治之。當一八五一年〔咸豐元年〕，該地金山發現，滿土黃金，其產額冠於全球。有彌耳波恩者，金礦尤多。我國人前往開採，稱曰新金山，以別於美之舊金山。而雪梨者，澳洲最古之都會也。前歲余僑新嘉坡（一名星洲），據友言，澳洲地沃物饒，不僅產金為世界羨稱，即畜牧養牛，最為肥壯（香港牛奶公司之牛來自金山），經營得法，富可立待。獨惜我國人，每至一地，即受其地限制取締，遠如美洲也，近如荷屬東印度群島也，登岸手續，種種刁難，殊可憤慨。以澳洲而論，我國人常遭白人之忌，設法阻難。就澳洲各埠，我國人僑居者，不過數萬人也。

余述香港行政，順筆及於各地，徵引資證，想亦閱者所樂參考也乎。

又余有一意見，以歐洲文明國，規定人民有負擔賦稅之義務，即許以監督建議之權利，此為政治理論上原則，世界公認者也。今香港華人，有如是之眾，而納稅自為多數華人負擔（他國之人亦負擔，唯少數），在理宜由華人公舉議員，以代表華人。務使下情上達，免生隔閡（不出代議士，不納租稅）。至原有議員局紳，由官派選，係港政府崇隆個人名義，而於代表眾情之處，恐未徹底，似不能不出之以公舉，而另組機關，以符文明法治也。將來英政府或者採納，以順從華人眾意者歟。

【解說】

本文介紹香港的高級官員，包括總督、輔政司、按察司，及陸軍、海軍的情形，而對華民政務司有較詳細的介紹。又指出律師和大律師的分別，警務、庫務、衛生、工務、水務、教育、船政、郵政各部門的職責等。

接著說明議政局、議院局有如上、下議院，太平紳士有一部分是華人，團防局局紳皆由華人擔任。文中亦提到英國在印度和東南亞屬地的管治情況，最後並對香港行政提出他自己的見解。

4.5 香港之語言

感情之聯絡，意見之贊同，除文字外，非藉語言為利器乎？語言者，社會上之一問題也。我國語言，各省不同，大要別之，有漢語、蒙古語、滿洲語、西藏語及苗語，然漢語原以正音為通行，即官話也，近今之普通語也。普通語固可暢行南北，獨以南方諸省，尚有其土話焉。一省之中，又分數種，即如吾粵而論，有粵語、客語、潮語、瓊語及其他各屬土語，此其阻礙感情、隔膜意見為何如乎！

幸也，我國語言，雖有多種之分，南北之異，然文字一體，伊古以來，歷替不變，此為地球上之特色。而我國之得以一統相稱者，文字一律為其主因也。

今香港語言，通用何種乎？曰：香港原屬新安縣，則其地之近於廣州明矣。廣州（省話）之語，行於香港，地勢使之然也；況居之者廣州籍為眾也，寡從眾，故香港通用省話，不但各屬之人多學習，聞英人經商者，且專門學習焉。

唯是語言所以表見思想，亦即所以表示立國之精神。蓋社會同，則語言同；語言之殊，社會各異之識也。邇者我國人士，提倡通用正音，推廣國語，可謂為立國之要。去秋余在石家莊，得閱滬報，知上海體育界某君，發起擬於賽球時，廢去英語問答及口令。而今春北平某大學校長佈告，禁止學生稱“密斯”者，謂二字為舶來品。余以客觀而論，頗贊成此說，而國民政府，令行郵務總局，從本年起，郵票之面印華文，不印英文（原日郵票面，上為華文，下係英文）。此種提倡，正合國人歷來保存文化精神之意。蓋余自十餘年來，鑒於國人趨重洋文，無論文件信封，甚至簽名押號，其所謂時髦者，居然全用洋文，不知自身為何國人何種族者。今政府提倡之，取締之，則一般喜於洋化，開口英語者，亦知所返乎（國人學習英文英語，原為對外並非對內）。前歲余在新嘉坡，有友從歐洲回，述及渠〔他〕在歐洲某國，有某國人問曰：貴國何時為某國管領乎？友以其言怪異，反詰之。某國人曰："貴國既係自立者，何以不能獨立自保文字？因貴國文件，多刊某國之字，非被管領而何？蓋在歐洲方面，未有對自己國人而自棄本國文字，轉用外國文字者。"友聆〔聆友〕言未畢，已聳然慚然不置矣！

夫國勢強，則語言文字暢行他國，觀於印度可知矣。印度本用梵語，自為英管領後，英施行領地教育，駸駸乎英語，幾化梵語，而原有梵語，竟日漸消滅。此覘國者，所引為深省者也。安南原隸我國，昔年文字，常用我漢文，尊崇孔子學說，其語言雖與我國有別，但其文字，本學中國也。自法國併安南全土而後，施行領土教育、殖民政策，其少年人之安南人，不但不識漢文，不學漢文，且將其原有之安南文字語言，自行消滅者，而滿口法語流行，引為榮焉。嗟乎！此殆不知亡國之痛歟。或謂法人稱安南人今日文明者，余不欲聞之矣！

他若暹羅者，介於英法兩大〔國〕之間，得自立者也。其掌教育也，不獨不能廢其語言文字，甚且強迫華僑凡充教員者，必先習其暹文，此其推廣己國之文化精神為何如乎！此余之所以對於國語，願我國人注意，推廣提倡，務使暢行南北也。

目下南洋華僑，以爪哇方面頗能推行國語。在昔爪哇僑生，不知國語為何物。自十餘年來，爪哇少年僑生，多能說及國語，非同曩日一味 "以呢" "阿波" 也（皆巫來油〔由〕話）。但巫來由話，為南洋英荷二屬通用之語言，猶於我國之普通語，則國人到南洋者，又不能不學習者，蓋其通用於南洋者地方廣也（余前有南洋巫語類銓之作，未付印）。

世界語言，總計四千餘種，而總別之為千餘種，再匯而計之為八十種，更撮要之為三大種。三大種者何也？如中國、安南，為一音一義也。如土耳其、日本、蒙古、高麗等為聯音而不互糅也。如歐洲、印度、阿剌伯等為數音拼成一字，其變音有定例也。但歐洲各國，通用英、法、俄、意、德、西六種語言；而英語佔世界第二位，其第一位為我國語言耳。夫我國語言，所以居第一地位者，係本國人四萬萬同胞言之耳，他國尚未通行也。余甚願國人實行普通語，將來國勢日強，亦不難推行於各國也。

總之，香港固以省話通行，尚冀香港之華人，於省話之外，再推行國語，由漸而進，不幾為世界之所羨稱乎。

【解說】

本文指出香港通用的語言是粵語，乃地理環境及族群多寡使然。中國內地推行國語，作為各省各地的通用語言。作者希望香港的華人於粵語（廣東話）之外，再推行國語。中國人口為世界之冠，中文實居第一地位，英語佔世界第二位，他希望國人實行普通語，將來國勢漸強，自亦可推行於世界各地。

4.6 香港之金融

論金融之情形，則以銀行為先；論貨幣之流通，則以銀號收找為要。而銀水之漲縮，聽命於某銀行，故香港商務貿易，以匯水為營業大盤。查香港銀行，約三十餘家，銀號則數十家焉。

香港以銀為本位。有滙豐、渣打、有利三家銀行出票，分為一元、五元、十元、一百元、五百元等。昔日銀票與銀元，價格不同者，近年來，已一律通用。其輔幣有一角、二角。此外銅仙，每十銅仙為十角，而十角為一元，以十進。並無如中國各省大小洋之貼水者，此尤足見香港金融之完整也。

《文獻通考・錢幣〔考〕》序曰：“上古之世，以珠玉為上幣，黃金為中幣，刀布為下幣。” 又曰：“自唐以來，始置為飛券鈔引之屬，以通商賈。” 然則我國貨幣，自古至今，代有變更，降及近世，種類甚多，不論官鑄私鑄，益為紊亂。如江浙等省，有大洋小洋之不同，而廣東有毫洋銀元之分別。至於各地所用銅仙，如長江自九江以下至南京、上海，以及福建、廣東，則用小銅仙（每枚當十文）；而武昌漢口以至河南鄭州等處，則用大銅仙，有每枚當二十文，且有當一百，當二百，當五百者，其銅仙之大，類於銀圓者。至於煙台、天津、北平，則用當二十文之銅仙者。此可見各省金融不統一之現象，旅行之際，深感不便焉。

香港押當業，聞有八九家，此於平民金融緩急周轉有關係也。

按目下世界各國，多以金為本位，其以銀為本位者，如我國及香港，與墨西哥等處而已。墨西哥近有改金之議。而我國自去年來，南京國民政府亦有準備改金者。但此問題，關係極巨，非得貿然可解決也。香港近月商人最注意者，厥為改金一事，蓋自英廷派幣制專家抵港，發表改金本位，徵求公共意見。通告發出後，或主張改金，或主仍用銀，或主採用虛金制，大抵西人多主改金，華人多主用銀，且謂待中國改金後，而始隨之而改者。聞幣制專家已將考察所得，匯呈英京理藩院，以待英廷之批評決議云。

改金之議，紛傳於香港者，就西商方面，則謂受金水之影響，而華人則謂改金之後，港中商業益為頹敗，持之有故，言之成理（見華商總會改金問題集會時華人言論）。唯見西商會報告（發表於港報），以上年九個月之期內，本港入口貨三千萬磅〔鎊〕，比較一九二四年〔民國十三年〕同一時期內之額，少三百萬磅〔鎊〕。又出口貨值二千三萬磅〔鎊〕，比較一九二四年少二千餘萬磅〔鎊〕。足見香港商務之出入，均為頹敗也。

【解說】

本文首先記述香港銀行約三十餘家，包括滙豐、渣打、有利三家出票銀行；銀號有數十家，此外，與平民金融緩急周轉有關係的押當業，聞有八九家。

當時香港以銀為本位，而世界各國多以金為本位。英國在港徵求意見，大抵西人多主改金，華人多主用銀，華商總會與西商會均有言論報告就改金之議提出意見。

4.7　香港之電影及戲院

　　余遊歷南北各地，鮮見如香港電影園之觀眾擁擠者，此亦香港人之嗜好也。香港電影，前僅演有影無聲，近年新式電影園蓋建，即演有影有聲之新片。各園競爭有聲電影，已成風氣矣。夫前之有影無聲之片出現銀幕後，在初見者，已視為奇，乃自一九二七年二月，電影發聲片成功以來，表演於紐約，掀動大西洋，以傳遍於全球，已屬奇之又奇。然科學之進步，益為可驚。自一九二八年十一月，竟有全幅天然顏色活動電影出現者，其發明家為七十四歲之伊斯曼。[5] 故今日最新影片，不僅有聲，而且有色也。

　　余以今日電影盛行，其影片，來自美國者佔多數。然其所謂趨時之片，每含肉感美。如提倡"自由"、"戀愛"、"時髦"、"寫情"、"浪漫"等語，以引起一般青年男女之同情；名曰文明，實近於冶容誨淫。見其街招廣告，有欲之火，性之狂，情之炤，愛之熱，種種誘惑。其於我國風俗，未免受其影響。近朱赤，近墨黑，一定之理也。

　　不觀南洋之土番乎（野番），全身裸體，人則譏為野蠻。獨何以銀幕上之裸體，不目之為野蠻，而稱之曰肉感美，或曲線美者？人謂歐美文明，余謂就目下美洲風俗而論，幾乎由文明而轉返野蠻之勢。物極必反，不期然而然也。世有以風俗研究者，其以余言為過乎，抑得其平也？

　　至論香港戲院，[6] 其建築頗為新式，唯所扮演者，多屬粵劇，其劇情尚有待於研究，再增完善矣。

5　伊斯曼：指喬治·伊斯曼（George Eastman, 1854-1932），美國發明家，柯達公司創辦人及膠卷發明人。

6　香港戲院：指電影院及劇院，有專放映電影的，也有放電影而兼演戲劇的。

【解說】

本文介紹香港的電影事業，由有影無聲到有影有聲，進而有彩色電影，各電影園的競爭已蔚然成風。當時的影片多來自美國，良莠不齊，帶來一些不良影響。名曰文明，而不免有轉趨野蠻之勢。至於香港的戲院，建築頗為新式，上演的多是粵劇，劇情尚待研究云。

據陳公哲編《香港指南》（長沙：商務印書館，1938 年）所述，"香港九龍多電影院及劇院，有專放演電影者，有放電影而兼演戲劇者。所演節目每日各報俱有登載，所放電影皆為最上乘與最近出品之中外影片。戲劇則以粵劇為多，間有外來之中西歌舞團或京劇等。娛樂與皇后二戲院，皆有冷氣設備，夏天尤為舒適"。港島區的戲院，主要有：

"太平戲院——皇后大道西；

中央戲院——皇后大道中二百七十號；

東方戲院——勳寧路；

皇后大戲院——皇后大道中；

娛樂大戲院——皇后大道中三十四號娛樂行；

新世界影戲院——德輔道中。

九龍方面，主要的戲院有：

大華影戲院——九龍彌敦道；

平安影戲院——九龍彌敦道；

光明影戲院——九龍公眾四方街；

東樂戲院——九龍水渠道一號；

景星戲院——九龍漢口道十七號。

港九的劇院有：

利舞台——波斯富街；

高陞戲院——皇后大道西一百十五號；

普慶戲院——九龍彌敦道三百八十號。"

五、近代名人的香港見聞

香港在短短百餘年間，由僻靜的漁村變成繁華的都會，為亞太地區的現代化進程，留下了很多可供借鑑的經驗。長期生活在本地的人，對當中的變化可能習以為常，反而外來參觀、訪問的人士，會有深刻的印象和領悟。

自 19 世紀中葉以來，中國不少重要的人物和知名人士，往還於神州大地與彈丸香港之間，看到香港這個跟中國各地有著千絲萬縷關係的城市，轉瞬間出現了獨特的面貌，感到詫異和新奇，甚至訴諸筆墨。零星的記錄，散見於他們的日記、遊記、詩歌、論著和自傳之中，只要稍加整理和排比，實不難發覺他們的觀察是十分敏銳的。

有趣的是，這些感想和見解雖因人而異，卻往往有其共通性和時代性，既反映出近代香港興起的若干實在情況，也在一定程度上展示了中國近代化的方向，從中還可以看到當時香港與中國內地的不同之處。

到過香港的近代中國人物當中，有政界要人和外交官員，有文人學者和思想家，也有商界人士和企業巨子。由於各人接觸的層面不盡相同，立論和觀感自然各有所重，不過香港對他們所起的啟示作用，則基本上是一致的。早在 19 世紀中葉，已可見其端倪；而隨著 19 世紀後半期洋務運動的開展，中國與西方國家的交流日趨頻密，香港又幾乎是中國使臣往返歐美的必經之地，其重要性便愈益顯露出來了。

外交人員由於職業關係，一般都有逐日記事的習慣，或方便自己翻查參考，或留待日後向政府報告行程；鑑於國人出洋的機會不多，普遍缺乏世界知識，這些出使日記也往往印刷成書，以期收到移風易俗之效。外交人員通常會顧及個人身份和國家立場，日記中一般都只作具體的敘述，而較少抒發個人見解；不過，每當他們接觸到前所未見的事物時，總不免抒發一下自己的感想，甚至以中國內地的情況作出比較，字裡行間流露了過人的卓識。這些見解雖只一鱗半爪，卻是吉光片羽，足為歷史作見證，可供後人參考。

　　至於文人學者，則喜歡以感性的筆觸，表達他們對香港事物的看法，甚至有所寄懷。近代中國一些著名的思想家，在接觸過香港社會之後，思想上得到啟發，其意義更是重大的。香港在中外貿易方面有獨特的位置，經濟表現比較出色，為中國商界人士推崇，自然不在話下了。

　　總的來說，近代中國人物在香港的見聞以及他們的感懷，可以構成一幅基本上算全面而且富有真實性的圖景，為其他不曾到過香港的中國人，展示了較為高瞻遠矚的觀感。他們肯定香港在近代化發展進程中的成就，認識到香港在東西文化交流和經濟往還方面的重要性，感受到香港人熱愛家鄉、關心國事之情，也反映出香港存在的一些不合理的地方。這些在當時是很珍貴的言論，在今日同樣是值得我們注重的。

　　以下各篇，分別記述了清朝官員耆英和黃恩彤的香港體驗、思想家魏源的香港之行、外交人員斌椿、張德彝的香港見聞、工商界人士李圭和科學家徐建寅所見的香港事物、出使英國大臣郭嵩燾的香港觀察、思想家黃遵憲和康有為的香港感懷詩，足證晚清時期士商的觀點，是高瞻遠矚的。

5.1 耆英和黃恩彤的體驗

清政府在 1842 年（道光二十二年）簽訂的《南京條約》中，把香港 "割讓" 給英國。條約第 3 款規定，中國 "准將香港一島給予大英國君主暨嗣後世襲主位者，常遠據守主掌，任便立法治理"。次年，英國委派璞鼎查（港譯砵甸乍；Sir Henry Pottinger, 1789-1856）為香港總督兼統帥；6 月下旬，清朝的欽差大臣、兩廣總督耆英（1790-1858）從廣州到香港，與璞鼎查商議關稅問題等項，並舉行條約的換文儀式。耆英因此成為近代中國第一個訪港的官員，並且向朝廷提交了第一份有關香港情況的實地視察報告書。

耆英，滿洲正藍旗人，歷任副都統、侍郎、將軍等職，《南京條約》是他和伊里布代表清政府與英國簽訂的，在當時是與香港事務關係最深的中國官員。耆英向道光帝奏報他親身到香港的原因，一則是璞鼎查 "由香港來文請定期會晤，面定大局"，他自己也覺得 "此事非與該酋面加商榷，終難定局；而於未開市之先，令其來省會商，易啟民間疑慮"。二則 "香港情形究竟若何，將來能否杜其走私，亦應親往查看明白，庶有把握"。[1]

6 月 23 日（農曆五月二十六日）早上，耆英帶同廣東臬司黃恩彤（1801-1883）、侍衛咸齡等，由黃埔換船開行，經過獅子、零丁、磨刀、銅鼓各洋面，約計水程四百餘里，於當日下午抵達香港。璞鼎查前往迎接，照耆英所說，"該夷目率同夷兵擺隊奏樂，跨刀遠迎，執禮甚恭，情極馴順"。這番說法，目的是要皇帝相信他在洋人面前具有威望，但也表明了當時中國官員並不懂得西方的外交禮節。

---

1 〈欽差大臣耆英奏報已與璞鼎查面定通商輸稅章程並換合約摺〉（道光二十三年六月十五日），中國第一歷史檔案館編《鴉片戰爭檔案史料》（天津：天津古籍出版社，1992 年）。

有關香港在“割讓”以前的情形，耆英報告說：“香港本屬荒島，重巒複嶺，孤峙海中，距新安縣城一百餘里。從前本係洋盜出沒之所，絕少居民，只有貧窮漁戶數十家，在土名赤柱灣等處畸零散處”。這樣的描述顯然是比較低調的，以免觸怒皇帝。至於香港在英人管治後的迅速發展，則交代如下：

　　該夷於近年以來，在土名裙帶路一帶鑿山開道，建蓋洋樓一百餘所，漸次工竣。並有粵東無業貧民蛋戶[2]在該處搭蓋棚寮，販賣食物。約計夷商不滿數百，而內地之貿易及傭力者已不止數千人。

　　在清朝的官方文件中，這是我們所能看到的最早關於香港“開埠”初期狀況的報告。

　　早在 1841 年（道光二十一年）初，欽差大臣、署理兩廣總督琦善向朝廷奏請准許英人“仍前來粵通商，並倣照西洋夷人在澳門寄居之例，准其就粵東外洋之香港地方，泊舟寄居”。道光帝對香港毫無所知，曾向軍機大臣等查問：“香港地方離省遠近若干里？地形寬狹若何？在彼開港，是否有關利害？著一併迅速查明具奏。”可是當時似乎沒有人能夠具體地向皇帝說個明白。

　　耆英是第一個到香港實地考察的中國官員，發覺香港位置的重要性，隱然感到這地方在不久的將來會有更大的發展，請朝廷及早制定對策。他指出英人各項大宗貨物，仍在廣州貿易，“香港四面環海，舟楫處處可通。現在內地民人赴彼零星買賣，數年以後漸集漸多，勢必至華夷雜處，與澳門無異”。耆英並且認為香港對內地的影響會甚於澳門，他說：

　　查澳門地方自前明迄今三百餘年，各該夷先後居住，安分貿易，從未為患，

2　蛋戶：即蛋民，又作蜑民，香港沿海一帶的水上艇家。

內地亦鮮偷漏稅餉情事。今香港情形幾與相似，若不明定章程，妥為辦理，則走私漏稅，百弊叢生，轉恐與正稅有礙。

令人不解的是，洋人在澳門"安分貿易，從未為患"，香港既"幾與相似"，何以會"走私漏稅，百弊叢生"？耆英對此並無解釋，恐怕是不想就澳門情況多說題外話，以免橫生枝節，使朝廷懷疑地方官員在管治上的能力。上文提到，耆英謂香港"從前本係洋盜出沒之所"，而不說有本地盜賊活動，理由相信也是如此。但香港問題既已出現，將來必然多生事端，自亦不能不向朝廷預先陳述，早為之計。

耆英在香港"夷樓"居住了 4 天，離開時據說璞鼎查"選送身佩洋刀一把以明誠意，並將伊及伊妻子女圖像，懇求帶回，以表其神形業已追隨左右，不敢再有異志"。這些顯然都是欺瞞皇帝的誇大之詞，不盡符合事實真相；以圖像見贈來表明所謂神形相隨，更是無稽之談。耆英將"所佩金環，並書畫紈扇一柄"送給璞鼎查作為答謝，但他又要委曲地向皇帝表明"此非奴才甘於抑志降心，輕身冒險，又不避嫌疑，與之酬酢。蓋不如是則疑團不釋，彼此相持，迄難定案。且從來撫馭外夷，但當計我之利害，不必問彼之是非，惟不可因其情詞馴順，稍存大意，致墮其術"。

據英國人記載，耆英說璞鼎查以圖像相贈，其實是耆英主動索取的，而璞鼎查對此表現得十分勉強。或者英人故意詆毀耆英，不過耆英之言亦未盡真實。至於他所說的"不必問彼之是非"，即是不管對方提出的要求是否合理，"但當計我之利害"，就是說只計較我方能否接受。這兩句話，是當時耆英在辦理對外交涉時所持的宗旨。

兩年後，即 1845 年（道光二十五年）11 月 20 日，耆英再到香港，此行是應第 2 任港督德庇時（港譯戴維斯；Sir John Francis Davis, 1795-1890）的要求，是為了討論英國交還舟山的問題。耆英這次也住了 4 天，且乘火輪環遊香港島一周，從中環開始，經西環至香港仔，然後由鯉魚門經筲箕灣返中環。香港在兩年間多出不少建築物，據說使他非常驚奇。德庇時又邀他策馬，臨別時並把一匹白馬送給他。相傳當時耆英所住的地方，是在上環文武廟內，據云該廟有一張椅子，可能是耆英的隨員帶來給他辦理公案用的。

耆英兩次訪港都留有文字報告，從中可以看到香港在 1840 年代初的面貌，以及當時中英交涉的情形；而更值得我們重視的，是中國官員對香港的態度，從中可見一斑。

此外，還應留意，上文提到耆英初赴香港時，是由廣東臬司黃恩彤及侍衛咸齡陪同的，實則二人在此之前曾到香港先作部署。黃恩彤於 1842 年署江寧布政使時，參與簽訂中英《南京條約》，後隨伊里布、耆英赴廣東，簽訂中英《五口通商章程》。次年任廣東按察使，遷布政使。他在《撫遠紀略》中說：

> 四月，朝命耆公為欽差大臣，來粵接辦商稅事件。余商之咸公曰："耆公到粵需時，我兩人株守無益，不如徑赴香港，示以不疑。即在彼將加減稅則，逐款詳議，一月之間，可以十得八九，耆公一至，即可核明定案。事緩則變，時不可失。"咸公以為然。適璞使〔璞鼎查〕遣隨員李太郭來信，余即以此意曉之。李太郭聞而踴躍，歸白璞使，訂期遣火輪船迎於急水門〔汲水門〕外。余偕咸公赴香港，寓居洋樓。璞使不時請見，執地主之禮。諸西員亦耦具無猜，而羅伯聃往來尤數。蓋其人本英國巨商喳吨〔渣甸〕之司事，久在粵東，兼通漢文華語，諳悉商稅事宜，璞使倚為謀主者也。

黃恩彤有關香港的描述，較耆英所記略為詳細，但對香港的印象則較差，時有貶語。首先，他交代了香港落入英人手中的經過，謂"香港本海中荒島，在急水門外，地屬新安，距縣城一百餘里。舊有蛋戶十餘家，傍岸寄居，捕魚糊口。近日英人據為己居，實非香港，乃全島東偏瀕海之裙帶路也。與九龍東西相直，隔一海港。英人利其港內可以泊船避風，岸上可以築樓居貨，故於乾隆中，遣使朝貢，即以為請，未能邀允，至是始受廛於此"。但這段文字頗有不確當處，例如香港原本斷不只"有蛋戶十餘家",英人僅據"全島東偏瀕海之裙帶路"而非香港,以及乾隆時英人已向清廷要求在香港"築樓居貨"等。

至於香港初建的情形,因為黃恩彤"在香港二十餘日",記述大抵平實可靠,他說:

> 其地初經開闢,房屋無多,洋樓尤少,較諸澳門相去遠矣。有二炮臺,俱在平地。開一直路約二十餘里,可以馳馬行車。間有內民,潛往貿易,大抵貧而無賴,鋌而走險者也。有天主堂一,書院一,規制庳隘。書院稱"馬公書院"〔馬禮遜學校〕。蓋馬禮遜之父老馬禮遜,頗通漢文,在粵最久,曾充副使,進貢入京,英人推為文學之士,故書院仍假其名也。

提到此行的目的,略謂"稅則略定,仍不出增大宗,減冷貨之辦法"。由於耆英將至,黃恩彤遂與咸齡乘火輪回廣州,再於農曆六月下旬隨耆英來港。按:黃、咸二人此行,應在農曆四、五月間。

【解說】

耆英關於香港的報告書,載《籌辦夷務始末》,蔣廷黻編著《近代中國外交史資料輯要》,有台灣商務印書館重印本,及湖南教育出版社重排本。黃恩彤(1801-1883),山東寧陽人,道光進士,官廣東巡撫。著《撫遠紀略》(一名《道光撫遠紀略》)一卷,記述鴉片戰爭時期中外交涉的過程,載《中國近代史叢刊·鴉片戰爭》第 5 冊(上海:上海人民出版社,2000 年)。

5.2　魏源的香港之行

近代中國思想史上的先驅人物，當推龔自珍和魏源，二人都以經學論政，並稱"龔魏"。

龔自珍（1792-1841）"但開風氣不為師"，魏源（1794-1857）則發憤撰著介紹世界史地——特別是西方各國情勢的巨著《海國圖志》，以具體的知識為破曉時分的中國豎立了一盞照亮前路的明燈，書中所提"師夷之長技以制夷"的觀點，且成為後來洋務運動的口號。此書對日本的近代化發展，亦起過相當的啟蒙作用。

《海國圖志》在 1842 年初版時，有 50 卷；1847 年在揚州再刻時，擴充為 60 卷。魏源於 60 卷本的序言中說，此書乃據前欽差大臣、兩廣總督林則徐（1785-1850）命人所譯的《四洲志》，及歷代史誌、明朝以來島誌，與近來之夷圖、夷文等寫成。

其後魏源又將此書增補至 100 卷，1852 年在高郵出版。100 卷本的〈海國圖志後敘〉清楚交代說："舊圖止有正面背面二總圖，而未能各國皆有，無以愜左圖右史之願。今則用廣東、香港冊頁之圖，每圖一國。"按：魏源曾於 1848 年（道光二十八年）到過澳門和香港遊覽，親身接觸到這兩地的西方事物，更在香港搜購了一些西文書籍和地圖，成為他增訂《海國圖志》的參考材料。

魏源到澳門時，謂"澳門自明中葉為西洋市埠，園亭樓閣，如遊海外"。其〈澳門花園聽夷女洋琴歌〉更云："天風吹我大西洋，誰知西洋即在澳門之島南海旁。"

隨後魏源遊香港，見"諸嶼環峙，藏風宜泊，故英夷雄踞之。營廛舍樓觀如澳門，惟樹木鬱蔥不及焉"。當時香港尚在發展之初，但已足以媲美澳門。魏源對此次經歷有非常生動的記述，他說：

予渡海往觀，次晨甫出港，而海中忽湧出數山，回顧香港各島，則銳者圓，卑者矗，盡失故形，若與新出諸山錯峙。未幾山漸離水，橫於空際，交馳互騖，漸失巑岏，良久化為雄城如大都會，而海市成矣。自寅至巳始滅。幻矣哉！擴我奇懷，醒我塵夢，生平未有也。其可以無歌？

這海市蜃樓的景象，是他不曾見過的，於是寫了一首〈香港觀海市歌〉，全文如下：

山邪雲，城邪人，胡為兮可望不可親？豈蓬萊宮闕秦、漢所不得見，而忽離立於海濱。谺然橫亙兮城門，市廛樓閣兮兼郊闉。中有化人中天之臺千由旬，層層級級人蟻循。龍女綃客攔干捫，珊瑚萬貝填如雲，貿易技巧紛詐諼。商市罷，農市陳；農市散，軍市屯，漁樵耕餉春樹帘，畫本掩映千百皴。旗纛車騎畋狩闠，蠻君鬼伯甲胄紳。合圍列隊肅不喧，但有指麾無號令，招之不語揮不嗔。蠢蠢鱗鱗，隱隱轔轔，若非天風漸蕩吞，不知逞奇角怪何時泯。俄頃樓臺盡失陂陀存，但見殘山剩樹斷橋隻歟一一漸入寥無痕。吁嗟乎！世間之事無不有，世間之物無不朽，影中之影夢中夢，造化丹青寫生手。王母、雙成今老醜，蟻王蝸國爭蒼狗。若問此市有無與幻真，三世諸佛壁掛口。龍宮怒鼓風濤嗔，回頭已入虎門右。[3]

雖屬山水紀遊之作，但似帶有感慨時勢的成分，疑幻疑真，頗為耐人尋味。讀來又像有所預見，益添幾分詭秘。無論如何，近代中國著名思想家到訪香港，魏源實為第一人。

【解說】

清代廣東詩人屈大均的《廣東新語》記載，東莞合蘭海上有海市蜃樓，每年正月初三至初五日必一見；魏源此詩目睹此奇觀，並且寫下當時的神奇幻境，且驚且喜。他的兩首港澳作品，均見《魏源集》。

3　魏源〈香港觀海市歌〉，見《魏源集》（北京：中華書局，2009 年）。

5.3　斌椿、張德彝的香港見聞

　　1850 年代的中國，飽受內憂外患之苦，內則半壁江山落入反清的太平天國手中，外則英法聯軍直搗京師。清朝一些較有識見的官吏，覺察到時勢的需要，於是提出效法西方的主張，以期達到富國強兵的目標。洋務運動就是在這樣的情況下展開的。

　　清廷在推行洋務運動的 30 年間，曾派遣一些官員到海外考察，送留學生出洋學習，還委任駐各國的使節。這些人很多在踏出國門之際，經過香港，初次接觸到一個不同於內地的社會，留下了深刻的印象；即使他們在出洋後回國之時，也還覺得香港不比外國的大城市遜色。

　　1866 年（同治五年），清政府派出第一個遠赴 "泰西" 遊歷的考察團，由斌椿、斌廣英父子率領 3 名同文館學生——英文館的鳳儀、德明和法文館的彥慧，親身去接觸西方社會和文化。按：同文館成立於 1862 年（同治元年），是近代中國第一家外語學堂。組織這次外訪行程的，是在中國擔任總稅務司的英國人赫德（Sir Robert Hart, 1835-1911）。

　　斌椿（1804-1871），清軍正白旗人，當過知縣，旅行的範圍很廣；能詩能文，曾協助赫德辦理文案，對西方文化略有所聞，眼界和識見遠勝於一般士大夫，清政府正需要他這樣的一個老成可靠的讀書人帶著學生出國，當時他已 63 歲。

　　考察團從北京啟程，於農曆二月間抵香港，斌椿在他的《乘槎筆記》中寫下了他所看到的香港景色如下："峰巒重疊如畫圖。入港，數十里樓屋參差，依山傍麓，較上海又別有景象也。" 稍後駕小舟登岸一覽，發覺 "街衢整潔，市肆多華人"。

　　同行的同文館學生德明——即張德彝（1847-1918），在他的《航海述奇》中,更仔細地記錄了當時的見聞。其初在船上時,見香港"群峰壁聳,番舶雲集。迤西一帶,洋樓鱗比"。乘小舟登岸,看到"道途平闊,商戶整齊",感慨地說:"此原係中國海口也,現有英兵持梃,專司行旅一事。"[4]

張德彝還記下兩條香港規例。第一條是不准隨處小便:"其地約不准行旅路傍便溺。"第二條是關於交通意外的:"車行甚疾,人須自避。若撞死在午前者,車主賠銀十兩,並不償命;過午撞死者無論。"當時的車是馬車,大概上午行人較多,且路旁多擺賣者,所以規定較嚴。當時香港是否確有這樣的規定,需要進一步的查考。

這個青年人亦注意到香港的錢幣,"現有英華銅錢,體小孔圓",上面鑄有"香港一仙"四字,並英文一行,譯即此意。不過此處恐怕未盡準確,因為香港在一八六三年發行第一套硬幣,面額為銀質的一毫、銅質的一仙及一文,"香港一仙"的硬幣無孔,中間有圓孔的是"香港一文"。張德彝可能把兩種錢幣混淆了。

中環的大鐘樓更吸引了張德彝,他寫道:"正面一樓如塔,上懸一鐘,外係表面,按時交鐘。"他還在那裡遇到相識的大興徐蘭濃,以及兩三個洋人。

斌椿一行離開香港後,經安南、新加坡、錫蘭、亞丁,入紅海,穿過蘇彝士運河,再經埃及入地中海,最後在馬賽上岸,進入歐洲。他們在歐洲遊歷的時間不到 4 個月,但到過法國、英國、荷蘭、漢堡、丹麥、瑞典、芬蘭、俄國、普魯士、漢諾威、比利時等十多個國家和地區。歸國途中,於當年農曆八月再經香港。斌椿頓時詩興大發,吟了以下一首詩:

> 無邊巨浪送舟行,忽見青山眼倍明;
> 巨艦遠從天際落,鵬搏九萬數歸程。

4　張德彝著《航海述奇》,長沙:湖南人民出版社,1981 年。

　　遠離國土 3 個多月，所見盡是西方情景，一旦回到這個雖也陌生但有親切感的香港，自然是覺得興奮的。他看到香港"岸上洋樓，燈如繁星，光照山麓，徹夜不息"。於是寫了一首香港夜泊，詩云：

> 泊舟駐香港，屈指兩番經；
>
> 一水開明鏡，群山列翠屏。
>
> 檣帆叢列戟，燈山亂繁星；
>
> 夜靜登樓望，披衣曉露寒。

　　上面兩首詩，都收入斌椿的《天外歸帆草》之中。[5]

　　同行的張德彝，對香港的夜景也有類似的描述。他"見西面群峰錯列，秀色迎眉，蓋已抵香港前之群山矣。酉初入口停泊，兩岸燈燭煒煌，徹夜不息"。

　　這個歐洲訪問團在第二天離開香港，不過斌椿本人則在十日後再由廣東乘船來港，"往拜英國督理香港軍務馬公"，按即港督麥當奴（Sir Richard Graves MacDonell, 1814-1881），1866 年 3 月到任，至 1872 年 4 月任滿離港。

　　港督於斌椿到訪翌日招待他飲宴，並坐轎繞山行十餘里。斌椿見"峰巒四合，圍如大環。洋樓重疊，倒影清波，天然圖畫"。回憶他"曩歲宦西江，遊富春七里瀨，匡廬白鹿洞。迨攝定南司馬時，駐仙嶺經年，青嶂碧波，疑非人間世。雲護層樓，泉飛木杪，仰觀俯察，時覺靈氣往來，較此有仙凡別矣"。次日，舟因上貨，仍未開。入夜，"樓屋明燈萬點，光照海濱"。

　　香港對於當時初出國門的中國人來說，既是一個華人社會，但情物以至風習又不同於內地，其吸引之處即在於此。從斌椿和張德彝的記載，可見香港早在 1860 年代，已使過港的中國人留下深刻印象，而

5　斌椿著《乘槎筆記（外一種）》，長沙：湖南人民出版社，1981 年。

隨著洋務運動的開展，中國與西方的交往漸趨頻密，香港又幾乎是中國訪外官員和使臣往返歐美的必經之地，其重要性便愈益顯露出來。

1867 年（同治六年）美國駐華公使蒲安臣（Anson Burlingame, 1820-1870）離任回國前，清廷竟任命他為"辦理各國中外交涉事務大臣"，於次年率領中國使團出訪美、英、法、德、俄等國，清廷官員志剛、孫家穀以"大臣"名義隨同出訪，受任的還有英國人和法國人等。這個怪誕的"蒲安臣使團"，算是清朝政府向歐美國家派出的第一個外交使團。

1870 年（同治九年），蒲安臣病死於俄國彼得堡，由志剛接任使事，其後回程時，曾在香港停泊換船。志剛所撰的《初使泰西記》，內容過於簡略，僅於同治九年（1870 年）九月十七日寫下"至香港停泊" 5 個字，無甚可述。[6]

隨行的同文館學生張德彝，出國期間曾在倫敦進私立學館讀書，他主要是以青年人的好奇和熱情看外國社會與文化，所以記述別具一格。他半途因故提前回國，於 1869 年（同治八年）農曆九月初十日過港，在他來說，這已經是第三次了。前兩番是在 1866 年（同治五年）間隨斌椿訪問歐洲時，這次雖然沒有登岸，但還是有所"發現"。他在《再述奇》（或作《歐美環遊記》）中寫道："已初抵香港，進口停泊，見四面樓房以及華洋舟艇，增益於前，堪比金山。" [7]

"金山"是指美國三藩市。我們試看看張德彝初訪金山時對該港的描述：

……申初入口，左右山多金黃色，土人云，遍山皆黃花也。申正傍岸行三十餘里停泊，兩岸屋宇林立，隱顯於山坳之間。……地名金山，土人呼為"三藩蘭西司臬"。……據土人云，此地在十七年前尚屬曠野，榛莽叢雜，因廣產五

6　志剛著《初使泰西記》，長沙：湖南人民出版社，1981 年。

7　張德彝著《歐美環遊記〔再述奇〕》，長沙：湖南人民出版社，1981 年。

金，搜奇者不憚辛苦，咸集於此。刻下土人二十六萬，華人八萬九千，熙熙攘攘，稱名都焉。

以張德彝所見，香港的景觀在短短兩三年間已有所不同，並且足與"金山"相比，顯然是很大的進步了。

張德彝此行，在中國史上還有特別的意義。蒲安臣使團從上海啟航，過日本（未登岸）至美國，然後過大西洋到歐洲；在歐洲經歷英、法兩國後提前回國，出地中海，過印度洋入南海，正好自西徂東，環遊地球一周。中國人環遊世界，而且清楚留下記錄的，相信張德彝是第一人，比其後回國的志剛早了 1 年，比李圭在 1876 年〔光緒二年〕完成的環遊地球一周紀錄更早了 7 年。

1870 年（同治九年），張德彝又隨崇厚（1826-1893）出使法國，為天津教案賠禮道歉，並寫成《三述奇》（或作《隨使法國記》）。[8] 他這次出國時，曾經入住香港的旅店，拜會港督，在中環一帶購物和理髮，參觀佛教、道教寺廟，又記下了天主教、基督教禮拜的情況，內容詳盡而生動，是很珍貴的實錄。

當年農曆九月二十七日，張德彝一行"至香港，入口，過九龍峪，山青水碧，船集如蟻"。下船後，駕舢板行半里許登岸，"步至大鐘樓前路西英人開設之香港店宿。店廣闊潔淨，樓高四層，一切陳設器皿與泰西同"。及後隨崇厚"乘碧竹肩輿登山，往拜駐扎香港英國總督懷達翡"。按：其時港督是麥當奴，1870 年間由威菲路署理港督，張德彝所說的懷達翡，當即威菲路。拜會的情況，概如下述：

有英國千總一員，黑面纏頭兵六名，佩劍舉槍以護。又有差役一名，巡街兵八名，往來攔阻行人，皆係懷總督派來者。繞山行十餘里，峰巒四合，圍如大環，蒼松翠竹，異草奇花，左右闌杆，路途平坦，樓房點綴，清雅可觀。總督年

8 張德彝著《隨使法國記〔三述奇〕》，長沙：岳麓書社，1985 年。張德彝的歷次述奇，
　載《稿本航海述奇彙編》（北京：北京圖書館出版社，1997 年）。

約六旬，言語溫和，坐談片刻而歸。

翌二十八日，天氣晴熱。張德彝對旅店四周的景色，有細緻的描述。他說："窗外石闌，添設紅白洋花數盆，頻見蜻蜓蝴蝶，上下飛舞，又有黃鸝家雀，左右交鳴，真乃花香鳥語，紅紫芬芳，不亞北京夏初之景也。登樓四望，台榭參差，傍麓依山，樹林蔭翳，較上洋又別有洞天焉。"當天是星期日，適逢天主教、基督教禮拜之期，"自晨至午，堂內鐘鳴回應，街市車馬往來，疾馳如飛"。

接著的一天，則漫步中環市街。早上，張德彝"同俞愓盦由店左皇后大道步行里許，至中環市東街，繞至市西街，居廛皆市食品，屋宇整齊。後至市中街北首新廣隆果局，筐筐羅列，諸品俱全。買荸薺、波羅密各少許，探囊偶出當十錢一文，彼見甚愛，遂與之。彼欲不索果價，彝言贈之，彼喜謝，又欲還送板荔一包，橙柚四枚，彝辭而未納"。午後，又到蘭桂坊一帶，詳情如下：

> 申初，同慶霨堂步至大丹利街〔士丹利街〕、咸靈頓街、大興隆街、德吉拉街〔德己立街〕一遊，路途平淨，市廛繁列，皆係華洋人開設者。後在蘭桂坊楊蘭記茶社少憩，詢張霈霖之叔張秀之耗，始知在上環定安昌舖內，距此數里，因路遠未去。乃入對面榮華里，步石梯而上，擬至山頂一觀。不料行百步外，竟入人院矣，遂急回，由嘉賢街入閣麟街，自大鐘樓左歸寓。

次日早上，張德彝在機利文新街義昌舖中剃髮，"所用一西洋刀，一福建刀。一長二寸五分，寬六分；一長三寸，寬如韭葉，皆活骨柄，甚銛利"。據說福建以剃髮馳名，故用福建刀，又用西洋刀，可謂中西合璧。理髮店對面有呂祖大仙樓，上懸"佛心勝手"一匾。又見各舖門首貼一黃帖，上書"九龍宋王臺，重修譚公仙聖古廟，喜助工金若干"。故云："以此足見釋道二教當遍行天下也。"其後步行至同文新街與永安街，"有賣鮮花者，羅列晚香玉、雞冠花、金菊、玫瑰、紫龍蘇、鳳尾球等,乃買五色菊花與芙蓉各一握回寓,供養瓶中,香透窗外"。

張德彝當年活動的地方,是中環最古舊的街道,即使在一百三十多年後的今日,仍多少保留傳統的面貌,所以按照《三述奇》中的記載,還是有跡可尋,熟悉中環一帶的人士,讀這段文字時應是有親切感的。

【解說】

斌椿的《乘槎筆記(外一種)》、志剛的《乘槎筆記·詩二種》和《初使泰西記》,張德彝《航海述奇·歐美環遊記》、《隨使法國記》,均收入鍾叔河主編《走向世界叢書》(長沙:岳麓書社,1985 年)。斌椿、志剛、張德彝三人的作品和觀點,反映了年紀不同的兩代人的心態,保守派對香港事物不感興趣,年輕人則抱有好奇和開放進取的胸懷。張德彝多次隨外交使團出國,是最早環遊地球一圈的中國人,撰有《航海述奇》至《八述奇》(缺《七述奇》),有《稿本航海述奇彙編》。

5.4　李圭及其《環遊地球新錄》

　　1876 年是美國獨立 100 週年，作為一項主要的慶祝活動，政府當局在《獨立宣言》簽訂地的費城，主辦了一次空前盛大的世界博覽會，參加的國家共有 37 個。李圭被推薦以中國代表身份赴會參觀，詳細記錄大會情形，帶回中國，以資印證。

　　李圭（1842-1903），字小池，江蘇江寧（今南京）人。原為當地巨族，其家因兵亂不幸遭劫，他陷入太平軍中，充當"寫字先生"，後來從杭州逃到上海。曾受江寧海關稅務司好博遜（Herbert Edgar Hobson, 1844-1922）之聘，為他管理文牘，在海關供職十餘年，與洋人接觸較多。因此清政府由總稅務司赫德全權選派代表赴會時，李圭便成為這個所謂"中國代表團"唯一的中國工商業代表。被選派赴美參展的海關人員，還有海關稅務司德璀琳（G. Detring）、閩海關稅務司杜德維（E. B. Drew）、粵海關稅務司赫政（J. H. Hart）及前津海關稅務司吳秉文（A. Huber）。

　　代表團一行於 1876 年 5 月 14 日乘日本三菱公司的"宜發達"號從上海出發，經日本東渡太平洋，抵美國後，還訪問了華盛頓、紐約、舊金山等城市；然後過大西洋，順道遊覽倫敦、巴黎，由地中海、印度洋和南洋歸國，以八個多月的時間，環遊地球一周。李圭於次年寫成的《環遊地球新錄》，不但記載了他這次遊歷美國的經過，而且見證了當時絕大多數中國人都不敢置信的事實——大地是一個球，從上海一直向東走，最後仍然回到上海。李圭應是繼張德彝、志剛之後，完成環遊地球一周紀錄的中國人。

　　李圭回程時，於當年（1876 年；光緒二年）農曆十一月二十七日午初抵香港。對這個港口，他作了以下的描述：

進口右首為香港，左首為九龍司。海中商船多隻，檣如插箸，一望無際。聚市之處，屋皆三四層，背山面海，鱗次櫛比。至晚燈火齊明，由海濱層疊而上，不下數千萬盞，大觀也。[9]

次日，李圭"乘籃輿遊公家花園"，按即俗稱的"兵頭花園"（現時的動植物公園），"地方不甚大，亦尚幽靜娛目"。接著於"午初遇吳中王君紫詮"，此人就是從上海流亡到香港的著名文士王韜。據李圭說，"言談半日，頗能洞悉中外機宜。雖坐而言，要皆可起而行也。不意天南羈旅，世不知其才，良可惜哉！"[10] 當時王韜的識見，其實已廣為海內外有識之士所推許，只是不為清廷所用，而有懷才不遇之歎而已。

《環遊地球新錄》中，還有一段扼要交代香港形勢的文字："聞此間華人約十三萬，洋人四千。地方繁盛；遜於上海，景氣亦不同。蓋上海為平壤，此則環抱皆山也。粵東海口，在其西南，相距二百六十四里，有輪舶日日往來。"這可能是與王韜交談時獲悉，也可能自其他途徑得知。至於說"天時仍和暖，衣夾衣，持紙筆。日晚稍涼，換棉衣"。則顯然是李圭對香港初冬的感味。

《環遊地球新錄》約於 1878 年春出版，由海關撥款印行 3,000 冊。內容分為 4 卷：卷 1〈美會紀略〉是費城世博會見聞，卷 2〈遊覽隨筆〉是美國見聞，卷 3〈遊覽隨筆〉是英、法見聞及其他，卷 4〈東行日記〉是日本見聞及其他。此書出版後引起很大反響，很快銷售一空，坊間相率翻刻，李圭自己也在 1884 年出版了此書的校訂木刻版。

李圭在他的著作中，主張學習西方科技，又介紹世界形勢和民主思想，這對後來康有為的維新變法有很大的影響。可惜他雖以中國工

---

9 李圭著《環遊地球新錄》，卷四〈東行日記〉。此書有谷及世的校點本，湖南人民出版社 1980 年出版。

10 鍾叔河著《從東方到西方——"走向世界叢書"敘論集》（上海：上海人民出版社，1989 年），有〈李圭《環遊地球新錄》〉一篇可作參考。

商業代表的身份，在香港時卻並不曾著眼於此地的工商業情形。有關香港的稅收和地價等問題，反而見於稍後訪港的一位技術專家徐建寅的記載。

【解說】

　　李圭的《環遊地球新錄》，收入鍾叔河主編《走向世界叢書》，可參考鍾叔河著《從東方到西方——"走向世界叢書"敘論集》（上海：上海人民出版社，1989 年）。李圭和張德彝、志剛，同是 19 世紀最早環遊地球一圈的中國人，在紀錄上，李圭比張德彝遲了 7 年。他的《環遊地球新錄》，是記載以八個多月時間環遊地球一周的最早專著，書中關於香港的扼要記述，突顯了香港當時在世界上的位置。

5.5　徐建寅記述香港稅收和官職

　　1870 年代末訪問香港的中國專業人士,當以徐建寅(1845-1901)最為重要。他在香港的見聞和觀感,與前此出席美國費城博覽會的中國工商業代表李圭,可以互相補足,大體上反映出當時香港的政治、經濟和社會面貌。

　　徐建寅是科學家徐壽(1818-1884)之子,與父親同為咸豐、同治年間最早通曉近代化學和製造學的人。1875 年(光緒元年),徐建寅升任山東機器局總辦,在濟南兩年,建成了一座製造槍炮彈藥的兵工廠。當時李鴻章正以德國為榜樣,籌建北洋海軍,需要有懂得技術的內行辦事,於是在推薦李鳳苞出使德國之後,又推薦徐建寅任駐德參贊,專門負責到德國及英、法等國考察海軍、兵工,以及訂製兵艦的工作。其後徐建寅把他出國考察的經過寫成《歐遊雜錄》,是清季關於工業技術交流和產業旅遊的專著。

　　1879 年(光緒五年)農曆九月十一日,徐建寅由吳淞口出洋,於十四日早上到香港,覺得香港繁盛的情形可與上海相比。他作了以下的描述:

> 香港街路,修築寬平,雖較上海地方稍小,而繁盛亦正相埒。各洋房皆背山面海,層級而上,氣象似更軒昂。且樓房盡係四五層。

　　接著指出香港"地價甚貴",並詳細記述了當時稅收的情形。他說:"沿海之地,以中國畝計,每年收課銀百餘兩之多;在山則稍減,亦須數十兩。故彈丸一隅之地,每年收課銀八十餘萬兩。沿海大小各船所收之稅,亦在其內。大船每年收稅十八元,中船五元,小船二元。"

至於稅收的用途，“除貼每船每年十萬餘兩外，其餘盡作香港公用。如官俸、巡役、工資、修路等費，皆有徵信清冊，人人可查，絕無隱匿侵欺，人皆樂輸。且生意興旺，獲利不薄，稅課雖重，民亦不病其苛”。又清楚記錄香港地價：“近水者每方尺價五六元，近山者二三元。”除地、船、屋三項徵稅外，尚有票稅，“凡買賣交易，每開一票，均須貼一印花（俗名『人頭紙』）。每印花收稅二仙（每十仙值銀一毫）。每票貨價在十元以內者，可免貼印花。十元以外漏匿者，查出罰洋五十六元”。

有關香港的官員及其職掌，《歐遊雜錄》中亦有明確記錄。“香港之英官，最尊者為總督，統理軍民”。總督以下，“次為輔政司，職如總督之長史，輔佐總督，辦理民事。所有一切告示，皆輔政司奉督札而出也。庫務司專收稅課，支發薪俸及一切款項；民間兌易銀錢，亦係此司職掌。工務司專辦工程，如築道路、砌駁岸、造衙署及民間蓋造丈量等事。按察司專管訊斷重大案件。其次為巡理府，專理小案及尋常民間小事。華民政務司，從前事繁，現僅管收小艇稅及街上小攤之稅，並管華民小事而已。總緝捕司，管巡街差役，拘提人證。此外尚有船政廳，專管一切船隻；凡船出口，給發牌照差役之外，尚有約練，以輔巡緝”。

徐建寅在港期間，曾於農曆九月十七日“至招商局會張祿如，同訪伍秩庸狀師，適不在家。順道至巡理府，又適其正在辦公，未及接談。仍回至其家，坐待一點鐘久，仍未回。即與張祿如至杏花樓小酌。回至招商局，派商局小艇送回輪船”。翌日“十二點自香港開行，放炮十七響”。這是因為澳門總督亦在船上，所以有此禮遇。

【解說】

徐建寅著《歐遊雜錄》收入鍾叔河主編《走向世界叢書》；鍾叔河著《從東方到西方——“走向世界叢書”敘論集》，方便參考。

5.6 《郭嵩燾日記》中所見的香港

郭嵩燾（1818-1891），湖南湘陰人，字伯琛，號筠仙。道光進士，授編修，入直上書房。1862 年（同治元年）授蘇松糧儲撫，遷兩淮鹽運使。次年署廣東巡撫，因與兩廣總督瑞麟不合而被黜。1875 年（光緒元年）命在總理衙門上行走，次年為首任駐英公使。1878 年（光緒四年）兼駐法公使，次年以病辭歸。

郭嵩燾早在 1863 年（同治二年）赴廣東巡撫之任時，初到香港，指出“香港最為扼要之地”。1876 年（光緒二年）任出使英國大臣，由上海南下香港。1877 年（光緒三年）在英國閱報，列舉四事論中國對香港措施失當。1879 年（光緒五年）回國途中，再經香港，在《郭嵩燾日記》中，都有頗詳細的記述。

《使西紀程》2 卷，是郭嵩燾出使英國的旅程日記，記述 1876 年（光緒二年）歷 18 國，此外還包括他在香港參觀學館、監獄等處情況。郭嵩燾主張學習西方科技，興辦鐵路、礦業，整頓內務，以立富強之基；對外交涉，多採取協和態度。但其見解遭到頑固派猛烈攻擊，《使西紀程》遭清廷下令毀版。《使西紀程》記光緒二年（1876 年）十月二十日在船行途中與英國兵船相遇的情形：

> 過廣東境。汕頭、碣石數百里間，山勢綿互相屬。有英國鐵甲兵船尾追而至，船主云，水師提督賴得〔Admird Ryder〕船也。我船升旗，來船見，亦升旗。我船隨下旗。來船漸趨而近，兩船並行，相距可十餘丈。來船船人皆升桅，舟中樂作。我船復升旗。來船橫掠船首而過，我船停輪候之，遂揚帆駛去。因詢船主：“升旗何也？”曰：“所以告也。”“彼亦升旗何也？”曰：“報也。猶曰欽差在船，已謹知矣。”“下旗何也？”曰：“既告，則可以下矣。”“彼船人升桅而立，何也？”曰：“示敬也，猶之列隊也。升桅而後可以示遠。樂，所以作軍

五、近代名人的香港見聞

樂也，以為列隊之節也。""掠船首而過，何也？"曰："趨而迎也。停輪者，以示讓也。"彬彬然見禮讓之行焉，足知彼土富強之基之非苟然也。

一個多月後，即光緒二年十二月六日，郭嵩燾"至香港，在赤道北二十二度十二分，視上海近九度有奇，而寒燠迥異，皆改著薄綿衣。英國水師總兵藍博爾得來晤，曾至總署一見；所部飛遊營兵船當回國，留候予至即行矣。香港總督鏗爾狄〔港譯堅尼地；Sir Arthur Kennedy〕遣其中軍阿克那亨以四人輿來迎，偕劉副使〔錫鴻〕、黎參贊〔齋〕及翻譯官乘坐所派十槳小船登岸。炮台聲炮十五，大列隊伍，作軍樂以迎。廣東領事羅伯遜〔B.Robertson〕，舊識也，亦迎於岸次，為敘寒暄。遂乘輿至總督署。文武官集者二十餘人，通名姓者：水師提督賴得、副提督闊倫布、按察司斯美爾斯。詢及學館，適其地大學館總教習斯爵爾得在坐，約陪同一遊。"

書中記述參觀學館經過甚詳："酒罷，遂適學館，並見其副教習法那〔中央書院副校長霍堅拿，Falconer〕、鏗而兩君，皆總司學事者也。凡五學堂：課中國《五經》、《四書》及時文三堂，課洋文一堂，洋人子弟課《五經》、《四書》者一堂。每堂百人，一教習主之。課《五經》、《四書》者，中國教習也；課洋文者，西洋教習也。堂分十列而空其前。每列設長案，容坐十許人；以次向後，層累而高。其前，則教習正坐相對。亦有教習中坐，而左右各分五列者。要使耳目所及，無一能遁飾。其課《五經》、《四書》，皆有期限；而於詩文五日一課，課之小課。猶曰此術藝之小者，五日一及之可也。其規條整齊嚴肅，而所見宏遠，猶得古人陶養人才之遺意。"按，以下三句為刊本所無："中國師儒之失教，有愧多矣，為之慨然。"接著說："聞別有一化學館，方擬往視，而阿克那亨告言：『岸次列隊相送，已候久矣。』因即回船。鐵甲兵船復聲炮十五，作軍樂相款接。法國兵船亦作樂以和之。"

廿二日，以修船耽延一日。香港總督鏗爾狄及羅伯遜來報見。語及學館規模之盛，嘆曰："是皆貧人子弟，學習二三年，粗能有得，往往自出謀生，所以能有成者少也。" 因論西法度，務在公平，無所歧視；此間監牢收繫各國人民之有罪者，亦一體視之。問可一往觀乎，欣然曰："可。" 即顧阿克那亨以肩輿來迎，而屬羅伯遜陪行。

監牢情形及有關設施，郭嵩燾寫道："其監牢設正副監督，至則副監督達摩森導以入。屋凡三層，罪犯重者在上層。下層一人一房，上層三人一房，禁錮者局其門。每屋一區，或自為一行，或相對兩行，皆設鐵柵局鑰之。房設小木榻當中，如人數，衾褥、氈毯、巾帚、盤盂畢具。日疊衾毯榻上，整齊如一，不如式者減其食。其所收繫，有西洋人，有呂宋及印度人，通計三十餘名，中國至五百一十四人，別有罰款二百元至四五元不等。收繫久者五年、七年，少至五日，亦有禁錮終身者。辦法亦略分三等：有錮閉者，有久羈課以織氈毯者，有運石及鐵彈者。運鐵彈者三處：一西洋人，一呂宋人，一中國人，皆以兵法部勒之，或五人為隊，或十人為隊，每日以兩時為度。運石者一處，則所犯較重者也。其禁錮者，房設一鐵軸，令手運之，每日萬四千轉，有表為記，不如數者減其食。人日兩食，飯一盂，小魚四頭。收繫久者，肉食，飯亦精。別有女囚一處，皆人一房。" 又載："達摩森導令遍遊各監牢及運石及運鐵彈處。有至百餘人環立一院中，舉手示之，皆趨就行列，或三列四列，立處截然齊一，舉手加額為禮。即禁錮室中，啟外牢揚聲喝之，皆起立，當門重手向外，節度整齊可觀。牢外設浴室一，人日一就浴。中設禮拜堂一，七日禮拜，囚人環立聽講。病館一，以處病者，一醫士掌之。又收斂病故人犯堂一。所至灑濯精潔，以松香塗地，不獨無穢惡之氣，即人氣亦清淡，忘其為錄囚處也。"

在《郭嵩燾日記》中，亦有大略相同的記載。兩年餘後，即光緒五年（1879年）三月廿九日，郭嵩燾回國途中再經香港，次日參觀東華醫院及博物院，是日日記寫道：

因約伍秩庸、王子潛同至李逸樓處談。並偕子潛至東華醫院，為瑞南諸人所創建者，一依西法為之。收養病者百餘，延醫上八人，兼籌教習醫學。並至西洋學館及博物院一遊。學館總辦史安，同舟至香港，詢知尚未回館。而博物院則兼用粵人劉易之司之，鳥獸蟲魚金石物產之類咸備。所未見者海浮二具，質如菌而形類深缸，容數斗。河豚甲數具，詢之劉易之，曰：「鯸。」蓋左思《吳都賦》所謂「鯸鮐」，即河豚也。左為博物院及藏書處，右為戲館，其上樓規模宏闊，尚未能陳設物事。

又載：「香港華人以李逸樓為首富，次魏姓，次郭姓，即所謂郭青山也。王子潛見贈《瀛壖雜志》、《弢園尺牘》，陳瑞南見贈《東華醫院錄》。」郭嵩燾由英國返還，不赴京師，稱病回鄉，隱逸終老。

【解說】

郭嵩燾的《倫敦與巴黎日記》（長沙：岳麓書社，1984 年），收入鍾叔河主編《走向世界叢書》。《使西紀程》，見《倫敦與巴黎日記》附文。另有《郭嵩燾日記》（長沙：湖南人民出版社，1981 年），可互為補充。按：《使西紀程》公開出版，內容與日記大略相同，間中刪去一些較為主觀的意見。曾永玲著《郭嵩燾大傳：中國清代第一位駐外公使》（瀋陽：遼寧人民出版社，1989 年），可供參考。

5.7　黃遵憲的香港感懷

水是堯時日夏時，衣冠又是漢官儀。[11]

登樓四望真吾土，不見黃龍上大旗。

　　這是 1885 年（光緒十一年）秋，中國外交官黃遵憲由美國舊金山回國途中，抵達香港，見山河仍舊，風俗依然，慨歎國土淪喪，因而作成之詩，題為〈到香港〉，載其《人境廬詩草》卷 5。"登樓四望真吾土"一句，是從王粲〈登樓賦〉中的兩句變化而成的，這兩句就是"登茲樓以四望兮"和"雖信美而非吾土兮"。黃龍旗是清朝國旗，"不見黃龍上大旗"一句，表達了他對國土淪落外人手中的感慨。

　　在這之後兩年，即 1887 年（光緒十三年），另一位著名詩人康有為，在他第二次遊覽香港時，看到香港在外國人治下起了巨大的變化，卻"傷心信美非吾土，錦帕蠻靴滿目非"。大概黃遵憲剛從異域歸來，對香港頓覺親切，而這又是他第二次到香港，因而有"真吾土"之感；康有為從內地來港旅遊，見香港的景觀有異於中國其他地方，所以大興"非吾土"之嘆。黃遵憲是外交官，康有為是思想家，究竟香港是"真吾土"抑或"非吾土"，大概表明了這兩位詩人在心態上的一些不同。

　　黃遵憲（1848-1905），廣東嘉應（今梅縣）人。早在 1870 年（同治九年）秋赴廣州參加鄉試時，歸途經香港，接觸了本地的新事物，感慨良多，因而寫成〈香港感懷十首〉，載《人境廬詩草》卷 1。第一首泛寫香港整個形勢，詩云：

11　漢官儀：此處指清朝的官制典禮。

彈指樓臺現，飛來何處峰？

　　為誰刈藜蕹，遍地出芙蓉。

　　方丈三神地，[12] 諸侯百里封。[13]

　　居然成重鎮，高壘矗狼烽。[14]

　　“彈指”比喻時間短暫，此句形容香港高樓大廈興建之速。杭州西湖靈隱寺前有飛來峰，是西湖勝景之一，相傳東晉時印度僧人慧理登此山，覺得與印度一個山頗相像，不知何年飛來，因而得名。黃遵憲初次到香港時，中環已經出現鬧市，這兩句借指高矗的樓房，亦有外國景象瞬間在此出現的感慨。“藜蕹”是草本植物，借指野草，“為誰刈藜蕹”，即為誰開闢的意思。“遍地出芙蓉”一句之下，作者自註曰：“以鴉片肇禍，開港後進口益多。”鴉片又稱阿芙蓉，以其花似芙蓉而得名。他目睹香港這個小小的地方，“居然成重鎮”，對清政府在鴉片戰爭後“割讓”香港一事，感慨萬端。

　　〈香港感懷十首〉之三，主題是描寫香港在英國統治下的情形。詩云：

　　酋長虹髯客，豪商碧眼胡。

　　金輪銘武后，寶塔禮耶穌。

　　火樹銀花耀，氈衣繡縷鋪。[15]

　　五丁開鑿後，欲界亦仙都。

　　首兩句謂香港總督和豪商都是外國人，接著以武則天借指英國維

12　方丈三神地：蓬萊、方丈、瀛洲三神山，相傳在渤海中，此處指香港是個海島。

13　諸侯百里封：諸侯國的封地大小不一，百里封疆屬於小國，此處借指香港地方很小。

14　高壘矗狼烽：高壘，指炮台；矗，直立，直上；狼烽，古代邊疆燒狼糞以報警，故名狼烽。唐代段成式《酉陽雜俎》：“狼糞煙直上，烽火用之。”以其煙不斜也。狼煙亦用以指烽火。

15　氈衣繡縷鋪：氈毛繡縷，即繡花的毛料衣物。

多利亞女皇；"寶塔"原是佛塔，此處比喻基督教教堂。以下"火樹"兩句，藉著燈光燦爛及華麗衣物寫香港在英國統治下所起的變化；"五丁"是古代神話傳說中的 5 個力士，作者最後以一句"欲界亦仙都"為全詩作結，強調這眾生的世界好比仙人居住的地方。

香港社會的繁榮，更使黃遵憲留下深刻的印象。"沸地笙歌海，排山酒肉林；連環屯萬室，尺土過千金"。寫香港處處笙歌，茶樓酒館林立，房屋非常密集，土地尤為昂貴。接著的四句："民氣多擅行，夷言學鳥音。黃標千萬積，翻訝屋沈沈。"指出香港居民受西方習俗的影響，學習外國語言，有些人錢多財雄，擁有高樓大廈。

還有一首是描寫妓院的，內容如下：

> 便積金如斗，能從聚窟消。
>
> 蠻雲迷寶髻，脂夜蕩花妖。
>
> 龍女爭盤鏡，鮫人鬥織綃。
>
> 珠簾春十里，難遣可憐宵。

"聚窟"借指妓院，"消"同"銷"，杭州人有"消金鍋"之諺，即銷靡金錢之意。"蠻雲"指西式熨髮的髮型，"花妖"即花月之妖，俗稱妓為花，又稱花娘、花妖，《漢書》〈五行志〉曰："有脂物而夜為妖，若脂水夜污人衣，淫之象也。"接著兩句指妓人爭風鬥艷，"龍女"（龍王之女）和"鮫人"（人魚）都借指妓女。"珠簾春十里"是妓院林立之意，杜牧〈贈別〉詩云："春風十里揚州路，卷上珠簾總不如。"末句的"可憐"猶可愛之意，《太平廣記》引沈警詞曰："徘徊花上月，空度可憐宵。"

香港於 1865 年建成一座大會堂，內有小劇場、圖書館、博物院等。黃遵憲參觀博物館，看到裡面陳列的標本，"大鳥如人立，長鯨跋浪來"，體會到當局人才雄厚，因而讚歎"官山還府海，人力信雄哉！"他又到過氫氣球遊戲場和跑馬場，留下了"御氣毬千尺，馳風馬百驍"

的詩句。

　　西方船艦東來，先到香港，然後北上至上海、天津；軍艦初至，則必發禮礮 21 響。"飛輪齊鼓浪，祝礮日鳴雷"兩句，就是寫此景象。香港得天時地利，"中外通喉舌，縱橫積貨財"，遂成東方一大港口。

　　1793 年（乾隆五十八年）英使馬甘尼來華，向乾隆帝要求舟山附近一處小島給商人停歇，及撥廣州附近一處地方予商人居住，但遭到拒絕。"遣使初求地，高皇全盛時"二句，就是指此事，接著黃遵憲問"六州誰鑄錯？一慟失燕脂〔借指香港〕。"香港轉眼間成為一個大城市，有如海市蜃樓，令人難以置信，華人開闢的功勞是不可沒的，故謂"鑿空蠶叢闢，嘘雲蜃氣奇"。〈香港感懷十首〉的最後兩句是："山頭風獵獵，猶自誤龍旗。"獵獵指旌旗在風中飄動的聲音，清代以龍旗為國旗，黃地藍邊，中繡巨龍。在這裡黃遵憲對清政府昧於時勢，流露了不滿之情。

　　順帶一提，1890 年（光緒十六年）黃遵憲以二品頂戴分省補用道任參贊，隨出使英、法、義、比四國大臣薛福成使歐，攜一子一僕由嘉應州來港登舟，寫了一首〈自香港登舟感懷〉，詩中有"久客暫歸增別苦"、"徙倚闌干獨愴神"等句，道出了使臣飄洋過海的景況。

　　總計來說，黃遵憲在 1870 年（同治九年）、1885 年（光緒十一年）、1890 年（光緒十六年）三度到過香港，前後共有 12 首詩描述他在香港的見聞和感想，充分表現了他作為詩人的本色。黃遵憲對新鮮事物的洞察力，在〈香港感懷十首〉中顯露無遺；1885 年的一首詩作，則有外交官員的氣概；1890 年的作品，卻予人飽歷風霜之感。黃遵憲身為使臣，但空有抱負，未能在外交方面創一番事業，其後致力參與維新變法活動，1898 年（光緒二十四年）戊戌政變發生後，罷官回籍。除《人境廬詩草》、《日本雜事詩》外，還著有《日本國志》。

【解說】

黃遵憲的《日本雜事詩》，1879 年由王韜在香港出版；有多個版本，鍾叔河主編《走向世界叢書》，收錄《日本雜事詩〔廣註〕》。〈香港感懷十首〉等詩作，載錢仲聯箋注《人境廬詩草箋注》2 冊（上海：上海古籍出版社，1981 年）。

黃遵憲既是詩人、思想家，又具有外交官員的身份，他對香港問題的觀察，與康有為的思想視野是有所不同的。

5.8　康有為的香港紀遊

近代中國著名的戊戌維新運動，是以康有為、梁啟超師徒為首的變法派人士所倡導的。這個變法運動的藍本，是日本的明治維新；而香港、上海兩地，與康有為走上這條改革之路，實有相當的關係。

康有為（1858-1927），廣東南海人，早在 1879 年（光緒五年）他 22 歲時，即以經營天下為己志。據《康南海自編年譜》所載，當年他"薄遊香港，覽西人宮室之瑰麗，道路之整潔，巡捕之嚴密，乃始知西人治國有法度，不得以古舊之夷狄視之"。自此以後，"漸收西學之書，為講西學之基矣"。3 年後，康有為 "道經上海之繁盛，益知西人治術之有本。舟車行路，大購西書以歸講求焉"。

在一首〈初游香港覩歐亞各洲俗〉的七律中，康有為描寫了他在香港所看到的新奇事物。詩云：

> 靈島神臯聚百旗，別峰通電線單微。
> 半空樓閣凌雲起，大海艨艟破浪飛。
> 夾道紅塵馳驃褭，沿山綠圍鬧芳菲。
> 傷心信美非吾土，錦帕蠻鞾[16]滿目非。

在當時，"別峰通電"（山間電線）、"半空樓閣"、"大海艨艟"（古代戰船）以及道路上馬車奔馳，都是這個新城市的特色，不過想起香港是在外國人治下才起了這樣的變化，遂有 "雖信美而非吾土" 之歎。

1887 年（光緒十三年），康有為 30 歲時，復遊香港。〈八月十四夜香港觀燈〉也有類似的感慨。詩云：

16　鞾：亦作靴。

空濛海月上金繩，[17] 又看秋宵香港燈。

曼衍魚龍陳百戲，[18] 參差樓閣倚高層。

怕聞清曲何堪客，[19] 便繞群花也似僧。

歡來獨惜非吾土，[20] 看劍高歌醉得曾！

宴飲時有妓女陪酒，康有為"怕聞"她們所唱的妖媚的"清曲"，如僧人般對"群花"不屑一顧，不單只有"非吾土"的感慨，甚至發出要"看劍高歌"（隱喻"驅除胡虜"）的豪言壯語。

〈裙帶路〔原註：香港舊名〕〉一詩，尤其反映了香港發展之速。詩云：

鑿石為馳道，岧嶤直上天。

大旂[21] 山頂颭，飛線海中傳。

蓄水潭分管，區丘[22] 樹若田。

登峰數樓閣，參錯十洲仙。

此外，〈重九夜登高上太平山〉、〈月夜遊太平山〉等，記下了不少香港的自然景觀和人工建設。康有為對於中外風俗習慣的不同，以及初次接觸到的西方事物，特別感到興趣，並加以吟詠。其〈香港觀賽珍會，閱歐戲，遂遊濠鏡〔澳門〕，觀馬戲，為見歐俗百戲之始〉云："香江陸海感蒼茫，濠鏡山川對夕陽。若問先生果何見，詭奇馬戲及蠻裝。"

---

17 金繩：此處借指海天的交界處。

18 曼衍魚龍陳百戲：曼衍亦作曼延，是漢代角牴戲的一種，即雜技樂，戲魚龍曼延之屬。

19 怕聞清曲何堪客：《世說新語》〈任誕〉："桓子野〔桓伊每聞清歌，輒喚奈何〕。"

20 歡來獨惜非吾土：歡，有版本作懽；非吾土，指香港已"割讓"給英國，不再屬於中國疆土。

21 大旂：有的版本作大旗。

22 區丘：有的版本作區邱。

1898 年（光緒二十四年），光緒帝下詔變法，推行新政，但僅 103 天，慈禧太后即發動戊戌政變，新政人士有的被殺，有的逃亡。康有為在廣州花埭新建的住宅及在廣州城內的老屋雲衢書屋均被查封，他本人亦從上海逃到香港，當時亦在港的英國前海軍大臣柏麗斯輝曾與康氏見面，答應援助其活動。其後，康夫人張氏及母勞太夫人亦來港。康有為在香港逗留了一些日子，便赴日本，倡議保皇，展開了另一階段的活動。

1911 年辛亥革命爆發前夕，康有為亦曾來港一趟。革命爆發後，康氏擬回港為母祝壽，並窺國內局勢，適弟子麥孟華赴日本，告以廣州、香港一帶革命黨人情緒激昂，遂打消原意。直至 1913 年夏，其母病逝於香港，康有為來港奔喪，葬母及弟廣仁（於戊戌政變時遇害）於南海縣蘇村故居之後，移居上海。

康有為一生中曾到過香港好幾次，雖然每次居停的時間不長，但對香港留下深刻印象，甚至影響了他的思想言論。從康氏的詩作看來，他的香港感懷始終是一貫的，〈月夜遊太平山〉的其中一首就充分流露了出來，詩云：

> 靈霧神風跨鶴遊，蒼茫海嶠認蓬洲。
>
> 欲挾飛仙過東海，瑤臺難好不淹留。

【解說】

歷來騷人墨客、達官貴人詠香港的作品甚多，有 3 種書方便參考：其一，是胡從經編纂《歷史的跫音——歷代詩人詠香港》（香港：朝花出版社，1997 年）；其二，是蔣英豪選註《近代詩人詠香港》（北京：中華書局，1997 年）；其三，是李暢友主編《港澳詩選注》（廣州：廣東高等教育出版社，1997 年）。

六、介紹香港的
中文旅遊書

【導言】

20 世紀前期出版的中國旅遊指南，大抵都有專章介紹香港。當時上海的商務印書館和中華書局，是中國兩個主要的出版社，商務印書館的《中國旅行指南》於 1912 年初版，現時所見的是 1931 年增訂 14 版，中華書局則於 1926 年出版《全國旅遊指南》。兩書都在一定程度上介紹了 1920 年代香港的基本狀況，記錄了重要的事項，雖然可讀性不高，資料卻是珍貴的。上述旅遊書，香港浸會大學圖書館有藏。

1938 年，陳公哲編著了第一本中文的香港旅遊專書，題為《香港指南》，由商務印書館出版。圖文並茂，全面地刊載了香港各個方面的詳情。1941 年，太平洋戰爭爆發前夕，香港旅行社出版了鄧超編著《大香港》，介紹較為扼要，可供閱讀和參考之用。《香港指南》初版，香港浸會大學圖書館有藏；至於《大香港》，則存於香港大學圖書館特藏書庫。

陳公哲另一可注意的事，是於香港進行考古發掘，1938 年間，以 10 個月時間，在多處史前遺蹟發現石器、陶器、銅器、玉器等三百餘件，年代最古的屬於新石器時代，其次為銅器時代，亦有三代和秦漢時的遺物。陳公哲著有《香港考古發掘》一書，記載有關情形，可惜大部分文物，均於日佔時期散失。

6.1 《中國旅行指南》中所見的香港

上海商務印書館出版的《中國旅行指南》（1912 年初版，1931 年增訂 14 版）第 95 篇〈香港〉，註明"民國十七年〔1928 年〕四月查"，大致記載了當時香港的重要事項。引言說：

> 廣東省珠江口之一島，距廣州城七十五哩，周回三十哩，面積四十方哩。港闊水深，足容船舶數千，為世界良港之一。清道光二十二年（西曆一八四二年）割讓於英，英設總督治之，四周皆設礮臺。

以下是一些較具體的資料：

■ **路程：** 由上海附招商局或太古怡和公司海輪，約三日半至四日到。郵船，約二日半到。由廣州附海輪，約八小時到。附廣九快車，約三小時五十分到；慢車約八小時二十三分。由汕頭附海輪，約十八小時到。由小呂宋附郵船，約四十八小時到。

■ **電車價：** 電車路線分四路（一由堅尼地城至銅鑼環〔灣〕，一由屈地街至銅鑼環〔灣〕，一由屈地街至愉園，一由銅鑼環〔灣〕至筲箕灣。車上有字標明）。頭等均一角，三等五仙，遠近一律。

■ **航路：** 分國內與國外，國內航路中，又分內河航路。往廣州船隻甚多。除星期日外，每日上午八時及下午十一時。往澳門，每日上午八時及下午四時。往三水、肇慶、梧州，每日下午四時。往江門，每日下午七時。此外有輪船拖渡往內河各處者甚多。海輪有南至廣州灣、海口、北海、海防等埠，北至汕頭、廈門、福州、上海、青島、天津、大連各埠。船期，每星期中多則三四次，少則一二次，如太古渣甸（即怡和）各公司，均有船往來。招商局專往來滬粵二處，凡購船票及預定艙位等事，可託各旅館及客棧代辦。至國外航路，大概英、法、日、美、和、德各國均有輪船往來，並有各該分公司駐港，如昌興、太古、藍煙通、日本郵船、美國大來、法國郵船等是也。往外洋遠埠，可預託通濟隆及美國運通公司中國旅行社代定艙位及船票。往國內就近各埠，直接往各該輪船公司接洽亦可。

■ 旅客注意事項：（甲）港埠煙酒及違禁品：禁令甚嚴，切不可隨身帶港。其次受人託帶來港之信件，須信封開口，不可密封，以免受罰。（乙）旅客過港，如攜帶照相器，山頂花園等處有禁令公佈，不得任意攝取景物。（丙）旅客過港，往法屬海防西貢等埠，登岸時海關檢查甚嚴。凡火柴及利器之物，以及新製衣服冠履、書籍地圖及有彩色之圖畫等，不可多帶。當地如有相熟之有名紳商，先去函通知，則到埠時照料稍易。（丁）過港往外洋各埠，沿途均需護照，先在滬辦妥，過港時可不耽擱日期。

■ 電船：各大碼頭均有汽油船，俗名電船，接送客人，取費極廉，每小時二元四角；不逾十五分鐘，一元二角。

■ 各種車價：腳踏車，每一小時約三四角。汽車，每一小時大架七元，小架五元；若環遊香港一周，約一小時四十五分，可向汽車行議價。有五座位七座位之分，多則八元，少則六元左右。人力車，每五分鐘一角，半小時二角半，一小時三角半。山上頂，每十分鐘一角半，半小時三角，一小時四角。

■ 轎價：市上，每十分鐘二角，半小時二角半，一小時四角。山上，每十分鐘二角半，半小時三角半，一小時四角半。

■ 挑力：挑夫，俗名咕喱。每擔，路近者二角，略遠者三四角，遠者五角至一元不等。

■ 戲館：利舞臺（灣仔波斯富街）、太平戲院（德輔道西）、新戲院（九如坊）、皇后大戲院（皇后大道中）、新新影畫戲院（石塘咀）、香江大戲院（灣仔大馬路）、景星影畫戲院（尖沙咀）、新世界影畫戲院（德輔道中）、第一戲院（油蔴地窩打街）、普慶戲院（油蔴地彌敦道）。利舞臺、太平、普慶新戲院，座位之價目，視戲班之優劣而定，座位有廂房貴妃牀正座中座之別。夜價必較日價為高。影畫戲院座位之價目，視畫片之優劣及時間之早晚而定。

■ **跳舞場**：英皇酒店、四海酒店、香港大酒店、淺水灣酒店等。每星期中必有一二次。

■ **理髮**：超等剪髮六角，二等二角五分，普通剪髮二角，飛光二角，剃鬚洗頭均二角，機器電面四角。女界理髮室，普通四角，高等六角至八角。男女高等理髮室，均在大道中。

■ **洗衣**：每件，短衣三仙，夾衣、長衣及西式衣服，均作二件算；帳三角，珠被一角五仙。約三四日洗淨交還。

■ **教育**：本港設教育司，掌理全港教育。學校分官立、私立、教會設立者三種。官立如皇仁書院（鴨巴甸街）、育才書社（醫院道）、英皇書院（般含道）、油蔴地小學（油蔴地）、漢文中學、庇理羅士女學（均荷李活道）。教會立者，如聖保羅男校、聖保羅女校、聖士提反男校、聖士提反女校、英華男書院、英華女書院、拔萃書院、嶺南分校等。私立者不下二百餘校。此外有香港大學，為本港最高學府，內分文、工、醫三科。

■ **遊覽風景**：香港蕞爾海島，地屬寶安縣，自經英人經營以後，天然風景，與人工建築並臻佳境。港之第一層口門，群山環繞，小島密布，再進為一良港。第二層口門又有一良港，與第一層口門皆有礮臺，右即九龍。港地高峰聳峙，街市皆就太平山建築，有上山火車，山頂可遠望數十里，有英兵守之。山中有植物園（花園道），園多花木，有噴水池、小動物園，遊人不限國籍，隨時可以入覽。利園（銅鑼環〔灣〕），可購門票入內遊覽，每日午後五時至十時，遊人絡繹不絕，夏日尤多。沙田、大埔（均九龍），山明水淨，且泊漁舟，可乘廣九火車往。

博物院、圖書館（均皇后大道中），任人遊覽，分男女界時間，惟衣冠不整者不得入。新娘潭（新界），林木蔥鬱，風景雅趣，中有懸崖瀑布溪澗流泉，雖酷暑而猶涼。宋王臺（九龍），居山面海，台上大石一，刻宋王臺三大字，四周圍以石欄，登臺遠眺，海景極佳。九龍尚有青山寺（青山），風景不俗，夏秋二季，遊人較多。

【解說】

《中國旅遊指南》首先介紹來往香港與上海、廣州、汕頭等城市的路程，國內外的航路，和旅客要注意的事項，並說明香港各種交通工具的情形。

接著，是提供娛樂和日常生活的資訊，包括戲院、跳舞場、理髮和洗衣。對於教育狀況，列舉了官立、私立和教會設立的名校。最後是遊覽風景，大抵都是旅行必到的地方；當時的博物館、圖書館，是分男女界時間入內的。

6.2　陳公哲編著的《香港指南》

陳公哲編《香港指南》（長沙：商務印書館，1938 年），是最早一本介紹香港的中文旅遊專著。此書介紹了 1930 年代末的情況，附有照片多幅，也有多個行業的廣告，是很珍貴的資料。

陳公哲（1890-1961），生於上海，祖籍廣東中山，是近代著名武術家，精武體育會創辦人。1938 年移居香港，他是首位在香港進行考古發掘的華人，著有《香港考古發掘》。他亦是書法家，著《科學書法》。香港淪陷期間返回內地，戰後再度來香港定居。《香港指南》是他的代表作，2014 年香港商務印書館重印。陳公哲在〈序〉中說："指南之作，除為旅客之衣、食、住、行指導外，於一地之歷史、沿革、古蹟、名勝、風土、人情，務求詳盡。……是則指南之外兼及旅港志也。"

全書共分 6 編，第 1 編為〈概論〉，介紹香港、九龍及新界的歷史沿革、名勝古蹟、風土人情、農漁工商、交通及教育狀況，還有當時的 "香江十景"：

- 香港燈火——香港入夜以後，自九龍或港中遠望山麓，燈火萬家，燦爛奪目，堪稱奇景。

- 小港夜月——香港仔月夜不減珠江，放槳中流，領略漁家風味，一樂也。

- 海國浮沉——淺水灣有海國游泳場蜿蜒沙灘之外，東望南海，水天一碧，波濤浩渺，風景極佳，游泳者尤眾。

- 筲箕夜泊——筲箕灣有遊艇，每當夏曆月半，蛋民風俗青年男女喜以情歌互答，泛舟中流，賞月聽歌，遊者不啻置身世外桃源矣。

- 升旗落日——登升旗山觀落日，霞光雲影，變幻莫測，與泰山實無多讓。

■ 西高夏蘭——西高嶺夏蘭子夏日盛開，滿嶺如堆錦繡，是亦一景。

■ 宋臺憑弔——宋王臺為宋帝昺南渡駐蹕之所，臺草萋萋，足資後人憑弔。

■ 破堞斜陽——九龍城尚餘殘堞，蜿蜒山畔，當夕陽西下時，郊外風光，以此為最。

■ 古剎鐘聲——青山禪院在青山之麓，為香港惟一古剎。

■ 松壑猴群——大埔水塘下松林中多猴，攜果餌之，諸猴俱集，怪態百出，別饒趣味。

【解說】

《香港指南》第2編為〈旅客須知〉，包括海關、幣制、郵政、電報、衣服、購物、假日、醫院等，例如介紹"婦女最喜遊行者為花布街，在中環街市後，位於德輔道與皇后大道中，全街專售花布一項，各種花式雜陳，燦爛悅目，價廉有一圓可買得五六碼者"。又如述及"嚤囉街與嚤囉上街在皇后大道西，中央戲院左面由東街直上其橫街便是，專售古董、瓷器、鐘錶、五金、電料、中西舊貨滿當與盜竊貨物多在此處出售，有如北平之夜市，倘精於鑑別者，每以廉價可獲得珍品"。

第3編為〈旅館茶樓酒館〉，第4編為〈遊覽〉，第5編為〈會所娛樂及運動〉，第6編為〈本港舟車〉，第7編為〈公署會所報館商行名錄〉，第8編為〈工廠名錄〉，第9編為〈粵語摘要〉，第10編為〈香港街道中西譯名表〉。值得注意的是收錄了二百多個特殊粵語，附國語註釋，並謂"粵語音雖稍異，而語文多與國語相同，有心研究，並不難學，祇要將其中習慣語與國語差異處熟習，其他略一變音，便成粵語，竊以為學習粵語無有再易於此者"。

6.3　鄧超編著的《大香港》

　　鄧超編著《大香港》，1941 年初由香港旅行社出版。作者開宗明義在〈自序〉指出："香港面積，原不甚大，所以名大香港者，以其為遠東之大商埠，南中國交通孔道，不獨商務繁盛，船舶如鯽，而景物之幽美，建築之新型，交通之發達，設備之完善，莫不偉大堂皇，令人大為留戀，證以山不在高，有仙則名，水不在深，有龍則靈，斯香港所以為大矣。"又說："香港之大，無奇不有，而名勝古蹟，尤足使旅行人士探古尋幽，然何者為名勝之區，何者為駐宿之地，在初到貴境者，固屬茫然，即老香港亦不無偶然忽之者，不有專書，何從鄉導，此《大香港》之所由來也。"

　　香港旅行社總社設於香港皇后大道中 11 號二樓，分社設於九龍彌敦道 309 號。該社"本為社會服務之旨，對於編印各種旅行叢書，指導出洋及返國等手續，無不竭誠辦理，近以香港地位，日形重要，行旅之往來，日見增加，此項專書，實為急不容緩，復得丁寧、胡戎、王義光、黃澹豪、源安石、陳達如諸先生之勸助，卒底於成"。按：此書〈自序〉撰於 1940 年 11 月 11 日，《大香港》一書則於次年 1 月初版，同年 12 月香港即淪陷於日軍，進入長達 3 年零 8 個月的苦難時期。此書第 1 編題為〈大香港之沿革〉，除介紹香港、九龍及新界外，分述人口、氣候、行政、教育、商務、實業諸方面，所記載的內容，較能反映出香港淪陷前夕的實際情況。

　　在介紹香港島時，率先指出："英國人自得了這個荒島以後，以其地為水陸的要衝，港闊海深，東有鯉魚門，西有汲水門把握著東西兩道的要隘，為最好的天然良港，於是銳意經營，今日已成為東亞第二大商埠，國際貿易的總匯，世界航空海口的要區。"香港島的人口，在 1840 年代只有漁民 4,000 左右而已。"可是到了二十世紀的初葉，香港島內村落的人口已經增至一萬六千餘人，市內的人口也增至二十一萬了。降至二十世紀三十年代，香港的人口數已經增加了一倍，人口約八十餘萬。時至今日，全港的人口，約有一百八十四萬，香島方面佔九十四萬人，九龍新界佔八十九萬人。除大部分為華僑，佔一百八十餘萬人外，其他各國籍居民總計二萬八千名之譜，而以英人居最多，印人次之。"

書中亦提到，香港的氣候"春日溫暖，極為明媚，夏天海風吹拂，熱而不暑，秋日氣爽，天朗風清，冬天稍覺微涼，寒而不凍，四季氣候，溫寒得宜，不像北方的嚴寒極熱，平均氣候最低在華氏三十二度最高在九十七度之間，惟是春夏之交，三四月間多雨，俗稱南風天氣，地土潮濕，因為天氣關係，外省人到此，多患香港腳，患者每苦腳趾間逐漸潰爛，奇癢難堪，如治理不得其法，必至寸步難行，此種足疾幾為初到香港者不可避免之事，港人無以名之，名之為香港腳"。又說："大香港最初闢港的時候，因為氣候不好，兼之山間瘴氣很盛，曾釀過幾次疫症流行，後來又遇風災，香港政府的官員曾一度主張放棄香港這塊地方，隨後卒經英政府竭力派人來港修建，才日漸臻於美景，一八四三年，英政府正式宣佈香港為自由貿易港，除煙酒外，一切進出口貨物免稅，人口漸漸雲集，就成為人煙稠密的東方最大都市的大香港了。"

接著，鄧超的《大香港》介紹了本地的行政、教育、商務和實業：

（一）行政——"大香港的行政大權，直接英國政府，一切政治的組織都是由倫敦英政府釐定的，由英政府委派了總督一人，綜攬全港的行政事務，總督以下設輔政司、議政局、定例局、市政衛生局、律政司、裁判司、庫務司、郵政司、華民政務司、教育司、船政司、田土司、工務司、衛生司、化學司，及最近新設移民局等等的機關。"

（二）教育——"大香港雖然是一個英國的殖民地，但華僑在這裡的教育是很發達的，近兩年來更加蓬勃起來，內地遷來香港的學校極多，而政府也很關心華僑的教育，最近新頒校舍新例，維護全港學界

的衛生與安全，一時雖有許多學校不能遵辦，然亦足見本港當局對華
僑教育的關心。香港有大學一所，為政府所辦，近因中國內地淪陷，
大學校遷港開課者計有：嶺南大學，在新界淞園及借港大校址，廣州
大學，在深水埗元州街，並設有附中；國民大學，在青山芳園，設有
附中；南華大學，在九龍城獅子石道。"

　　香港的中小學，書中有以下的描述："至中學香港政府設立者，
有皇仁中學，在士丹頓街；英皇中學，在般含道；漢文中學，在醫院
道。其餘內地遷港開課者極多，統計全港學校，約有百餘所，遍設各
處，每當凌晨則見莘莘學子負笈回校。貧民義學在港創設亦多，如孔
聖會義學、文武廟義學、東華醫院義學等，此外尚有東莞商會、南洋
兄弟煙草公司，以及私人創設的義學極多，嘉惠一般貧而失學的兒童
不少。香港的各義學，多有由港教育部津貼費用者，而私立者由政府
津貼教育費者亦不少，我國抗戰以後，內地學生來港轉學者極多，是
以教育極端發達前途固未可艾了。"

　　（三）商務——扼要指出："大香港因為在地理上的特殊關係，大
凡歐洲各地的貨物，必須先經香港，然後轉運到中國及亞洲各地去，
所以香港實在握了英國對遠東貿易的咽喉。在年前據可靠的統計，香
港對中國輸入的總額，竟佔全中國貿易輸入的百分之四十以上，輸出
也佔著相同的地位。本年春季，因受歐戰的影響，出入口貿易，均告
旺盛，總值在三萬五千零五十萬元，較之去年，增加百分之四十二又
五。僅就本年年份三月對外貿易的結果，輸入商品為七千五百七十萬
元（即四百七十萬鎊），輸出者四千八百萬元（即三百萬鎊），比較去
年同季，突增幾及三千萬元之鉅額，由此可見香港對中國經濟的影響
之巨。"

　　（四）實業——首先是工業，"其規模宏大者以造船為首屈一指，
造船廠在香港名為船澳〔塢〕，太古船澳為造船塢之最大者，黃埔船澳
次之，尚有海軍船澳，則專為修理英國駐遠東軍艦之用。其他工廠，
最大者為鰂魚涌之太古糖房、紅磡之英坭廠、堅尼地城之蔴纜廠、深

井之香港啤酒廠，俱英人經營，規模宏偉；至若中國人所設工廠，則有康元製罐廠、國民製漆廠等，亦具相當規模"。其次，"漁業為大香港最古之實業，捕魚漁船，觸目皆是，捕得之魚，交易有魚行，名曰魚欄，分鮮魚欄與鹹魚欄，復因資本之大小有大欄小欄之稱"。至於"農場在大香港，大規模者除西人經營之香港牛奶冰廠有限公司外，不多見，全港所用之食鹽多自暹羅輸入，惟大澳與青山等處亦有曝海水以取鹽之事業"。

【解說】

鄧超編著的《大香港》，是香港"割讓"給英國後 100 年的記述，對海港、人口、氣候都有描述，並介紹了行政、教育、商務、實業四方面的情況。

本篇可與《循環日報》刊登王韜的〈香港略論〉一並閱讀，從而掌握香港由 1850 年代初至 1940 年代初的變化和發展，香港近代歷史、社會、經濟、文化大抵均可獲悉其概要。

附

錄

附錄 1
香港中文報紙督印人一覽（1886-1932）

年份	報名	督印人
1886	粵報	盧敬之
	粵報	黃子葵
	維新日報	陸驥純
	華字日報	譚亦僑
	捷報	譚亦僑
	華字日報	何仲生
	循環日報	黃澍棠
	循環日報	黃日新
	循環日報	陳鏡波
	捷報	譚笛舟
1887	中外新報	威尼壓覺士
	中外新報	士蔑夫
	循環日報	劉蘭
	循環日報	吳鏞
	粵報	黃南廬
	粵報	溫俊臣
1888	粵報	畢瑞華
	中外新報	士蔑夫
1889	華字日報	邊
	維新日報	陸建康
1891	中外新報	趙雨川
	華字日報	陳元茂
1892	循環日報	黃伯濤
1896	維新日報	黃道生

年份	報名	督印人
1897	香港新報	黎少東
1898	華字日報	賴文山
1899	東報（日人辦）	張少春
	東報	張鶴臣
	晨報	李賢士
1900	中國報	陳少南
1902	香港日報	陳碧泉
1903	中國報	黃棣蓀
	世界公益報	譚民三
	實報	潘蜚〔飛〕聲
1904	商報	黃君任
	商報	陳璵
	廣東日報	鄭貫公
	中國報	黃棣蓀
1905	世界公益報	莫子幹
	中國報	袁運生
	商報	陳奎
	廣東日報	李漢生
	循環日報	溫俊臣
	唯一趣報	鄭貫公
	世界公益報	吳憲蓀
	中外日報	趙雨村
1908	人道日報	李孟哲
1909	社會日報	（缺名）
1911	新漢日報	盧新
	中國軍事日報	徐桂
	中國英文日報	軒民泰
1912	中國軍事日報	蘇藻裳
	民國新報	梁瑞璜
	共和報	馮卓〇

年份	報名	督印人
	新少年報	梁鴻
	中華新報	林幹庭
1913	大光日報	何敬之
	華字日報	何卓偉
	中華日報	張蔭庭
1914	真報	馮堅
	中外新報	馮承焰
	世界公益報	黃輝恭
	新商報	陳勵
	東方報	古長
	真報	王釜
	真報	梁天籟
	仁報	鄧悲角
	香港日報	盧勵夫
1915	香港日報	陳雲峰
	現象日報	王寒爐
	香港時報	周逸庵
	香港時報	何彬
	大光日報	黃慶雲
1916	小說晚報	仇景
	中外新報	劉啟壽
	現象日報	關天畏
	中國新報	謝盛之
	中國新報	陳子山
1917	國是報	毛國安
	大光日報	譚亮
	中外新報	鄧潤之
	共和報	盧〇
	公益報	陳文谷
1918	大光日報	黎紀南

年份	報名	督印人
	中外新報	譚荔垣
	華字日報	何福昌
	共和報	馮俊卿
1919	香港晨報	黃伯耀
	華商總會報	馮承焰
	自重日報	陳珍庭
1920	香港晨報	黎工佽
	循環日報	何冰甫
1921	香港晨報	方軍武
	香港晨報	謝成心
	香港晚報	黃燕清
1922	僑聲日報	陳儀
	共和報	麥公博
	華僑日報	劉俊
	香港工報	勞榮光
1923	新聞報	陳仲雲
	新國華報	嚴明
	中國新聞報	陳仲雲
	明星日報	楊息影
	香港小報	梁少傑
1924	香港時報	陳彼得
	華僑日報	賴宗鎏
	華僑日報	黃應元
	中國新聞報	楊大悟
	工商日報	容守正
1925	大光日報	葉成
	香港晚報	黃漢
1926	中華民報	林道
	香港晨報	梁振
1927	循環日報	溫文照

年份	報名	督印人
	華僑日報	胡惠民
	華人日報	李擴希
	華強晚報	賴端甫
	南中晚報	胡惠民
	南中晚報	呂福元
	國民日報	曾憲聲
	新中國報	謝章玉
	新中國報	淦開輿
1928	現象日報	廖錫如
	南強日報	丘永鎏
	大同日報	鄭希聲
1929	大光日報	陳鳴山
	香港時報	黎堯
	正報	黃海○
	南方日報	王址立
1930	中和日報	
	南華日報	鄺修湛
	中華日報	鄭子文
	工商日報	茹旭明
	超然報	林澤溥
1931	東方日報	周少穆
	天南日報	鄧亮臣
	遠東日報	吳永年
	工商晚報	茹旭明
	中和晚報	
	天南晚報	鄧亮臣
1932	循環晚報	溫文照
	中興報	馮康候
	公論日報	
	平民報	葉天和

年份	報名	督印人
	東亞報	李鑑衡
	靈通日報	廖君遠

【註釋】據麥思源〈六十年來之香港報業〉，香港政府於 1886 年頒佈報律，出版報紙均須先行向政府註冊，俟核准後始得刊行，並須列具督印人姓名，刊於報端，是該報的法人。俟後該報如有關於債權報務，或其他涉訟事項，完全由督印人負責。此文載《循環日報六十週年紀念特刊》（1934 年）。表中部分督印人姓名為外文音譯，亦有因印刷模糊而不清晰的。

附
錄

附錄 2
香港出版期刊目錄（1907-1945）

甲、文學期刊

刊名	刊期	出版者	期數	年月	備註
小說世界	旬刊	香港小說世界社	1-4	1907.1-2	
新小說叢	月刊	香港新小說叢社，林紫虬主編	1-3	1908.1-5	
時事畫報	旬刊	潘達微、謝英伯等主編	1-28	1909.1-11	諧部有雜文、談叢、小說、謳歌、劇本、詩界等欄目
香江雜誌	月刊	香港香江雜誌社	1:1	1913.12	
天荒		香港天荒社出版，潘達微主編	1	1915	
博文雜誌		香港大學學生聯誼會	1	1919.10	
妙諦小說		香港共和報代理	1-4	1910 年代	
雙聲	雙月刊	香港大光報社，黃崑崙、黃天石主編	1-4	1921.10-1923.5	
文學研究錄		香港文學研究社	1-8	1921-1922	
文學研究社社刊	月刊	香港文學研究社	1-13	1922.11-1923.11	
粹聲		香港粹聲社	1-2	1923	
小說星期刊	星期刊	香港小說星期刊社	1:1-2:9	1924.9-1925.10	
藝潮		香港藝潮社	1-2	1927-1928	
伴侶雜誌	半月刊	香港伴侶雜誌社	1-9	1928.8-1929.1	侶倫、張吻冰、陳靈谷
字紙簏		香港字紙簏雜誌社	1:1-3:1	1928.8-1929.8	
墨花	旬刊	香港墨花旬報社	1-15	1928.9.5-1929.4.15	

刊名	刊期	出版者	期數	年月	備註
探海燈	週刊	香港時報社	1-200	1928-1932	
鐵馬		香港鐵馬社出版，張吻冰主編	1	1929.1	一說 1929.9 創刊
小說旬報		香港小說旬報社	1	1929.6	
島上		香港島上社	1-3	1930.4-1931.10	
嚶鳴		香港嚶鳴社	1	1930.7	
鋒芒		香港鋒芒社	1	1930.12	
南星雜誌	月刊	香港南星社	1:1-2:8	1931.7-1933.11	
南華文藝	月刊	香港南華日報社	1:1-2	1931.9-10	
白貓現代文集		香港白貓文社	1	1931.10	
人造一月		香港人造社	1	1931.10	
人間漫刊		龍永英主編	1	1931.11	
輯識		香港大學中文學會編，商務印書館香港分館印行	1	1931	
新命		張輝主編	1:1	1932.1	
繽紛集		香港繽紛雜誌社	1	1932.6.16	
晨光		張輝主編	1	1932.8	
晨光		香港晨光社	1	1932	
春雷半月刊	半月刊	香港文藝研究會	1	1933.5	
小齒輪		香港群力學社，魯衡主編	1	1933.10.15	工農革命文學雜誌
紅豆	月刊	香港南國出版社，梁之盤（晃）主編	1:1-4:6	1933.12-1936.8	原名《紅豆漫刊》，自第 3 卷第 6 期起改用本名
時代寫真	半月刊	香港時代寫真社	1	1933	
今日詩歌		戴隱郎、劉火子主編	1	1934.9	
詩頁				約 1934	具體出版時日待考
文藝漫話		陶隱君、楊夢齡主編	1	1935.7	
時代風景		香港時代風景社，易椿年、張任濤、侶倫、盧敦主編	1:1	1935.1.1	純文學雜誌
華燈		香港華燈社	1	1935	

刊名	刊期	出版者	期數	年月	備註
南風		李育中主編	1	1937.3	
中國詩壇	月刊	中國詩壇編委會	1:1-2:6；新1-6；復1-4	1937.8-1938.9；1939.5-1940.12；1946.2-5	在廣州創刊，1938.9出至第 2 卷第 6 期停刊；1939.5.1 在香港復刊，卷期另起，1940.12 再度停刊；1946 在廣州二次復刊，期數另起，1946.5 出至第 4 期終刊
文網		香港文網社	1:1	1937.9	
大風	半月刊	香港大風社，陸丹林主編	1-102	1938.3-1941.12	原為旬刊，自 1940.1第 54 期起改為半月刊。屬於綜合、掌故類刊物
文藝陣地	半月刊	生活書店出版，茅盾主編	1:1-7:4	1938.4-1942.11	1938.4.16 在廣州創刊，後相繼遷往上海、重慶、香港出版
東方畫刊	月刊	商務印書館香港分館	1:1-4:8	1938.4-1941.11	
時代批評	半月刊	香港時代批評社，周鯨文主編	1:1-6:113	1938.6.16-1949.5	1938.6 在香港創刊，太平洋戰爭爆發後停刊；1947.6 復刊，卷期續前；1948 出至第 97 期改為月刊
大地畫報	月刊	香港大地圖書公司	1-20	1938.11-1941.8	
頂點	月刊	香港新詩社，戴望舒、艾青合編	1:1	1939.7	
中國作家（Chinese Writer）		戴望舒、徐遲、葉君健等主編	1:1-	1939.8-	
文化列車	旬刊	香港文化列車旬刊社	1-2	1939.10-11	
文化通訊	不定期刊	香港中國文化協進會	1-32	1939.11-1944	
文化崗位	半月刊	香港新中國出版社編輯兼出版	1-3	1939.12-1940.1	
黎明		香港世界語學會	1-23	1939-1940.10	

刊名	刊期	出版者	期數	年月	備註
真光	週刊	香港真光週刊社	1-5	1940.2-3	
南線文藝叢刊		香港南線文藝叢刊社	1	1940.3	
南北風	月刊	香港南北風月刊社	1	1940.3	
耕耘		郁風主編	1-4	1940.4-8	
野草	月刊	香港野草社	1:1-5:5；復1-11	1940.8-1943.6；1946.10-1948.8	1940.8 在桂林創刊，1943.6 停刊；1946.10 在香港復刊，期數另起
藝文		國民大學藝文社	1-2	1940.12-1941.3	
文藝青年		廣東曲江文藝青年社	1-12	1940.9-1941.3	
藝風		嶺南大學藝風社	1	1940	
第一戰線		中華全國文藝界抗敵協會香港分會文藝通訊部編	1-	1940	
第二陣地		中華全國文藝界抗敵協會香港分會文藝通訊部	1-	1940	
時代文學		端木蕻良主編	1-7	1941.6.1-1941.12.1	
文壇	月刊	香港文壇出版社	1-72	1941.7-1950	
青年知識	半月刊	香港青年知識社	1-18；新 1-48	1941.8-1942.4；1946.5-1949.8	
筆談	半月刊	香港星群書店出版，茅盾編	1-7	1941.9-12	文藝性的綜合刊物

乙、綜合刊物

刊名	刊期	出版者	期數	年月	備註
廣東白話報	旬刊	黃世仲等編	1-	1907.5.2-	
嶺南白話雜誌	週刊	歐博明、黃耀公等主編	1-	1908.2-3	
女界星期錄	週刊	洪舜英等主編	1-	1910-	
人道雜誌		香港《平民報》代理	1	1911	
樂天報	半月刊	香港中華聖教總會	1-99	1921.4-1925.4	
國粹雜誌	月刊	香港文明書局	1-28	1922.11-1925.4	

刊名	刊期	出版者	期數	年月	備註
世界昌明報	月刊	香港世界昌明報社	1-3	1923.8-10	
香江晨報		香江晨報社	1	1920.5	
香港大學校友會雜誌	年刊	香港大學校友會	1-2	1922-1923	
香港學生	不定期刊	廣州香港學生聯合會	1-16	1925.7-1926.9	
香港大學雜誌		香港大學學生會中文雜誌編輯部	1	1928.5	
香港大學學生會會刊	年刊	香港大學學生會	1-23	1928-1950	
夏春場雙月刊	雙月刊	香港夏春場雙月刊社	1:1-2:1	1931.5-1932.7	
新亞細亞	月刊	香港新亞細亞社	1:1-2:2	1932.11-1933.12	
女子雜誌	月刊	香港樂觀雜誌社	1-4	1933.1-4	
人海燈	月刊	香港人海燈社	1:1-3:12	1933.12-1936.12	
宇宙	旬刊	香港宇宙旬刊社	1:1-2:8	1934.12-1936.7	
新路線	月刊	香港新路線月刊社	1	1934	
基督號	年刊	香港大公報館	1；新 1-2	1934；1935.12-1936.12	
生活星期刊	星期刊	香港生活書店出版	1-28	1936.6-12	原名《生活日報星期增刊》，1936.6 創刊於香港；自第 9 期起易名為《生活日報週刊》，遷至上海出版；自第 12 期起改用本名，同時在香港發行
朝野公論	半月刊	香港朝野公論社	1:1-2:15	1936.6-1937.8	
生活月報	月報	香港青年生活社	1:1-2:10	1936.7-1938.4	
大眾知識	半月刊	香港大眾知識社	1:1-10	1936.10-1937.3	
胥山月刊	月刊	香港胥山月刊社	1:1-4:8	1936-1939	
天文台	週刊	香港天文台週刊社，陳孝威主編	1-511	1936.11-1941.10	以軍事評論著名
時代評論	半月刊	香港時代評論社	1:1-6	1937.3-6	

刊名	刊期	出版者	期數	年月	備註
少年畫報	月刊	商務印書館香港分館	1-49	1937.4-1941.11	原在上海創刊，後遷長沙，再遷香港
先生	半月刊	香港天下圖書公司	1-9	1939.8-12	
非常叢刊	半月刊	香港非常叢書出版社	1:1-3	1937.12-1938.1	
戰事畫報	月刊	香港良友圖書雜誌社	1-7；新1-10	1937.12-1938.6；1941.2-11	
戰時畫報		香港戰時畫報社	1-5	1937.12-1938.4	
正氣週刊	週刊	香港祥興印務局	1-23	1937	
新中國週報	週報	香港新中國週報社	1	1938.3	
抗戰華僑	旬刊	香港抗戰華僑旬刊社	1:1-6	1938.3-4	
國際週報	週報	香港國際出版社	1-68	1938.5-1938.8	
僑胞半月刊	半月刊	香港僑胞社	1-12	1938.9-1939.4	
學生雜誌	月刊	商務印書館香港分館	19:1-21:11	1938.12-1941.11	1914 創刊於上海，1932 "一二·八" 之役後停刊；1938.12 在香港復刊，卷期續前，後因太平洋戰爭爆發再度停刊
香港商報	週刊	香港商報社	1-172	1938.7-1941.11	
世界知識		金仲華主編		1938.8	
嶺南大學校報	週刊	嶺南大學校長辦公室	新 1-110	1938-1941	1927.10 創刊於廣州，本為月刊，1929 改為週刊；1938.12 遷香港出版，卷期另起，太平洋戰爭爆發後休刊；1945.11 遷回廣州出版，卷期又另起
新書月報	月報	香港內外文化供應社	1-11；新1:1-6	1939.1-11；1940.1-6	
嶺南週報	週報	香港嶺南大學學生自治總會	1-87	1939.2-1941	
兒童世界	半月刊	商務印書館香港分館	42:1-44:4	1939.2-1940.3	
新世紀	半月刊	香港新世紀雜誌社	1-4	1939.5-7	

附錄

刊名	刊期	出版者	期數	年月	備註
星島週報	週報	香港星島日報社	1-4	1939.5-7	
今日中國	月刊	香港今日中國出版社	1:1-2:18	1939.6-1941	畫刊，以攝影和美術作品報導國內暨香港抗日救亡情況。
民鋒	半月刊	香港民鋒半月刊社	1:1-3:2	1939.7-1941.2	
香港新文字學會會報		香港新文字學會	1-15；新1-11	1939.11-1940.8；1946.10-1949.10	
天下	半月刊	香港天下圖書出版公司	1-75	1939-1948	
國際通訊	週刊	香港國際問題研究社	1-54	1940.6-1941.6	
香港青年		香港青年會	1:1-9:2	19？-1941.1	
青年的火花月刊	月刊	香港群力社	1:1-2	1940.9-10	
書闌		香港建公書院同學會	1-6	1940.11-1941.6	
時報週刊	週刊	香港時報社	1:1-10	1941.3-5	
大眾文粹	月刊	香港大眾出版社出版，鄒韜奮主編	1-4	1941.4-7	
大眾生活	週刊	香港大眾生活社出版，鄒韜奮主編	新1-30	1941.5-12.6	1935.11創刊於上海，1936.2出至第16期停刊，改出《永生週刊》，1941.5在香港復刊，期數另起
女光	半月刊	香港女光出版有限公司	1-4	1941.8-10	
天下事	月刊	香港亢德書房	1:1-2:12	1941.8-1942.6	
國訊	旬刊	香港國訊社	1-5；新1:1-6	1941.10-12；1947.10-1948.1	
文語		香港新文字學會	1-4	1941	
中國評論		香港中國評論社	1:1-35	1941	
新東亞	月刊	香港大同圖書印務局	1:1-2:1	1942.8-1943.1	
大同畫報	月刊	香港大同畫報社	1:1-2:1	1942.8-1943.1	
大眾週報	週報	香港南方出版社	1:1-85	1943.4-1944.11	
香島月報	月報	香港香島日報社	1	1945.7	只出版兩期

【註釋】參閱林友蘭著《香港報業發展史》（台北：世界書局，1977 年）、楊國雄著《香港戰前報業》（香港：三聯書店〔香港〕有限公司，2013）及《舊書刊中的香港身世》（香港：三聯書店〔香港〕有限公司，2014 年）、周佳榮著《香港報刊與大眾傳播》（香港：天地圖書有限公司，2017 年）等。此外，抗日戰爭前期（太平洋戰爭爆發前），香港有幾種報紙文藝副刊，均屬新文藝刊物，包括：

《立報‧言林》，1938 年 4 月 1 日創刊，茅盾、葉靈鳳主編；

《星島日報‧星座》，1938 年 8 月 1 日創刊，戴望舒主編；

《大公報‧文藝》，1938 年 8 月 13 日創刊，蕭乾、楊剛主編；

《華商報‧燈塔》，1941 年 4 月 8 日創刊，陸浮、夏衍主編。

附錄

附錄 3
香港出版中文圖書目錄（1843-1941）

A. 1843-1887

年份	作者	書刊名稱	內容	頁數	備註
1843	麥都思	三字經	宗教	16	英華書院出版，據 1819 年馬六甲版重印
1843	波乃耶	華英和合通書	年鑑	33	附世界地圖一幅
1844	裨治文	復活要旨	宗教	9	署 "泰西裨治文"
1844	米憐	張遠兩友相論	宗教	41	據 1819 年馬六甲版修訂
1844	理雅各	耶穌山上垂訓	宗教	24	1865 年重版
1844	麥都思	論善惡人死	宗教	10	英華書院出版，據 1837 年新加坡版修訂
1844	波乃耶	華番和合通書	年鑑	59	
1845	波乃耶	華番和合通書	年鑑	65	附地圖 4 幅
1846	波乃耶	華番和合通書	年鑑	92	附圖 3 幅
1847	由粦為仁譯為中文	聖差言行	宗教	72	英文書名是 *The Acts of the Apostles with Marginal References*
1847	波乃耶	華番和合通書	年鑑	66	附圖 2 幅
1848	波乃耶	華番和合通書	年鑑	20	附世界地圖 1 幅
1849	粦為仁	使徒言行錄	宗教	57	粦為仁或作憐為仁
1849	粦為仁	奉勸真假人物論	宗教	12	據 1849 年寧波版重印
1849	粦為仁	棄假歸真	宗教	8	
1849	粦為仁夫人	以來者言行紀略	宗教	13	據 1841 年新加坡版重印
1850	葉納清	聖經之史	宗教	77	
1850	波乃耶	華番和合通書	年鑑	20	附世界地圖 1 幅
1851	粦為仁	創世傳註釋	宗教		

年份	作者	書刊名稱	內容	頁數	備註
1851	粦為仁	出麥西傳註釋	宗教	96	
1851	理雅各	英華通書	年曆	9	
1851	波乃耶	華番和合通書	年鑑	24	附地圖 2 幅
1851	葉納清	聖會大學	宗教	67	分 12 冊
1851	米憐	真道入門	宗教	18	據 1817 年馬六甲《幼學淺解問答》修訂
1851	美魏茶	張遠兩友論	宗教	27	據上海版重印
1851	四美	耶穌匯教洗禮規式	宗教	9	
1851	黎力基	養心神詩	宗教	61	
1852	理雅各	約瑟紀略	宗教	28	
1852	理雅各	重修禮拜堂仁濟醫館祈禱上帝祝文	宗教	6	
1852	理雅各	養心神詩	宗教	30	1862 年改名《宗主詩章》
1852	麥都思	三字經	宗教	21	據 1819 年馬六甲版重印
1852	葉納清	金屋型儀	宗教	26	
1852	蒙克利	算法全書	數學	36	香港聖保羅書院出版,有中英文序言,是香港最早出版的教科書
1852	波乃耶	華番和合通書	年鑑	20	
1853	合信	約翰真經解釋	宗教	47	
1853	波乃耶	華番和合通書	年鑑	19	此後轉別處出版
1854	理雅各	耶穌門徒信經	宗教	3	1863 年重印
1854	理雅各	新約全書註釋	宗教	128	
1854	理雅各	勸崇聖書略言	宗教	1	
1854	四美	耶穌聖教禱告文	宗教	21	
1854	羅存德	異端總論	宗教	26	福漢會出版
1854	羅存德	福世津梁	宗教	18	
1854	麥都思	三字經	宗教		
1854	麥都思	宗主詩章	宗教		
1854	馬禮遜譯,麥都思修訂	新約全書	宗教		
1855	羅存德	地理新志	地理	19	

年份	作者	書刊名稱	內容	頁數	備註
1855	湛約翰	初學粵音切要	語言	33	
1856	理雅各	智環啟蒙塾課初步	教科書	55	中英對照，共 200 課
1856	理雅各	聖書要說析義	宗教	24	
1856	湛約翰	設數求真	數學	6	
1856	葉納清	廟祝問答	宗教	9	
1856	慕維廉	救靈先路	宗教	72	
1856	慕維廉	天人異同	宗教	6	
1856	羅存德	妙齡雙美	宗教	14	
1856	賓威廉	天路歷程	宗教	99	據 1853 年廈門版重印
1857	理雅各	亞伯拉罕紀略	宗教	26	
1857	羅存德	千字文	教科書		
1857	羅存德	麥氏三字經	宗教	16	
1857	羅存德	幼學詩釋句	教科書	17	
1858	理雅各	往金山要訣	日用	18	關於移民美國事務
1859	湛約翰	英粵字典	字典	161	
1860	理雅各	聖會準繩	宗教	29	
1860	羅存德	四書俚語啟蒙	教科書	31	
1871	王韜	普法戰紀	歷史	14 卷	香港中華印務總局
1875	王韜	瀛壖雜誌	文學	6 卷	香港中華印務總局
1879	黃遵憲	日本雜事詩	文學	2 卷	香港中華印務總局
1880	王韜	蘅華館詩錄	文學	8 卷	香港中華印務總局
1880	王韜	遯窟讕言	文學	12 卷	香港中華印務總局
1882	王韜	弢園文錄外編	文學	10 卷	香港中華印務總局

B. 1888-1941

書名	作者／編者／譯者	出版者	版次	年份	頁數	定價（仙）	備註
耶穌降生一千八百八十九年主日瞻禮齋期日表		Rev. J. J. Rousseille		1888	1	0.5	年刊

書名	作者/編者/譯者	出版者	版次	年份	頁數	定價（仙）	備註
真道自證	Rev. P. de Chavagnae	The Office of Nazareth	初版	1889	180	14	
萬物真原	Rev. Emmanuel Aleni	The Office of Nazareth	初版	1889	54	4	
初會問答		The Office of Nazareth	初版	1889	66	3	
教要序論	Rev. P. Verbiest	The Office of Nazareth	初版	1889	130	8	
聖教切要		The Office of Nazareth	初版	1889	148	8	
證理教聖		The Office of Nazareth	再版	1889	50	6	
終福生善	The Rev. P. A. Lobelli	The Office of Nazareth	初版	1889	46	5	
論淺學家		The Office of Nazareth	初版	1889	27	3	
日報約選	G. H. Bateson Wright, M. A.	Office of the *Universal Circulating Herald*	初版	1889	40		內部傳閱
聖路善工		The Office of Nazareth	初版	1890	42	2	
輔彌撒經	Konan Lin	The Office of Nazareth	初版	1890	10	0.5	
聖教要理問答		The Office of Nazareth	四版	1890	100	3	
天堂直路	Rev. P. Moye	The Office of Nazareth	初版	1890	42	2	
辯惑卮言	Rev. Li	The Office of Nazareth	初版	1890	48	2	
闢妄	Su Konang Ki	The Office of Nazareth	初版	1890	32	2	
四終略意		The Office of Nazareth	初版	1890	180	9	

書名	作者／編者／譯者	出版者	版次	年份	頁數	定價（仙）	備註
課經教聖		The Office of Nazareth	初版	1890	376	20	
月聖瑟若	Rev. Li	The Office of Nazareth	初版	1890	140	10	
月聖母聖	Rev. Li	The Office of Nazareth	初版	1890	120	8	
耶穌降生一千八百九十年主日瞻禮齋期日表		The Office of Nazareth		1890	1	0.5	年刊
耶穌降生一千八百九十年主日瞻禮齋期日表		The Office of Nazareth		1890	1	1	年刊
輕世金書	Rev. Diaz	The Office of Nazareth	初版	1890	206	14	
聖教要理		The Office of Nazareth	初版	1890	194	8	
盛世芻蕘	Rev. De Maillac	The Office of Nazareth	初版	1890	230	14	4冊共230頁
省察規矩	Rev. Choney	The Office of Nazareth	初版	1890	29	1	
日課撮要		The Office of Nazareth	初版	1890	275	10	
答客芻言	Bishop Garnier	The Office of Nazareth	初版	1890	124	6	
上宰相書	Paul Tin	The Office of Nazareth	再版	1890	22	1	
聖教要理問答		The Office of Nazareth	四版	1890	108	2	
聖教日課		The Office of Nazareth	初版	1890	602	20	
崇修精蘊	Rev. Leang	The Office of Nazareth	初版	1890	228	10	
早晚課		The Office of Nazareth	初版	1890	64	2	
玫瑰經小問答	Rev. Chouzy	The Office of Nazareth	初版	1890	32	1	

書名	作者／編者／譯者	出版者	版次	年份	頁數	定價（仙）	備註
Mouth of the Sacred Heart	Li Ouen	The Office of Nazareth	初版	1891	134	5	
Way of the Cross		The Office of Nazareth	初版	1891	40	2	
聖教經課		The Office of Nazareth	再版	1891	470	20	
俗言警教		The Office of Nazareth	初版	1891	160	9	
Morning and Evening Prayers		The Office of Nazareth	初版	1891	80	2	
The Seven Victories		The Office of Nazareth	初版	1891	248	12	
Hung Lou Meng Dream of the Red Chamber	H. Bencroft Joly	Kelly & Walsh Ltd., Hong Kong	初版	1892	194	$3.5	
聖綱鑑小略	Right Revd. Dr. Guillemin	The Office of Nazareth	初版	1892	196	12	
Holy Scriptures Made Useful	Revd. Moyra de Maillac	The Office of Nazareth	初版	1892	420	12	
規禮教聖		The Office of Nazareth	初版	1892	320	12	
天主聖教日課		The Office of Nazareth	初版	1892	642	20	
領聖體要經		The Office of Nazareth	初版	1892	21	1	
各式聖歌		The Office of Nazareth	初版	1893	80	2	
早晚全課		The Office of Nazareth	初版	1893	74	15	
四史聖經繹註	Rev. Father J. Déjean	The Office of Nazareth	初版	1893	168	20	
聖教日課		The Office of Nazareth	再版	1893	320	10	
領聖體要經		The Office of Nazareth	初版	1893	40	1	

書名	作者／編者／譯者	出版者	版次	年份	頁數	定價（仙）	備註
聖母玫瑰經十五端		The Office of Nazareth	初版	1893	18	1	
耶穌言行紀略		The Office of Nazareth	初版	1893	178	11	
要理六端		The Office of Nazareth	初版	1893	8	0.5	
聖家會規	A. Catholic Priest of Canton	The Office of Nazareth	初版	1893	25	2	
四史聖經譯註	Revd. Father J. Digean	The Office of Nazareth	初版	1893	109	20	
四史聖經譯望註若	Revd. Dègean	The Office of Nazareth	初版	1894	95	20	
遵主聖範		The Office of Nazareth	初版	1894	170	18	
省察規式	Revd. P. Bret	The Office of Nazareth	初版	1894	36	4	
聖路善工		The Office of Nazareth	初版	1894	46	3	
聖路善工		The Office of Nazareth	初版	1894	28	3	
六十三默想	Revd. M. Moye	The Office of Nazareth	初版	1894	60	2	
四字經文		The Office of Nazareth	三版	1894	66	2	
耶穌聖心月	Revd. Leang	The Office of Nazareth	初版	1894	188	10	
默想神功	Revd. Theotolon	The Office of Nazareth	初版	1894	108	3	
已亡日課		The Office of Nazareth	初版	1894	32	2	
聖教要理		The Office of Nazareth	初版	1894	100	6	
答客問	Lin Ouen-in	The Office of Nazareth	初版	1894	88	6	

書名	作者／編者／譯者	出版者	版次	年份	頁數	定價（仙）	備註
代疑編	Yang Kong Hin	The Office of Nazareth	初版	1894	108	8	
聖母行實	Revd. Pagnani, S. T.	The Office of Nazareth	初版	1894	114	7	
A Selection of Chinese Phrases and Expressions	Dr. J. B. Chouzy, Miss. Ap	The Office of Nazareth	初版	1894	150	$1.5	
領聖體要經		The Office of Nazareth	初版	1894	40	2	
早晚課		The Office of Nazareth	初版	1894	82	2	
童貞修規	Bishop J. Enjobert Martillat	The Office of Nazareth	初版	1894	76	3	
聖母玫瑰		The Office of Nazareth	初版	1894	18	1	
默想指掌	Bishop A. de Govea	The Office of Nazareth	初版	1894	118	6	
聖路善工		The Office of Nazareth	初版	1894	42	3	
善終已亡經		The Office of Nazareth	初版	1894	108	4	
富國自強略論	陳勳	文裕堂	初版	1894	27	20	
香港雜記	陳勳	循環日報	初版	1894	48	30	
聖瑟若月	Li Sieon Fang	The Office of Nazareth	再版	1894	178	10	
聖教鑒略	Monseigneur Delaplace	The Office of Nazareth	初版	1894	214	19	
聖教要理	Monseigneur Laribe	The Office of Nazareth	再版	1895	182	8	
聖高要理	Revd. J. Aloni, S. Y.	The Office of Nazareth	初版	1895	43	3	
領聖體要經		The Office of Nazareth	再版	1895	20	1	
聖母玫瑰經十五端		The Office of Nazareth	初版	1895	9	1	

書名	作者/編者/譯者	出版者	版次	年份	頁數	定價（仙）	備註
聖母七苦籍規略		The Office of Nazareth	初版	1895	20	1	
早晚課		The Office of Nazareth	三版	1895	40	1	
粵音指南	作者 Goh，譯者 F. H. May	Kelly & Walsh, Limited	初版	1895	252	$2	共 2 冊
聖教明徵	Revd. Ouan Ysi Kone	The Office of Nazareth	初版	1895	每本 86	24	共 2 冊
天主實義	P. M. Ricci	The Office of Nazareth	初版	1895	第 1 冊 75，第 2 冊 85	24	共 2 冊
Month of the Sacred Heart of Jesus	Revd. L. Li	The Office of Nazareth	再版	1896	134	8	
Explanations of the Catechism of Su-tehuen	Revd. Gourdin	The Office of Nazareth	初版	1896	255	30	
Proofs of the Holy Religion	Right Revd. E. Albrand	The Office of Nazareth	初版	1896	106	7	
本分規條		The Office of Nazareth	初版	1896	20	3	
聖願問答		The Office of Nazareth	初版	1896	22	2	
聖母善導會學規		The Office of Nazareth	初版	1896	69	10	
聖母善導會公規		The Office of Nazareth	初版	1896	22	3	
聖母善導會直指		The Office of Nazareth	初版	1896	63	10	
畸人十篇	Revd. P. Ricci	The Office of Nazareth	初版	1896	152	12	
要理論講	Revd. E. Gourdin	The Office of Nazareth	初版	1896	405	25	
三山論學	Revd. P. Aleni	The Office of Nazareth	再版	1897	48	3	

書名	作者 / 編者 / 譯者	出版者	版次	年份	頁數	定價（仙）	備註
聖女羅洒行實	Revd. P. Lo	The Office of Nazareth	初版	1897	116	8	
一目了然		The Office of Nazareth	再版	1897	40	8	
聖教要理問答		The Office of Nazareth	四版	1897	106	3	
聖母玫瑰經十五端		The Office of Nazareth	再版	1897	10	1	
日課撮要		The Office of Nazareth	再版	1897	179	12	
早晚課		The Office of Nazareth	再版	1897	64	3	
早晚課		The Office of Nazareth	三版	1897	32	3	
Morning and Evening Prayers		The Office of Nazareth	五版	1897	30	1.5	
Morning and Evening Prayers		The Office of Nazareth	五版	1897	40	3	
Prayers during Mass		The Office of Nazareth	初版	1897	18	1	
Way of the Cross		The Office of Nazareth	三版	1897	21	3	
Prayer Book		The Office of Nazareth	再版	1897	580	25	
Answers to Objections	Teh'en Kouang Teng	The Office of Nazareth	初版	1897	80	6	
The True Origin of All Things	Revd. P. J. Alieni	The Office of Nazareth	再版	1897	58	3`	
The Superstitions Condemned	Su Kouang Ki	The Office of Nazareth	再版	1897	38	2	
聖人言行	Revd. J. Artif	The Office of Nazareth	初版	1897	第 1 冊 322，第 2 冊 344	每冊 25	

書名	作者／編者／譯者	出版者	版次	年份	頁數	定價（仙）	備註
Prayer Book		The Office of Nazareth	再版	1897	612	25	
Shuo Wo Chün	Hung Hing Chun	Chung Wa Printing Office	初版	1897	206	60	
聖教要理問答		The Office of Nazareth	六版	1897	102	3	
Seu Chou（*Books of Confucius and Mong Tze*）	A Roman Catholic Missionary	The Office of Nazareth	初版	1897	380	50	
尺牘分類	Ts'ai Ha Shi	"Tsun Wan Yat Po" Printing Office	三版	1897	153	25	
尺牘分類補遺	Ts'ai Ha Shi	"Tsun Wan Yat Po" Printing Office	初版	1897	93	20	
李州候家訓	Li Sha T'ung	Li Sha T'ung	初版	1897	32	15	
Chinese Letter Book	Kwong Yü Ting	Man Yü Tong Printing Office	九版	1898	167	25	
China and Japan War	Wong Yuk Cho	Man Yü Tong Printing Office	初版	1898	116	$1	
Æsop's Fables	Pok Man Kui Sze	Man Yü Tong Printing Office	初版	1898	28	5	
Catechism on Catholicism and Protestantism	Y. Li	The Office of Nazareth	初版	1898	26	3	
Suk Yuen Ts i Tàm	Ya Suk Yuen	*Tsun Wan Yat Po* Printing Office	初版	1898	680		
四字經文	Rev. P. J. Aleni	The Office of Nazareth	三版	1898	64	2	
聖教要理問答		The Office of Nazareth	七版	1898	106	3	
早晚課		The Office of Nazareth	三版	1898	82	2	

書名	作者 / 編者 / 譯者	出版者	版次	年份	頁數	定價（仙）	備註
堅振要理國語		The Office of Nazareth	初版	1898	12	1	
Fundamental Principle for the Reformation of China	Ho Kai and U Lai Un	Tsui Chan	初版	1898	50	30	
最善錄		*Tsun Wan Yat Po* Printing Office	初版	1898	32		
關帝明聖真經		*Tsun Wan Yat Po* Office, Hongkong	再版	1898	29	4	
新政始基	Ho Kai and U Lai-ün	*Tsun Wan Yat Po* Office, Hongkong	再版	1898	51	30	
耶穌真教四牌	Rev. Long	The Office of Nazareth	初版	1898	152	12	
聖教要理問答		The Office of Nazareth	七版	1898	104	3	
聖人言行新編	Rev. J. Artif	The Office of Nazareth	初版	1898	450	25	
驗方新編全書	Ting ü Sang	*Tsun Wan Yat Po* Office, Hongkong	四版	1898	160	40	
A Critical Essay on the Speech of Hong Kong	U Lai-Un	*Tsun Wan Yat Po* Office, Hongkong	初版	1898	24	15	
新刻小試策論格式	King Yee Shi	*Tsun Wan Yat Po* Office, Hongkong	初版	1898	100	35	
聖人言行	Rev. P. Artif	The Office of Nazareth	初版	1898	432	25	
日課撮要		The Office of Nazareth	四版	1898	258	12	

書名	作者 / 編者 / 譯者	出版者	版次	年份	頁數	定價（仙）	備註
普法戰紀	Wong Tso	*Tsun Wan Yat Po* Printing Office	初版	1898	232	$1	
醫學報	Wan Tün Mô	*Mun Yü T'ong* Printing Office		1898	30	25	
真道自證	Rev. P. de Chavagnae	The Office of Nazareth	再版	1898	100	14	
聖路善工		The Office of Nazareth	五版	1898	44	2	
聖教日課		The Office of Nazareth	三版	1898	610	25	
聖教禮規		The Office of Nazareth	再版	1898	323	16	
時聯選箋四集	Yam Heung-sai	*Tsun Wan Yat Po* Printing Office	初版	1899	94	20	
A Guide to the Reformation of China	Dr. Ho Kai and Ü Lai-ún	*Tsui Cha* Printing Office	初版	1899	43	20	
各式聖歌		The Office of Nazareth	再版	1899	39	3	
哺乳須知	*Tsun Wan Yat Po* Printing Office	*Tsun Wan Yat Po* Printing Office	初版	1899	4		
聖安多尼行實	A Franeiscan Missionary of Chow Tong	The Office of Nazareth	初版	1899	64	6	
聖母小日課		The Office of Nazareth	初版	1899	144	8	
若瑟聖月	Rev. Li	The Office of Nazareth	三版	1899		10	
裂教原委問答	Rev. Li	The Office of Nazareth	再版	1899	13	3	
一目了然		The Office of Nazareth	三版	1899	66	3	

書名	作者／編者／譯者	出版者	版次	年份	頁數	定價（仙）	備註
勸學篇書後	Dr. Ho Kai and Ü Lai-ün	*Tsui Chau* Printing Office	初版	1899	63	30	
聖路善工		The Office of Nazareth	六版	1899	44	3	
Some Chief Points of Religion for the Unlearned		The Office of Nazareth	再版	1899	28	1	
聖教要理問答		The Office of Nazareth	八版	1899	53	3	
早晚課		The Office of Nazareth	六版	1899	31	3	
聖教要理	Megr. Larihe	The Office of Nazareth	三版	1899	91	10	
聖人言行	Rev. Artif	The Office of Nazareth	初版	1899	205	25	
聖母聖月	Megr. Mouly	The Office of Nazareth	三版	1899	83	8	
聖人言行	Rev. P. Artif	The Office of Nazareth	初版	1899	203	25	
天主聖教日課		The Office of Nazareth	三版	1899	307	25	
七克直訓		The Office of Nazareth	再版	1900	240	15	
彌撒規程		The Office of Nazareth	再版	1900	26	3	
日課撮要		The Office of Nazareth	五版	1900	358	12	
早晚課		The Office of Nazareth	再版	1900	54	1	
早晚課		The Office of Nazareth	七版	1900	64	15	
聖母玫瑰經十五端		The Office of Nazareth	再版	1900	18	1	

書名	作者／編者／譯者	出版者	版次	年份	頁數	定價（仙）	備註
天堂直路	Ven. Moye	The Office of Nazareth	再版	1900	44	3	
家學淺論	Ven. Moye	The Office of Nazareth	再版	1900	52	4	
俗言警教	Megr. Mouly, Bishop of Pekin	The Office of Nazareth	再版	1900	174	12	
Pamphlet of Effeacious Prescriptions	Ch'an Kit-shan	*Ts'un Wan Yat Po* Printing Office	再版	1900	41	10	
論序要教	Rev. P. P. Verbiert	The Office of Nazareth	再版	1900	110	8	
聖羅閣九日敬禮	Revd. Cherubim de Montpellier	The Office of Nazareth	初版	1900	46	3	
聖路善五		The Office of Nazareth	七版	1900	46	3	
聖母聖月	Revd. Li	The Office of Nazareth	四版	1900	169	8	
（San Ching Chan Tsün）An Exposition of the True Principles of Reformation in China	Dr. Ho Kai and U Lai-ún	"Chung Kwok Yat Po"	初版	1901	6 冊共 381	$2	
Sam Shang Pin, （Directions ou Protection of Woman and Babe）	Tung On, Kok To Yan	The Chinese Printing & Publishing Co. Ltd.	初版	1901	44	10	
Remedies for Bubonic Plague	Lo U Lan	The Chinese Printing & Publishing Co. Ltd.	初版	1901	32	5	
Hueu Shiu San Pin（A New Volume of Moral Writings）	Wong Sing Ngam	The Chinese Printing & Publishing Co. Ltd.	初版	1901	20		免費贈閱
聖教理證	Right Rev. Bishop Albrand,（1852）	Office of Nazareth	五版	1901	86	6	

206

書名	作者 / 編者 / 譯者	出版者	版次	年份	頁數	定價（仙）	備註
辨惑卮言	F. L. Li, Jesuit	Office of Nazareth	三版	1901	68	4	
省察規矩	Right Rev. Bishop Chouzy	Office of Nazareth	三版	1901	26	1	
聖母玫瑰經十五端		Office of Nazareth	三版	1901	22	2	
早晚課		Office of Nazareth	八版	1901	80	1.5	
滌罪正規	P. J. Alieni, S. J. （1630）	Office of Nazareth	初版	1901	114	20	
Ka Tsing Yun Leung Fong, Enlarged Effectual Prescriptions	Hoi Ching Lam Shi	Tung Yuen Lai Lam Shi	初版	1902	44		免費贈閱
True Classic on Escaping Calamity		Chan Sui Shan	再版	1902	18		免費贈閱
Prescriptions for Females	Tung On Ng Chick Shek Chi Shi	Tung Yuen Lai Lam Shi	初版	1902	72		免費贈閱
Moral Essay		Tang Lau Kwai Tong	初版	1902	23		免費贈閱
How to Pronounce the English Cousonants	Alfred May	Man Ü Tong	初版	1902	14	10	
A Pamplhlet, Re the Habit of Opium Smoking, and Establishment of Schools of Agriculture	Wont Yeuk Cho	Chinese Printing and Publishing Co., Ltd.	初版	1902	5		免費贈閱
Female and Childish Prescriptions	Tang Wong	Tong Lam Shai, Fokien Province	初版	1902	48	15	
Shi Man College's Lessons	Minutes of Shi Man College	Shi Man College	初版	1902	60	20	
Effective Prescriptions	Pün Kwok Wah	Chinese Printing and Publishing Co., Ltd.	初版	1902	122		免費贈閱
The Proposed Water Meters	Wong Yuk Tsoi	The Kai Shean Co.	初版	1902	8		免費贈閱

書名	作者 / 編者 / 譯者	出版者	版次	年份	頁數	定價（仙）	備註
Chan Ching Tai Pi（*Regulations*）	Chan Chún Shang	Chinese Printing and Publishing Co.'s Offices	初版	1902	177	80	
Prescriptions for Females	Chan San Yuen	Chinese Printing and Publishing Co.'s Offices, Lam Shi	初版	1902	155		免費贈閱
Book of Prayers		Nazareth	初版	1902	238	20	
Prayer Book		Nazareth	三版	1903	582	25	
Proofs of the Holy Religion	Dr. V. Albrand	Nazareth	六版	1903	43	6	
Morning and Evening Prayers（*for Kwang*）		Nazareth	十版	1903	29	2	
Lives of the Saints. July, August, September	P. J. Artif, Missionaire Apostolique, Lutehuen	Nazareth	初版	1903	July 201, August 221, September 206	25	
The More Usual Prayers for Christians		Nazareth	六版	1903	179	20	
Meditations on the Holy Rosary		Nazareth	四版	1903	10	2	
Catechism, an Explanation of	R. E. Gourdin, Missionaire Apostolique, Lutehuen	Nazareth	再版	1903	204	25	
Catechism by Questions and Answers		Nazareth	九版	1903	33	3	
Morning and Evening Prayers, for Manchuria		Nazareth	九版	1903	40	2	
The Book of the Four Characters	G. Aleni, S. G.	Nazareth	四版	1903	33	4	
First Conversation	Chi To-Lon	Nazareth	再版	1903	66	5	
Prayers for the Holy Communion		Nazareth	再版	1903	42	1	

書名	作者 / 編者 / 譯者	出版者	版次	年份	頁數	定價（仙）	備註
True Origin of all Things	J. Alim, S. J.	Nazareth	三版	1903	54	5	
Examination of Conscience	Mgr. Chousy	Nazareth	四版	1903	26	1	
Rites for Holy Mase		Nazareth	再版	1903	36	4	
Prayers for Everyday		Nazareth	四版	1903	604	35	
Ritual of the Holy Church		Nazareth	三版	1903	312	25	
Prayer Book		Nazareth	四版	1903	626	35	
Lives of Saints	Rev. J. Artif	Nazareth	初版	1903	202, 204, 208	40	共 3 冊
Enlarged Look of Effective Prescriptions	Pun Sz Sing	Kwong Shang-wo	初版	1903	396	每套 50	
Catechism for Old People		Nazareth	三版	1903	13	1	
Catechism of Catholic Doctrine		Nazareth	十版	1903	53	3	
The Way of the Cross		Nazareth	八版	1903	22	3	
Morning and Evening Prayers		Nazareth	新版	1903	64	3	
New Month of the Sacred Heart	Rev. L. Ly, S. J.	Nazareth	新版	1903	69	8	
Short Treatise on Encharist	Aleni, S. J.	Nazareth	新版	1903	32	3	
A Clear Explanation of the Holy Religion	Onan Tsé Kone	Nazareth	再版	1903	159	30	
Explanation of the Catechism	Mgr. Laribe	Nazareth	三版	1903	94	15	
Treatise on the Seven Victories Against Capital Sins	A Lazarist Missionary	Nazareth	三版	1903	119	16	
An Abridgment of the Christian Doctrine	R. C. Ortiz	Nazareth	三版	1903	74	9	

附錄

書名	作者/編者/譯者	出版者	版次	年份	頁數	定價（仙）	備註
Refutation of Errors	Chán Kwong Yun	Nazareth	三版	1903	40	6	
An Abridgment of Ecclesiastical History	Mgr. Delaplace	Nazareth	三版	1903	107	30	
Prayers to St. Roch	R. P. Cherubin	Nazareth	再版	1903	25	3	
Prayers for Holy Communion		Nazareth	四版	1903	22	1	
Prayers for Sunday		Nazareth	初版	1903	41	1	
The Four Last Ends	R. C. Ortiz	Nazareth	再版	1903	89	13	
A Guide for Meditations		Nazareth	初版	1903	301	45	共 2 冊
Discourse on Religion	M. Chen, L. Y.	Nazareth	再版	1903	60	9	
Answers to the Questions of a Visitior	Tehon Tsong Tuen	Nazareth	再版	1903	47	6	
Good Life, Good Death	P. A. Lobelli, L. Y.	Nazareth	再版	1903	52	6	
Answers to the Most Common Objections	Monseigueur Monly, Bishop of Pekin	Nazareth	三版	1903	119	15	
The 15 Mysteries of the Rosary		Nazareth	五版	1903	15	2	
The Way of the Cross		Nazareth	九版	1904	23	3	
Book of Advising to be Filial	Copied from Chi-po-luk	Nazareth	初版	1904	9	2	
Tsuk Wa King Tam	Shin Ki Tong	Man Yu Tong Ltd.	再版	1904	456		廣東口語
Prayer Book		Nazareth	五版	1904	222	30	
The Month of St. Joseph	Ly Sieon Fang	Nazareth	四版	1904	89	10	
The Imitations of Our Lord Jesus Christ		Nazareth	再版	1904	178	25	

書名	作者／編者／譯者	出版者	版次	年份	頁數	定價（仙）	備註
Explanation of the Gospel, or Homilies on the Sundays and Principal Feasts of the Year	Rev. E. Diaz, S. G.	Nazareth	初版	1904	444	$1.2	
A Treatise on the Rosary and Some Other Prayers	Rev. P. G. Vala	Nazareth	初版	1904	36	5	
Catechism of the Christian Doctrine		Nazareth	十一版	1904	53	3	
A Narrative of the Apparitious at Lourdes	Rev. P. J. Artif	Nazareth	初版	1904	75	12	
南清早報日俄戰務日記譯錄	Tse Tsan Tai	中華印務有限公司	初版	1904	20–30	25	
裂教原委問路答	Dr. Guillon	Nazareth	三版	1904	28	2	
三山論學	Rev. Oling	Nazareth	再版	1904	44	6	
日課撮要		Nazareth	七版	1904	360	20	
聖母聖月	Rev. Mouly	Nazareth	五版	1904	150	9	
早晚課	Kong Ying Wa	Nazareth	十二版	1904	60	2	
Wai Sang Tsze Nam a Guide to Sanitary Science	Kong Ying Wa	Chinese Printing and Publishing Co., Kong Ying Wa	初版	1904	130	50	
聖教要理		Nazareth	再版	1904	102	6	
闢妄	Su Kwang（Chinese Minister of State）	Nazareth	三版	1904	34	3	
天主實義	Rev. R. M. Ricai, S. G.	Nazareth	再版	1904	320	25	
聖綱鑑小略	Right Rev. Guillermiu, Bishop of Canton	Nazareth	再版	1904	200	30	
要理講論	Revd. Jourdin	Nazareth	三版	1904	408	28	
聖教禮規		Nazareth	四版	1904	333	25	

書名	作者 / 編者 / 譯者	出版者	版次	年份	頁數	定價（仙）	備註
何波卑聖母玫瑰誦		Nazareth	再版	1904	12	2	
Shi Hai Shan Mak, Fashionable Stories	Mak Yan Chü Yan	Chinese Printing and Publishing Co.	初版	1904	180	40	
The Sufferings of Our Lord		Nazareth	十版	1905	48	2	
Rules for the Children of Mary	Rev. P. A. Leong	Nazareth	初版	1905	46	3	
The True Way to Heaven	Rev. Y. Moye	Nazareth	再版	1905	46	3	
Life of St. Joseph	Rev. P. Prémare, S. Y.	Nazareth	初版	1905	52	4	
Various Treatises on Religion	Rev. P. F. De Moilla, S. Y.	Nazareth	再版	1905	214	25	
Ten Dialogues	Rev. P. Ricci, S. Y.	Nazareth	再版	1905	160	12	
A Narrative of the Apparitions of Our Lady at Lourdes	Rev. P. Artiff	Nazareth	再版	1905	146	15	
Collection of Prayers		Nazareth	再版	1905	166	15	
Manual for the Assistance of the Sick and Ritual for the Last Duties		Nazareth	再版	1905	174	10	
The Mystery of Oreival, The Extraordinary Case in Valfeniller	Emile Goboxian	Lai Man Shan	初版	1905	二冊共 228	50	
Manual of New Development on Dentistry	Tsoi Sien Ting	Tsoi Chan	初版	1905	25	30	
The Red Camellia	Fortune Du Boisgobey	Tsui Chan	初版	1905	264	60	
Prayer Book（Kwong Tung）		Nazareth	五版	1905	606	35	
Prayer Book（Manchuria）		Nazareth	五版	1905	640	35	

書名	作者/編者/譯者	出版者	版次	年份	頁數	定價（仙）	備註
The Four Marks of the True Religion of Jesus	Rev. Tong	Nazareth	三版	1905	104	14	
Life of the Holy Virgin	Rev. P. Voiguoni	Nazareth	再版	1905	116	10	
Prayers for Sundays		Nazareth	再版	1905	82	4	
Way of the Cross		Nazareth	十一版	1905	46	3	
Explanation on the Imitation of Christ	Johan Sü	Nazareth	初版	1905	181	$1	
Interview Between Four Religions		Nazareth	再版	1905	40	8	
Explanation about Doubts in the Faith	Tang Tiniun	Nazareth	再版	1905	55	12	
Educational Rules	The Ven. J. B. Moye	Nazareth	三版	1905	28	4	
Explanation about the Capital Truths of the Faith	Rev. F. P. Verbiest	Nazareth	再版	1905	55	10	
Collection of Chinese Songs		Nazareth	三版	1905	39	4	
Spiritual Exercises	Rev. F. To Lou	Nazareth	再版	1905	50	5	
Life of St. Anthony		Nazareth	再版	1905	40	6	
Ceremonies of the Consecration of a Bishop	Rev. Father O. Leang	Nazareth	初版	1905	14	1	
Rules for the Chinese Virgins	The Rt. Rev. Bishop of Engobert	Nazareth	再版	1905	39	5	
Guide Book for Meditations	The Rt. Rev. Bishop Gourca	Nazareth	再版	1905	59	6	
How to Write the Radicals	J. Dyer Ball	Kelly & Walsh, Limited	再版	1905	60	75	
At the First Glance		Nazareth	五版	1906	63	3	
Life of Jesus Christ	P. J. Aleni, S. J.	Nazareth	三版	1906	186	15	
Prayer Book		Nazareth	十三版	1906	64	2	

書名	作者/編者/譯者	出版者	版次	年份	頁數	定價（仙）	備註
Neuvaine Saint Thomas	P. J. Walls	Nazareth	初版	1906	36	2	
The King's Detective – E Wong Pau Tam On	Wan Tsun Shan	The Chinese Printing and Publishing Company, Limited	初版	1906	52	20	
真道自證	P. de Chassagnoe, S. J.	Nazareth	三版	1906	190	16	
聖教要理問答		Nazareth	十二版	1906	106	3	
若瑟聖月	J. Li	Nazareth	五版	1906	180	10	
聖母玫瑰		Nazareth	六版	1906	32	2	
主日公經日課		Nazareth	三版	1906	82	3	
省察規矩	Dr. A. Chonzy	Nazareth	六版	1906	26	1	
玫瑰十五端經恩赦論	P. Vals	Nazareth	再版	1906	68	2	
陞神品禮意略譯	P. Lau	Nazareth	初版	1906	28	2	
瓦城學堂告成祝文	Various	Nazareth	初版	1906	20	5	
Kiang Chung Ying – Shadow in the Mirror	Ü-Shan Sai Sze Tong	Chinese Printing and Publishing Co., Ltd.	初版	1906	427	50	
聖教日課遼東		Nazareth	六版	1906	668	35	
聖教要理問答		Nazareth	十三版	1906	103	3	
聖路善工		Nazareth	十二版	1906	44	3	
瞻禮單新嘉坡		Nazareth		1906	28	10	年刊
Pakhoi Tsap Luk – Chronicles of Pakhoi	Leung Hung Fan	Chinese Printing and Publishing Co., Ltd.	初版	1906	26	20	
Sanitary	Cheuk Ki Shan	Tsun Wan Yat Po	初版	1907	166	40	

書名	作者／編者／譯者	出版者	版次	年份	頁數	定價（仙）	備註
遵主聖範新編	Mgr. J. Boyer, Bishop of Mandchouria	Nazareth	初版	1907	206	35	
敬禮耶穌聖心月	P. A. Leung, Chinese Priest, Hongkong	Nazareth	再版	1907	190	10	
Cad Metti, the Female Detective's Stratagem	作者 Old Sleuth，譯者 Wan Tsun Shan	Chinese Printing and Publishing Co., Ltd.	初版	1907	69	20	
Murray, the Detective's Remarkable Search	作者 Old Sleuth，譯者 Wan Tsun Shan	Chinese Printing and Publishing Co., Ltd.	初版	1907	78	20	
I ke Chook Shan Chuen or Ki Hop Kee. Nimble Ile's Mystery, or the Secret of the Box	作者 Old Sleuth，譯者 Wan Tsun Shan	Chinese Printing and Publishing Co., Ltd.	初版	1907	61	20	
日俄戰日記	Tse Tsan Tai〔謝纘泰〕	The Chinese Printing and Publishing Co., Hongkong	初版	1907	90	60	
神武正規	Rd. Father J. Beaulieu, A postolic Missionary, Manchuria	Nazareth	初版	1907	165	35	
領祝瑪利亞榮耀	Rev. Father Wals, Apostolic Missionary, Fukien	Nazareth	初版	1907	106	15	
早晚課遼東		Nazareth	十四版	1907	80	2	
領聖體要經		Nazareth	五版	1907	48	1	
聖母小日課		Nazareth	再版	1907	154	8	
凡年老愚蒙之輩進教要理		Nazareth	四版	1907	30	1	
香港衛生教科書	作者 W. W. Pearse，譯者 Chan Sui-pak	Norouha & Co.	初版	1907	150	25	

書名	作者/編者/譯者	出版者	版次	年份	頁數	定價（仙）	備註
□□梳司	譯者 Lo Sing-lau	Tsiu Chan	再版	1907	142	75	
Ng Ming Li Ki On – The Manleverer Murders	作者 A. C. Fox-Davis，譯者 Yik Chi Kin, Ho Wang Chun	Shat Po	初版	1907	162	40	
聖教理證	Doctor Albrand	Nazareth	七版	1907	90	6	
早晚課		Nazareth	十五版	1907	60	2	
已亡日課		Nazareth	三版	1907	40	3	
天主聖教日課		Nazareth	七版	1908	626	35	
詩經	Mgr. Otto, Kau Son	Nazareth	初版	1908	432	60	
聖教要理問答		Nazareth	十四版	1908	106	3	
聖女羅洒九瞻禮經文	Rev. Fr. J. Vals, Missionary, Fokien	Nazareth	初版	1908	18	1	
聖母玫瑰經十五端		Nazareth	七版	1908	30	2	
省察規舉要理	Mgr. Chonzy, Kwang Si	Nazareth	六版	1908	26	1	
彌撒規程		Nazareth	三版	1908	36	2	
聖路善工		Nazareth	十三版	1908	44	3	
一目了然		Nazareth	六版	1908	66	3	
First Aid to the Wounded and Simple Remedies for Emergencies	Ho Ko Tsun	Tsio Cjam Sji :ai. Jp Lp Tsun	初版	1908	144	50	
上宰相書	Ven'ble Paul Ting	Nazareth	三版	1908	36		
I Son Un（Tatsu Maru II）	Shun Hau	Ki Ah Shun Hau	初版	1908	71	25	
最近匯水捷法新書	馬炯初	奇雅，Fung Quing Cho	初版	1908	151	70	
客民原出漢族論	有虞氏之遺民	奇雅，Chiu Hon She	初版	1908	21	12	

216

書名	作者 / 編者 / 譯者	出版者	版次	年份	頁數	定價（仙）	備註
聖路善工		Nazareth	十一版	1908	22	3	
領聖體要經		Nazareth	三版	1908	21	1	
聖教經課		Nazareth	六版	1908	444	30	
聖沙勿略九日敬禮		Nazareth	初版	1908	46	2	
早晚課		Nazareth	十六版	1908	80	2	
梨園娛老集	Woo Lai Woon	Kwong Ngai A Fong	初版	1909	572	$1.25	
老少元本	Right Revd. Lord de Gorostarzu, D. D.	Nazareth	初版	1909	20	2	
煉靈讚美經		Nazareth	初版	1909	18	1	
凡年老愚蒙之輩進教要理		Nazareth	五版	1909	26	1	
聖教切要	Revd. Father T. Ortiz	Nazareth	四版	1909	81	9	
領聖體要經		Nazareth	四版	1909	21	1	
Wu Wai-Tak's Investigation, (Hewitt Investigator). "Wu Wai Tak Ching Tam On"	作者 Arthur Morrison，譯者 Tsun Wan Yat Po	Tsun Wan Yat Po	初版	1909	三冊共 369	每套 $1.2	
最新大清國全圖	何倬雲	The Hongkong Printing Press, Lee Wah Chai （利華齋） Geographical Institute	初版	1909	1	平裝 80， 布面 $1.2， 捲軸 $2	
宦海潮	Wong Shiu Pui alias Wong Sai Chung	Sai Kai Kung Yik Po	初版	1909	兩冊共 214	55	
聖若瑟中國大主保九日	Revd. Father G. Vales, Apost. Missionary	Nazareth	初版	1909	20	2	

書名	作者／編者／譯者	出版者	版次	年份	頁數	定價（仙）	備註
辯惑巵言	Revd. Father Laurent Li, S. J., Chinese Priest	Nazareth	四版	1909	41	5	
拜聖體兼拜聖母俚言	Bishop P. M. Labonyer, Apost. Viear of Manchuria	Nazareth	初版	1909	68	4	
若瑟聖月	Revd. Father J. Li, S. J.	Nazareth	六版	1909	180	10	
聖母玫瑰經十五端		Nazareth	八版	1909	15	2	
聖人行言	Revd. Father J. Artif, A. M.	Nazareth	再版	1910	12 冊共 5,012	$3.5	
聖教日課		Nazareth	六版	1910	606	35	
神品七級	Revd. Father Y. L. Beaulieu, M. A., Manchuria	Nazareth	初版	1910	97	20	
彌撒祭儀	Revd. Father Y. L. Beaulieu, M. A., Manchuria	Nazareth	初版	1910	18	2	
童貞修規		Nazareth	初版	1910	158	20	
已亡日課		Nazareth	初版	1910	44	3	
玫瑰十五端恩赦論	Rev. Father Y. Vals, M. A. Fokien	Nazareth	三版	1910	34	5	
玫瑰經小問答	Bishop Y. B. Chonzy, Ap. Vic. Of Kwang Si	Nazareth	三版	1910	15	2	
省察規式		Nazareth	初版	1910	72	3	
省察規矩要理	Mgr. Chouzi	Nazareth	七版	1910	26	1	
大七克		Nazareth	初版	1910	338	25	
教友袖珍	編者 A. Grampa	St. Lewis' Industrial School, West Point Orphanage	初版	1910	191	35	
聖體要理	Revd. J. Aleni, S. J.	Nazareth	三版	1910	66	3	
聖玫瑰會九日敬禮		Nazareth	再版	1910	42	3	

書名	作者／編者／譯者	出版者	版次	年份	頁數	定價（仙）	備註
聖多瑪斯九日經	Revd. J. Valls	Nazareth	再版	1910	36	2	
聖詠註解		Nazareth	初版	1910	244	30	
白話問答	Revd. Ch. Rey	Nazareth	初版	1910	兩冊共72	3	
聖母七苦藉規略		Nazareth	再版	1910	28	2	
大主聖教日課		Nazareth	再版	1910	94	20	
Ng Sam Kwai Yin Yee. Ng Sam Kwai Novel	Sui Pui alias Sai Chi Long	Tsun Wan Yat Po Office	初版	1911	547	60	
修規益要	A Rev. Crappist Father	Nazareth	初版	1912	首冊276，第2冊210	30	
聖教要理問答	Revd. J. Le Tallandier	Nazareth	初版	1912	180	30	
一目了然		Nazareth	再版	1912	65	3	
四字經文	Revd. J. Alein	Nazareth	再版	1912	64	4	
佑助煉獄善靈九日瞻禮經文		Nazareth	初版	1912	36	2	
聖路善工		Nazareth	再版	1912	50	3	
聖教經課		Nazareth	三版	1913	384	30	
聖經廣益	Revd. P. de Mailla	Nazareth	再版	1913	268	25	
聖母七苦九日經	Revd. P. Valls	Nazareth	初版	1913	17	2	
漢文快字書	Cheung Tsoi	Kung Wo Po Co., Ltd. Cheung Tsoi	初版	1913	33	20	
聖母聖月		Nazareth	三版	1914	164	10	
四史聖經譯註	F. Dyean	Nazareth	再版	1914	552	50	
人之靈魂	Mgr. Mérel	Nazareth	初版	1914	200	30	
War Map of Europe	譯者 Lam Kim Ting	Shek Wah Tong	初版	1914	1	50	
Map of Kinochau	Chiu Sik Nin	Yeung Ming Kok, Chiu Sik Nin	初版	1914	1	10	

書名	作者／編者／譯者	出版者	版次	年份	頁數	定價（仙）	備註
聖教日課		Nazareth	七版	1914	507	35	
玫瑰聖月	P. Héraud	Nazareth	初版	1914	262	12	
扶輪書塾季報	扶輪書塾學生	Oriental Printing Office	初版	1915	116	30	
經文便書		Nazareth	初版	1916	124	10	
聖教日課		Nazareth	七版	1916	626	35	
拜聖體兼拜聖母俚言	Mgr. Lalonger	Nazareth	再版	1916	126	5	
Yuen Chor Beit Dok. Book of Music	Yau Hok-chan	Asiatic Lithographers	初版	1916	308	$2	
拳術精華	顏殿雄	體育書准	初版	1917	256	$1.5	
世界元始總綱中國黃種來源	Tse Tsan-tai	Tsun Wan Yat Po	初版	1917	30	50	
教中寶藏（廣東白話）	L. Aubazae	Nazareth	初版	1917	394	70	
Chung Wah San Chi Mo. Chinese New Alphabets	Chung Hung	Chung Hung	初版	1918	32	60	
聖保祿書翰	L. Aubazac	Nazareth	初版	1918	280	60	
聖教日課		Nazareth	八版	1918	479	35	
日課撮要		Nazareth	三版	1918	146	15	
指紋法	作者 Ng Ping Wu，編者 Ng Yam San	Ki San, Sang Kee, Ng Kwok Yik, Imports and Exports shop	初版	1919	104	$1.2	
Essentials in Gold & Silver Exchange of Foreign and Chinese	Tam Sok Ping	Tung Ah Printing Office, Tam Sok Ping	初版	1920	192	$1.5	
The Cantonese Dialect in Simple Explanation of Mencius Reader Vol. I	Leung Tso Hing	Heung Yan Press, Leung Tso Hing	再版	1920	65	30	
The Cantonese Dialect in Simple Explanation of Mencius Reader Vol. II	Leung Tso Hing	Heung Yan Press, Leung Tso Hing	初版	1920	96	35	

書名	作者／編者／譯者	出版者	版次	年份	頁數	定價（仙）	備註
駁明兩教合辨	Rev. Father Wong	Nazareth	初版	1920	179	15	
主日聖經講解	Rev. P. Bousguet	Nazareth	初版	1920	564	80	
童貞修規新編	Rev. Father Phelippe Lau	Nazareth	再版	1920	310	20	
聖教日課		Nazareth	九版	1920	562	35	
英語易讀	Lo Sing Lau	Tsui Chan Press, Ying Wah, Kam Fuk	九版	1921	304	$1	
群聖流芳	Revd. Father Bonsquet	Nazareth	初版	1921	293, 318, 290, 296	$1.5	
耶穌行實小傳	P. Rey	Nazareth	初版	1921	48	4	
彌撒意略	P. Rey	Nazareth	初版	1921	44	2	
勸領聖體		Nazareth	初版	1921	70	5	
中國通勝	Chan Long-hiu	The Chinese Almanac Advertising Co., Ltd.	再版	1921	248	15	
In Kor Bit Tuk. Players of Musical String Instruments and Singers Must Read（this）	Yau Hok Chau	Tien Tsun, Lithographer, Yau Hok Chau	再版	1922	336	$2	
Essentials in Gold and Silver Exchange of Foreign and Chinese	Tam Sok Peng	Heung Yun Printing Co. Tam Sok Peng	再版	1922	230	$1.5	
廣東切音捷訣	Tam Wing Kwong	Wing Fat & Co.	初版	1922	50	20	
Bulletin of the Society of Foreign Missions of Paris No. 2	Various	Nazareth	初版	1922	64	25	
Bulletin of the Society of Foreign Missions of Paris No. 3	Various	Nazareth	初版	1922	80	25	
各國金銀匯水捷算新書	Mak Tsze Kin	Lo Wing Kwong, Mak Tsze Kin	初版	1922	548	$2	

書名	作者／編者／譯者	出版者	版次	年份	頁數	定價（仙）	備註
粵東鑼鼓樂譜	Tam Wing Kwong	Tam Wing Kwong	初版	1922	62	$1	
中外拼音字譜	Tam Wing Kwong	Tam Wing Kwong	初版	1922	33	50	
"Cross" Pamphlet	Advertising Matter Issued by the Asiatic Petroleum Co., Ltd.	Asiatic Lithographic Printing Press	初版	1922	15		免費贈閱
聖教經課		Nazareth	三版	1922	387	35	
主日瞻禮聖經講解	Rev. Bousquet	Nazareth	再版	1922	712	80	
The First Step in Chinese Dulcimer No. 2	Yau Hok Chau	The Globe Lithographic Press, Yau Hok Chau	初版	1923	292	$2	
香港九龍電話號碼部	Chinese & Japan Telephone & Electric Co., Ltd, per H. S. Bennett, Manager	The Newspaper Enterprise Ltd.		1923	264		
Canton Physical Training	作者 Lum Sai Wing，編者 Cheung See Piu	Ah Chow Lithographed Press Pang Chick Sang and Cheung See Piu	初版	1923	252	$2	
聖教日課		Nazareth	十版	1923	600	35	
新經公函與默示錄	P. Bansquet	Nazareth	初版	1923	546	70	
The Month of St. Joseph		Nazareth	初版	1924	196	10	
A Guide to Buddist Hymns	Sum Wing Sing	Kwan Dzu Shu Si	初版	1925	85	$1.5	
First Aid to the Injured	Chak Tai Kwong	The Tai Kwong Po	初版	1927	107	25	
耶穌嬰孩聖女德助撒心神篇	譯者是 the Great Seminary Totung Shansi 的學生	Nazareth	初版	1927	282	80	

書名	作者 / 編者 / 譯者	出版者	版次	年份	頁數	定價（仙）	備註
聖保祿書翰	The Late Rev. L. Aulazac Missionary in Kwangtung	Nazareth	再版	1927	280	50	
聖教要理小略	The Rev. Jesuits Missionaries of the Shiu Hing Mission	Nazareth	初版	1927	60	8	
廣東白話教中寶藏	The Late Rev. Fr. L. Aulazac Missionary in Kwangtung	Nazareth	再版	1927	312	75	
童貞修規	The Late Mgr. de Martillat, Apostolic Vicar of Yunnan	Nazareth	再版	1927	74	6	
聖教理證	The Late Bishop Albrand, Vic. Apost. of Kweichow	Nazareth	六版	1928	70	8	
若瑟聖月	Rev. Father Brneyre, S. J.	Nazareth	四版	1928	188	12	
聖教禮規		Nazareth	三版	1928	332	30	
Conversation on the Principles of the True Religion	R. P. Tranciscairy	Nazareth	再版	1928	66	7	
The Seven Dolours of Our Lady		Nazareth	再版	1928	28	3	
琴學精華	丘鶴儔	Asiatic Lithographer	初版	1928	224	$1.5	
孔教革命	Mr. Yau Lit	Wing Hong Printers	初版	1928	90	50	
省察規矩		Nazareth	1928版	1929	26	3	
默想神功	Par no Francisian	Nazareth	1928版	1929	124	7	
聖教明徵	Un Religieux Dominicain	Nazareth	1928版	1929	340	30	
Nenvaine a Ste. Cherse de l'Enfant Jesus	Rev. Pere Mathias Liu	Nazareth	初版	1929	14	3	

書名	作者 / 編者 / 譯者	出版者	版次	年份	頁數	定價（仙）	備註
聖教日課	Un Missionarie de Kwangton	Nazareth	1928版	1929	479	40	
十三經歌訣	Yau Yü Wai	Ying Fat Printers	初版	1929	36	20	
聖人言行	R. P. Artif	Nazareth	三版	1929	12 冊共400	12 冊共$2	
性命歸元	J. Krishnamurti	Wilson Printing Press	初版	1929	36		免費贈閱
神生歷階	Rev. Paris Crappistes, Pekin	Nazareth	初版	1929	416	55	
耶穌嬰孩聖女德肋撒心神篇		Nazareth	再版	1930	334	35	
粵音指南	H. R. Wells, Fung Iu Ting	Wing Fat & Co.	初版	1930	205	$2.5	
粉彩肖像畫講義	Yam Ngor Ping	Wing Fat Printing Co., Ltd.	初版	1931	64	$1	
白燕養殖法	Lee Tien Hua	Loong Shing & Co.	初版	1931	130	70	
白燕養殖法再版	Lee Tien Hua	The Empire Printing Press	再版	1931	140	70	
粵劇講義	C. L. Tso	The Winsome Co.	初版	1931	66	$1	
現在香港地理課本	Tang Chee Tsing	Eastern Book Co.	三版	1932	48	20	
Nanyang Kok Yu Kan Fo Su. Books 1-8	Chang Kok Ki	Commercial Press Ltd.	初版	1932	8 冊共487	每冊 15	
Nanyang Common Knowledge Readers. Books 1-8	K. Y. Chiu	Commercial Press Ltd.	初版	1932	8 冊共461	每冊 15	
Nanyang Textbooks on Nature Study. Books 1-4	M. C. Chan	Commercial Press Ltd.	初版	1932	4 冊共148	每冊 14	
西洋畫法全科教本由第一冊至第十四冊	Lau Shu Sing	Fuk Hing Cheung Kee	初版	1933	16	每冊 $1	

書名	作者／編者／譯者	出版者	版次	年份	頁數	定價（仙）	備註
現代廣東地理課本	Tang Chi Ching	Eastern Book Co.	三版	1933	26	20	全 2 冊
現代香港常識課本	Tang Chi Ching	Eastern Book Co.	初版	1933	116	80	8 冊
西洋畫法全科教本由第十五至第廿四冊	Lau Shu Sing	Fuk Hing Cheung Kee	初版	1933	16	$1	
現代中國地理課本（一至二）	Tang Chi Ching	The Eastern Book Co.	初版	1933	2 冊共 68	每冊 10	
現代世界地理課本（一至四）	Tang Chi Ching	The Eastern Book Co.	初版	1933	4 冊共 120	10	
現代字帖（一至三）	Tang Chi Ching	The Eastern Book Co.	初版	1933	3 冊共 90	6	
南洋歷史教科書	C. Chan	Commercial Press Ltd.	初版	1933	2 冊共 62	每冊 12	
南洋國語教科書	S. Chong	Commercial Press Ltd.	初版	1933	4 冊共 236	每冊 16	
家庭護病法	The St. John Ambulance Association	Empire Printing Press	初版	1933	170	60	
近代家庭工藝新編	Wai Pak-keung	The Winsome Printing Co.	初版	1933	30	$2	
南洋地理教科書（一至四冊）	F. Y. Lau	Commercial Press Ltd., Hong Kong	初版	1933	4 冊共 106	每冊 12	
南洋歷史教科書（二至四冊）	C. Chan	Commercial Press Ltd., Hong Kong	初版	1933	2 冊共 64	每冊 12	
靈子術	Un Sing Chi	The Empire Printing Co., Ltd.	初版	1933	58		免費贈閱
Hypnotism	Un Sing Chi	The Han Sen Printing Press	初版	1933	86		免費贈閱

書名	作者／編者／譯者	出版者	版次	年份	頁數	定價（仙）	備註
香港漢文小學字詞訓解（一至四冊）	Tang Chi Ching	The Eastern Book Co.	初版	1933	4 冊共 120	1 至 2 冊每冊 15，3 至 4 冊每冊 20	
要概法文	作者 Chun Ching Yee，編者 Tang Chi Ching	The Eastern Book Co.	初版	1933	75	25	
大秦景教流行中國碑文	作者 Hsu Kuang Kai，編者 B. J. Tan	B. J. Tan	初版	1933	97	$1	
港僑須知	Tai Tung Pui	Wing Ying Advertising Co.	初版	1933	331	$4	
現代香港全圖	Tang Chi Ching	The Eastern Book Co.	初版	1933	1	15	
香港漢文小學字詞訓解（五至八冊）	Tang Chi Ching	The Eastern Book Co.	初版	1933	4 冊共 163	每冊 30	
A Plan of Hong Kong Roads and Streets	Booksellers Association	Hong Kong Printing Press, Ltd.	初版	1934	1	10	
粵東拼音字譜	Tam Wing Kwong	Wing Fat & Co.	初版	1934	1		免費贈閱
國學概論	作者 Wu Hsien Tze，編者 Kiang Kang Hu	Eastern Culture Press	初版	1934	131	$1.2	
香港漢文小學字詞訓解	Tang Chi Ching	The Eastern Book Co.	初版	1934	4 冊共 248	每冊 25	
粵東拼音字譜	Tam Wing Kwong	Tungar Press Co., Ltd.	初版	1934	42	20	
Lexique des Caracteres Chinois en R. I.	E. Jasmin & H. Lamasse	Nazareth	初版	1934	50	30	
一九卅二年修正香港公司則例	Chinese General Chamber of Commerce	Empire Printing Press	初版	1934	94	$2	

書名	作者／編者／譯者	出版者	版次	年份	頁數	定價（仙）	備註
書法闡微	Fung Hon	Wing Fat Printing Co., Ltd.	初版	1934	39	50	
新世紀初小歷史教科書（一至四）	Tang Chi Ching	The Eastern Book Co.	初版	1934	4 冊共 60	40	
金銀匯水捷徑	Kwan Chak Chuen	Yik Tung Yan Printing Co.	初版	1934	213	$2	
真理撮要	B. J. Tan	Christian Mission to Chinese Seamen	初版	1934	12	2	
聖約翰鮑斯高	Fr. V. Bernardini S. C.	St. Louis Industrial School	初版	1934	30		免費贈閱
初等新字帖（一至二）	Tang Kim Hing	Chan U Sang	三版	1934	40	每冊 10	
國樂新聲	Yau Hok-chau	Wing Kwong, Lithographer	初版	1935	272	$2	
軍棋戰術	Wong Kai-hong	Melan Printing Press	初版	1935	22	20	
半畝竹園隨筆	Fung-hon	Millan Printing Press	初版	1935	36	$1	
廣東及香港地理提要	Yuen Chung-iu	Yick Chee Stationer	初版	1935	13	10	
粵音依聲檢字	Fung Hon	The Millan Printing Co.	初版	1935	62	40	
太平洋上的風雲	Hou Yiu	The Industrial & Commercial Daily Press Ltd.	初版	1935	234	$1	
南洋衛生教科書（一至四冊）	作者 S. F. Wong，編者 L. S. Chung	The Commercial Press, Ltd.	初版	1935	4 冊共 189	每冊 20	
聖方濟各撒肋爵行實	A Missionary	Nazareth	初版	1936	566	60	
善生福終	A. Lobelli	Nazareth	再版	1936	90	18	
要理問答	Mgr. Henninghaus	Nazareth	初版	1936	252	7	
粵語簡言要理	A Missionary	Nazareth	初版	1936	27	2	
聖母小日課	A Missionary	Nazareth	再版	1936	134	12	

書名	作者 / 編者 / 譯者	出版者	版次	年份	頁數	定價（仙）	備註
聖教要理問答	A Missionary	Nazareth	再版	1936	110	6	
闢妄	Dr. Siu Kouang Ki	Nazareth	再版	1936	34	3	
簡言要理	Mgr. Henninghaus	Nazareth	初版	1936	32	2	
各式聖歌	A Missionary	Nazareth	再版	1936	80	6	
白話問答	Charles Rey	Nazareth	再版	1936	46	3	
四字經文	P. Aleni	Nazareth	三版	1936	62	5	
耶穌受難四字經文	P. Bousquet	Nazareth	再版	1936	54	5	
一目了然	Mgr. Albrand	Nazareth	三版	1936	66	4	
袖珍簡禱	A Missionary	Nazareth	初版	1936	108	10	
聖教經課	A Missionary	Nazareth	三版	1936	464	45	
日課撮要	A Missionary	Nazareth	再版	1936	186	20	
淑修性氣	R. P. Ichang	Nazareth	初版	1936	282	40	
平凡的結果	Lam Sheung Man	Wilson Printing Press	初版	1936	59	50	
現代琴絃樂譜	Institute of Chinese Dramatists	Ng Kwai Tong Book Store	初版	1936	93	20	
香港法例彙編第一卷	Ma Yuen	Overseas Chinese Daily News, Ltd.	初版	1936	578	$5	
Chinese Chess Guide	Cheng Ting Fong, Cheng Chak Kwan	Connaught Printing Press	初版	1936	138	40	
History of the 3 days' Massacre of Kwong Chow City	Woo Lai-tin	Chung Wo Pictures Co.	初版	1936	8	無定價	
實用國語講義	Miss Kwong Tak Chi	Sheung Yip Printing Co.	初版	1937	54	50	
Life of St. Benedict		Hong Kong	初版	1937	80	10	
Mass Book		Hong Kong	初版	1937	1,135	$2.5	
Catechism of Kong-moon		Hong Kong	初版	1937	30		免費贈閱
Prayer Book		Hong Kong	初版	1937	20		免費贈閱

書名	作者 / 編者 / 譯者	出版者	版次	年份	頁數	定價（仙）	備註
Catechism of Yeung Kong		Hong Kong	初版	1937	78		免費贈閱
國醫傷科速成學	Chong Yat Sun	Hong Kong	初版	1937	76	50	
陽羨砂壺圖考（上卷）	Li King Hong & Cheung Kok Chor	Wing Fat Press, Chap Tai Chong & Sun Sun Book Depot	初版	1937	156	$4	
國醫救傷法	Lo Kwok Fai	Winsome Printing Co.	初版	1937	72	70	
早晚課		Nazareth	初版	1938	62		免費贈閱
防與救護	Chak Tai Kwong	Mercantile Printing Press, Chak Tai Kwong	初版	1938	158	40	
健身捷法	Lui Yui Ming	The Empire Printing Co. Ltd.	初版	1938	78	50	
成功模範	T. Wong	Rumford Printing Press	初版	1938	28	3	
圖畫寶鑑	T. Wong	Rumford Printing Press	初版	1938	28	4	
海角紅樓	Ling Siu Sang〔靈簫生〕	Cheong Hing Chun Chow Po		1938	160	30	第 1 冊
海角紅樓	Ling Siu Sang〔靈簫生〕	Cheong Hing Chun Chow Po		1938	136	30	第 2 冊
寶鑑	編者 H. C. Kwan	Rumford Printing Press	初版	1938	40	3	
Catechism of Yeung Kong		Narzareth	初版	1938	30		免費贈閱
Reciprocal Duties of Parents and Children	Rev. Y. M. Maye	Narzareth	初版	1938	46	6	
勸世瑣言	Li Pui-ching	Li Shum Yu	初版	1938	67	$3	
Standard Mandarin Basis Conversations	Yang Kau and Ma Kam	Kwong Tin Book Store	再版	1938	85	20	

書名	作者／編者／譯者	出版者	版次	年份	頁數	定價（仙）	備註
海角紅樓（第三冊）	Ling Siu Sang〔靈簫生〕	Man Ngai Printing Press, Chun Chow Po	初版	1938	138	30	
海角紅樓（第四冊）	Ling Siu Sang〔靈簫生〕	Man Ngai Printing Press, Chun Chow Po	初版	1938	147	30	
覺廬醫案新解	Lo Kwok Yu	Lo Kwok Yu	初版	1938	72	$1	
馮民德通用電碼書	Fung Manter	Asiatic Litho Printing Press	初版	1938	158	$5	
健身捷法	Lui Yui Ming	Yui Ming Publication	再版	1938	78	50	
模範國語會話第一冊	Yang Kaa	Wong Tak Yin of Tak On Printing Co.	初版	1938	50	20	
家庭教育	Tat Shin Co., Ltd.	Tat Shin Co., Ltd.	初版	1938	46	30	
方白書範	Tam Wing Kwong	Tam Wing Kwong	初版	1938	26	$2	
圖畫報鑑下集	Duzin Co., Ltd.	Rumford Printing Press	初版	1938	28	4	
Hygienic Physioloy for Middle Schools, Vol.II	Lai Kwok Chung, Li Koue Tchang	The China Printing Co., Lai Kwok Cheung	十一版	1939	130	50	
Zoology for Middle Schools, Vol. II	Lai Kwok Chung, Li Koue Tchang	The China Printing Co., Lai Kwok Cheung	十二版	1939	162	60	
Botany for Middle Schools, Vol. II	Lai Kwok Chung, Li Koue Tchang	The China Printing Co., Lai Kwok Cheung	十二版	1939	124	60	
Hong Kong-Kowloon Classified Commercial Directory	Hong Kong-Kowloon Classified Commercial Directory Publisher	Hong Kong-Kowloon Classified Commercial Directory Publisher	初版	1939	325	$1.5	

書名	作者／編者／譯者	出版者	版次	年份	頁數	定價（仙）	備註
我能夠做司鐸麼		Nazareth	初版	1939	48		
教友袖珍		Nazareth	初版	1939	416	35	
初中生理衛生學上冊	Lai Kwok Chung, Li Koue Tchang	The China Printing Co., Lai Kwok Cheung	十一版	1939	106	50	
初中動物學上冊	Lai Kwok Chung, Li Koue Tchang	The China Printing Co., Lai Kwok Cheung	十二版	1939	160	60	
初中植物學上冊	Lai Kwok Chung, Li Koue Tchang	The China Printing Co., Lai Kwok Cheung	十二版	1939	136	60	
國史問答	Lo Mo-To	Corona Printing Press, Hong Kong	初版	1939	93	45	
國史紀要下冊	Lo Mo-To	Corona Printing Press, Hong Kong	初版	1939	112	65	
孩童簡禱		Nazareth	初版	1939	144		
Hong Kong Telephone Directory（*Chinese Section*）	Hong Kong Telephone Co., Ltd.	The Empire Printing Co., Ltd.	初版	1939	444		免費贈閱
初學書法指導	So Tsi	So Tsi	三版	1939	100	20	
我們的聖教叢書第一集兒童班教授法	Very Rev. Fr. B. Meyer, M. M.	Catholic Mission, Wuchow	再版	1939	387	80	
勤領聖體	Rev. Fr. J. Lintelo, S. J. Mr. Yang Yong Siong	Catholic Truth Society, Hong Kong	初版	1939	54	10	
我們的聖教第一集兒童班讀本	Very Rev. Fr. B. Meyer, M. M.	Catholic Mission, Wuchow	再版	1939	44	10	
我們的聖教叢書第二集像解問答教授法上冊	Very Rev. Fr. B. Meyer, M. M.	Catholic Mission, Wuchow	初版	1939	486	$1	

書名	作者／編者／譯者	出版者	版次	年份	頁數	定價（仙）	備註
我們的聖教叢書第二集像解問答教授法下冊	Very Rev. Fr. B. Meyer, M. M.	Catholic Mission, Wuchow	初版	1939	446	$1	
評注中文標準補充文選	Mak Kwan Chak and Lo Mo-to	Scholar Library	初版	1939	244	$1.3	
國史紀要上冊	Lo Mo-to	Scholar Library	四版	1939	140	90	
覺廬醫案新解	Lo Kok Yu	Albert Printing Press	再版	1939	180	$1	
彌撒經本		Nazareth	三版	1939	1,240	$2.5	
Hong Kong Telephone Directory（Chinese Section）	Hong Kong Telephone Co., Ltd.	The Empire Printing Co., Ltd.		1940	454		免費贈閱
The Hong Kong and Macau Classified Commercial Directory	The Hong Kong & Macau Classified Commercial Directory Co., Ltd.	The Hong Kong & Macau Classified Commercial Directory Co., Ltd.	初版	1940	484	$1.5	
袖珍萬國旗號應用法	Li U Chung	Li U Chung	初版	1940	40	$2	
談話的藝術	Kam Yun	Tati Publishing Co.	初版	1940	185	50	
國史問答	Mr. Lo Mo To	Gibson Printing Press	再版	1940	101	50	
生產論	Leung Man Kwong	Leung Man Kwong	初版	1940	103	15	
黑俠	Mon Wan	Sing Tao Jih Pao, Ltd., Mon Wan	初版	1940	152	50	
早晚經		Nazareth	初版	1940	74		
新袖珍簡禱	Catholic Truth Society of Hong Kong	Nazareth	初版	1940	160		免費贈閱
Hong Kong Telephone Directory（Chinese Section）	Hong Kong Telephone Co., Ltd.	The Empire Printing Co., Ltd.		1940	464		免費贈閱

書名	作者/編者/譯者	出版者	版次	年份	頁數	定價（仙）	備註
我們的聖教像解問答讀本	Rev. B. Meyer, M. M.	Catholic Truth Society of Hong Kong	再版	1940	130	20	
方白書範	Tam Wing Kwong	Tam Wing Kwong	再版	1940	35	$2	
國史紀要上冊	Lo Mo To	Gibson Printing Press	五版	1940	70	80	
營養與康健	Y. T. Chiu	Dixon Printing Press, Ltd. Bap.	初版	1940	86	25	
習字初階	Ngai Heung Fe	Wing Cheong Hong, Ngai Heung Fe	初版	1940	共 194	10	
錦繡年華	Pink Ko	Leung Kwok Ying	初版	1940	136	25	
大香港	Henry C. Tang〔鄧超〕	Hong Kong Travel and Transport Service. Southwest Printing and Publishing Co., Ltd.	初版	1941	300	35	
港澳商業分類行名錄	Chan Man Wai	Hong Kong and Macao Business Classified Directory	三版	1941	267	$1.5	
陽江話簡言要理		Nazareth	初版	1941	30		
Chian Defence League Newsletter		South China Morning Post, Ltd. China Defence League	初版	1941	4		
戒煙漫畫	W. N. Kwan	Yu Fung Benevolent Society	初版	1941	1	50	

書名	作者／編者／譯者	出版者	版次	年份	頁數	定價（仙）	備註
箴言尺牘	Fong Kon-yon	Tat Ying Printing Press	再版	1941	58	普通紙30，書紙60	
慎思指南		Nazareth	初版	1941	532	50	
聖女羅洒行實		Nazareth	初版	1941	108	15	
聖教鑑略	Manager, Delaplace	Nazareth	初版	1941	150	25	
Hong Kong Telephone Directory（*Chinese Section*）	Hong Kong Telephone Co., Ltd.	The Empire Printing Co., Ltd.		1940	448		免費贈閱
香港基督教會史	Lau Yuet Shing	Dixon Co.	初版	1941	294	50	劉粵聲
山長水遠	Ping Ko	Lo Tung Pong	初版	1941	54	20	
山長水遠	Ping Ko	Industrial & Commercial Daily Press Ltd.	初版	1941	136		免費贈閱
夜未央	Meng Jen	Chen's Trading Co.	初版	1941	142	40	
山長水遠卷二	Ping Ko	Lo Tung Pong Hop Yick Co.	初版	1941	82	20	
山長水遠卷三	Ping Ko	Lo Tung Pong Hop Yick Co.	初版	1941	38	20	
山長水遠卷四	Ping Ko	Lo Ting Pong, Hop Yick Co.	初版	1941	36	20	
山長水遠卷五	Ping Ko	Lo Ting Pong, Hop Yick Co.	初版	1941	32	20	
山長水遠卷六	Ping Ko	Lo Ting Pong, Hop Yick Co.	初版	1941	32	20	
默想以斯帖	Livingston Chiang	Spiritual Rock Book Room	初版	1941	172	50	
詳註中文標準補充文選	Mak Kwan Chak & Lo Mo To	Yuet Show School	四版	1941	216	$1.6	

【註釋】1843 年至 1887 年的書目，參考了熊月之著《西學東漸與晚清社會》（上海：上海人民出版社，1994 年）、楊國雄著《舊書刊中的香港身世》（香港：三聯書店〔香港〕有限公司，2014 年）等；1888 年至 1941 年的書目，主要從《香港政府憲報》中輯錄出來。

附錄 4
香港出版圖書統計（1888-1941）

年份	中文	英文	中英文	其他語言	總計
1888	3	4		馬來（1） Bahnar（1） 拉丁（3） Cambodian（1） 日（1）	14
1889	9	10	1	法（1） 拉丁（3）	24
1890	25	10	4	葡（1） 法（3） 英、法、西（1） 拉丁（8） 馬來（2） 拉丁、意（1）	55
1891	6	12	3	英、拉丁（1） 法（1） 拉丁（4） 韓、拉丁（1） 葡（1）	29
1892	6	8	1	拉丁（7） Anuamite（3） 法（2） Sinico-Anamitico（2）	29
1893	11	17	1	Sinico-Annamitico（2） 法（2） 法、中（1） 日（1） 拉丁（7） 葡（1） Annamite（1） Cambodgian（1）	45

年份	中文	英文	中英文	其他語言	總計
1894	26	16	2	法（1） 拉丁（8） 葡（1） Annamite（4） 馬來（3） 馬來、英（1） 英、拉丁（1）	63
1895	9	17		法（1） Bahnar（1）	28
1896	10	9	4	拉丁（6） Annamese（1） 葡（1） 法（2） 西藏（1）	34
1897	24	27	1	Annamite（6） 拉丁（2） 西藏（2） 英、拉丁、中（1） 葡、拉丁（1） Annami-Senico（1） 馬來（1）	66
1898	27	18	18	Annamite（6） 西藏（4） Sino-Annamite（1） 法（1） 拉丁（4） 馬來（1）	80
1899	19	7	9	拉丁（3） Sino-Annamite（1） Annamite（4） 日（1） 西藏、拉丁、法（1） 法（1）	46

年份	中文	英文	中英文	其他語言	總計
1900	14	9	4	法（4） 拉丁（3） 西藏（1） Annamite（1） 日、拉丁（1） 英、其他（1） 英、中、西班牙（1） 中、法（1）	40
1901	10	13	2	法（1） 拉丁（4） 西藏（1） 日（1） Annamite（6） 英、其他（1） Laotian（1） Siamese（1） 法、Annamite（1） 法、日（1） 法、中（1）	44
1902	13	9	6	葡（2） 法（3） Annamite（1） 英、其他（1） 法、Cambodian（1）	36
1903	42	18	4	拉丁（7） 西藏（1） Annamite（6） 英、其他（1） Sino-Annamite（1） 拉丁、Annamite（1） 法、拉丁（2） 法、中（1）	84
1904	25	15	9	葡（3） 法（2） 拉丁（2） Annamite（2） 西班牙、中（1）	59

年份	中文	英文	中英文	其他語言	總計
1905	30	12	6	法（2） 拉丁（6） 馬來（2） Annamite（2） 法、Laotian（2） 中、拉丁、法（1） 拉丁、英（1） Lino（1） 中、Annamite（1）	66
1906	20	20	9	法（3） 拉丁（5） Annamite（5） 英、其他（1） 法、中（1） 中、英、西班牙（1）	65
1907	19	13	3	法（2） 拉丁（8） Annamite（3） 中、Annamite（1） Punti（1） 中、西班牙（1） 法、Laocian（1） 法、中（1）	53
1908	19	10	2	法（2） 拉丁（7） 日（1） Annamite（11） 各種歐語（1） 法、Annamite（1） Laocian（1） 法、Dioiz（1）	56
1909	14	11	3	法（1） 西班牙（1） 拉丁（1） Annamite（2） Lolo（1） 法、Lolo（1） 法、中（2） Laocian（1）	38

年份	中文	英文	中英文	其他語言	總計
1910	18	9	5	法（4） 拉丁（7） 意大利（1） Annamite（3） Sino-Annamite（2） 拉丁、西藏（1） 英、法、西班牙、荷、葡、中（1） 德、Chamorro（1） 拉丁、中（1）	53
1911	1	8	3	法（1）	13
1912	6	5	3	法（1） 拉丁（3） 日（1） Annamite（10） 法、Combodian（1） 法、中（3） Hoklo（3） 法、Laotian（1） Tay（1） Chu Nam（1） 英、法、德（1）	40
1913	4	5	6	法（1） 拉丁（3） Annamite（1） 拉丁、中（1） Tay（2） 法、英、中、Annamite（1） 德、Palan（1）	25
1914	7	9	4	法（3） 西班牙（1） 拉丁（7） Annamite（12） 英、馬來（1） 拉丁、Annamite（3） 中、Annamite（1） Canaque（1）	49
1915	1	5	3		9

年份	中文	英文	中英文	其他語言	總計
1916	4	5	1	法（4） 拉丁（4） 意大利（4） Annamite（10） 法、Annamite（18） 拉丁、Annamite（1） 拉丁、西藏（1）	52
1917	3	14		法（1） 拉丁（2） Annamite（7）	27
1918	4	13	3	法（1） 拉丁（5） Annamite（6） 拉丁、法、Annamite（1） 中、拉丁（1） 法、中（2）	36
1919	1	4		英、法、中（1） 法、英（2）	8（欠第4季）
1920	7	2		法（1） 拉丁（7） Annamite（4） 中、Annamite（1）	22（未加第1至3季的13本）
1921	6	6		法（3） 拉丁（6） Annamite（2） Cambodian（1）	24
1922	11	7	1	法（12） 拉丁（5） 法、Annamite（5）	41
1923	5	21	3	法（15） 拉丁（2） Annamite（4） 英、荷蘭、法（1）	51
1924	1	20	2	法（11） 拉丁（1） 日（1） Annamite（1） 中、法（1）	38

年份	中文	英文	中英文	其他語言	總計
1925	1	10	1		12
1926		6	2	法（2） 中、法（1） Picture in Copied Lithographed（16）	27
1927	6	4	2	法（6） 拉丁（4） Annamite（1） 中、法（2） 拉丁、中（1）	26
1928	7	14	2	葡（1） 法（5） 拉丁（4） Annamite（5） Sino-Annamite（1） 中、Annamite（2） 拉丁、Annamite（2） 中、英、法（1） 中、拉丁（1） 中、拉丁、法（1） 中、法（1）	47
1929	9	21	4	法（3） 拉丁（3） 日（1） Annamite（4） 拉丁、Annamite（2） 法、Annamite（1） 西班牙、中（1） Aino、拉丁（1） Chamorro（8） Eu langue Tho（1）	59
1930	2	19	3	法（4） 拉丁（1） Annamite（3） 中、法（1） 西班牙、中（2） 西班牙、中、英（1）	36

年份	中文	英文	中英文	其他語言	總計
1931	4	19	9	法（4） 拉丁（2） 馬來（1） Annamite（2） Kanao、法（1） 拉丁、中（1） Chamorro（1）	44
1932	4	14	3		21
1933	21	19	4	法（1） 拉丁（4） 中、拉丁（1）	50
1934	12	8	5	葡（1） 法（3） 拉丁（1） 中、法（1）	31
1935	7	11	3	法（2） 拉丁（1） 中、法（1） 拉丁、中（1）	26
1936	22	11	2	葡（1） 法（3） Annamite（1） 中、法（1） 拉丁、英（2）	43
1937	9	15	12	葡（1） 法（2） 拉丁（2） Annamite（3） 中、法（1） 拉丁、英（1） 拉丁、Chamorro（1） Chamorro（4） 英、法（1）	52

年份	中文	英文	中英文	其他語言	總計
1938	21	22	14	葡（2） 法（7） 拉丁（4） Annamite（2） 拉丁、Annamite（1） 中、法（2） 中、西班牙（1） Chamorro（3） 西班牙、英、法、拉丁（2）	81
1939	23	56	13	法（6） Cambodian（1） 拉丁、法（2） Chamorro（3） 西班牙、英、法、拉丁（3） 阿拉伯數字（1） 8 種語文（1）	109
1940	16	62	7	法（5） 西班牙（1） Cambodian（1）	92
1941	21	32	5	法（3） 西班牙（1） 拉丁（1） 日（1） 拉丁、日、法（1） 法、中、英（1） 中、法（1）	67

【註釋】本表根據 1888 年至 1941 年出版的《香港政府憲報》作出統計。54 年間出版的圖書總共有 2,378 種，平均每年約 44 種；當中以英文圖書較多，中文圖書有 645 種，平均每年約 12 種，佔出版總數 27%。

附錄 5
香港文化史年表（1840-1945）

1840 年（庚子；清朝道光二十年）

- 6 月，中英鴉片戰爭（亦稱第一次鴉片戰爭）爆發。
- 10 月，清朝欽差大臣林則徐被革職。琦善奉旨赴廣東辦理中英交涉。
- 本年，龍躍頭鄧雲階建善述書室（位於現新界龍躍頭新屋村）。

1841 年（辛丑；清朝道光二十一年）

- 1 月 26 日，英軍登陸香港島，宣佈佔領香港。島上居民估計有 2,000 人左右。根據英方資料記載，英國佔領香港後即進行人口調查，計島上居民共 5,650 人，其中村民、漁民 2,000 人，市場附近的居民 200 人，水上居民 2,000 人，來自九龍的勞工 300 人。
- 2 月 1 日，英國駐華商務監督查理‧義律（Sir Charles Elliot）在人口最多的赤柱村張貼第一張告示，宣稱島上居民 "一切禮教、儀式、風俗習慣及私有合法財產權益，概准仍舊自由享用"。並開始積極推行對香港島的領治。
- 5 月 1 日，《香港公報》（*Hong Kong Gazette*）第 1 號出版，這是小馬禮遜（馬儒漢，John Robert Morrison）在英軍支持下創辦的雙週刊，在澳門刊行。報上發表第一次人口統計，港島共有 7,450 人。
- 6 月 7 日，義律宣佈香港為自由港，准許商船自由進出。
- 8 月 12 日，砵甸乍（Sir Henry Pottinger）接替義律職務。按：砵甸乍，中國文獻譯為璞鼎查。
- 本年，聖約翰教堂（St. John's Church）創立，主其事者為隨軍牧師——聖公會的史丹頓牧師（Rev. Vincant J. Stanton）。

1842 年（壬寅；清朝道光二十二年）

- 2 月 27 日，英國駐華商務監督砵甸乍將其大本營從澳門遷至香港，開始親自處理香港政務。
- 3 月 17 日，《華友西報》（*The Friend of China*）出刊，一週之後出版的第 2 期與《香港公報》合併。
- 3 月 29 日，宣佈英國金銀貨幣、中國銀錠及制錢、西班牙銀洋、墨西哥鷹洋、印度盧比銀洋，在香港一律通用。
- 3 月，香港島市中心大道命名為皇后大道（Queen's Road）。
- 4 月，香港開設第一間郵局，由倫敦派來一名叫羅伯特‧愛德華（Robert Edwards）的管理員，在花園道口搭棚辦事，不負責派信，有郵件到郵局即鳴炮為號，等候郵件或預計會收到郵件者，自行到郵局翻查。至 1844 年，該管理員正式被任命為局長，人員亦有所增加。
- 8 月 29 日，清朝因在鴉片戰爭中失敗，與英國簽訂《南京條約》，其中一項是將香港島 "割讓" 給英國，自此英國正式佔有香港。
- 8 月，砵甸乍批准並撥地給馬禮遜教育學會（Morrison Education Society）在港建校，興辦教育。
- 11 月 1 日，馬禮遜紀念學校（Morrison Memorial School）由澳門遷至香港繼續開辦，校舍設於摩利臣山山崗上。學校的規模頗大，當初教師有布朗牧師（Rev. S. R. Brown）夫婦及一名中國人，第一批學生有容閎、黃勝、黃寬、李剛、周文、唐傑六人。校中設有中文、英文、數理化、歷史、地理、音樂等課程，是近代中國社會第一所傳播西方文化的洋學堂。

- 本年，香港政府先後成立調查土地委員會及商埠設計委員會。

1843 年（癸卯；清朝道光二十三年）

- 1 月 4 日，香港政府宣佈設立香港法庭（Court of Justice）。
- 4 月 5 日，英國維多利亞女皇簽署《香港憲章》（*Hong Kong Charter*），正式宣佈香港為英國殖民地（Crown Colony），委派砵甸乍為首任香港總督（Governor）。
- 6 月 26 日，中英《南京條約》在香港換文後，砵甸乍立即宣誓就任港督職位。翌日宣佈成立行政局（初稱議政局）、立法局（初稱定例局），協助港督處理政務。接著委出第一批太平紳士（Justice of the Peace）42 名，會同英軍及警察維持治安。
- 6 月，香港被命名為維多利亞城（Victoria City），包括上、中、下三環的地方。
- 11 月，倫敦傳道會（London Missionary Society）牧師理雅各（Rev. James Legge, D. D.）將馬六甲的英華書院（Anglo-Chinese College，亦作 Ying Wa College）遷至香港辦理。英華書院乃馬禮遜牧師（Rev.Robert Morrison）於 1818 年所創，其宗旨為溝通中西文化及培養中國傳道人才，首任校長為米憐牧師（Rev. Milne）。遷至香港後，其校舍除上課外，兼作禮拜及教徒聚集之所，並於校內印刷《聖經》，同時肩負教育、傳道、翻譯與出版等工作。
- 12 月，英國派遣的第一位香港區主任牧師（The Colonial Chaplain）史丹頓牧師（Rev. V. J. Stanton）到達香港。
- 本年 5 至 10 月間，香港政府鑑於衛生欠佳、瘟疫流行，外國商人、士兵死亡者眾，設立衛生局。
- 本年，傳教士創辦聖保羅醫院。
- 叔未士牧師（Rev. J. L. Shuck）在皇后大道創立浸信會堂（Baptist Assembly Hall）；其夫人何顯理（Henrietta Hall）女士在禮拜堂內開設女塾，收容歐籍女子，後兼收中國女子就讀。何女士親自教授英文、針黹及手工等科目。晚上更增設聖經班，教導日間無暇入學之女子。
- 美國浸信會的包爾醫生（Dr. D. Ball）和端牧師（Rev. W. Deane）在上環街市附近開辦男、女書塾各一所。

1844 年（甲辰；道光二十四年）

- 4 月，據調查，香港華人人口已達 19,000 人，其中婦孺約 1,000 人。一些泥水工匠、石匠及做小買賣的商販，收入較豐的，便把妻子、兒女接到香港島上定居。
- 5 月 7 日，第 2 任香港總督戴維斯（Sir John Francis Davis）抵港，兼任英國駐華公使。戴維斯是中國通，自已取名 "德庇時"。
- 7 月起，香港政府陸續公佈《土地登記條例》、《公眾沽飲肆及售酒領照營業條例》及《售鹽鴉片當押業拍賣商營業牌照稅條例》，開始徵收地稅、牌照稅。
- 8 月，立法局通過人口登記法例，規定全島居民不論華洋貧富，須每年一次向政府總登記官辦理姓名、住址、職業登記，領取登記證。法例遭到強烈反對，於 11 月 13 日通過修正案，免除一切費用，公務人員、軍人、專業人士、商人、店員、廠主、房東或每年收入達 500 元的人士均豁免登記。
- 9 月，叔未士牧師（Rev. J.L. Shuck）夫婦創建的浸信會書館新學舍落成開幕，有男學童 20 名，女學童 6 名，接受中、英文教育。
- 10 月，太平山街市啟用。
- 本年，美國公理會設有免費書館一間。
- 傳教士郭士立（郭實獵；Karl Friedrich August Gützlaff）在香港設立漢會（福漢會），旨在向內地散發基督教教宣傳品。

- 高等法院成立。
- 香港政府公佈，港島有中國傳統中文學塾 7 間。

1845 年（乙巳；道光二十五年）

- 2 月 20 日，蕭德銳（Andrew Shortrede）創《德臣西報》（*China Mail*），主筆為德臣（Andrew Dixon）。
- 4 月，英商麗如銀行（東方銀行；The Oriental Bank Corporation）在香港建立分行，同年在廣州也設立機構，是外人在華開設銀行之始。
- 本年，據華民政務司郭士立（Charles Gützlaff）的陳述，港島有中文學塾 8 間。
- 薄扶林村修建了一個小馬場，香港開始舉行週末大賽馬。

1846 年（丙午；道光二十六年）

- 5 月 26 日，香港俱樂部（Hong Kong Club）開幕。這是歐籍人士的社交活動中心。
- 本年，理雅各牧師夫人（Mary Isabella Morison Legge）創辦英華女學。
- 何進善（何福堂）成為香港首位受基督教倫敦傳道會按立的華人牧師。何進善是後來香港政經名人何啟之父。
- 天主教在澳門、南京、北京設立 3 個主教區，另在陝西、山西、山東、湖廣、江西、雲南、香港等處設立代牧主教區。

1847 年（丁未；道光二十七年）

- 1 月，在馬禮遜書院求學的容閎、黃勝、黃寬隨校長布朗赴美國，進麻省芒松學校。這是中國最早赴歐美的留學生。黃勝因病退學，返回香港；其餘學生於 1849 年畢業。1854 年，容閎畢業於耶魯大學。黃寬赴英國蘇格蘭愛丁堡大學學醫，1857 年畢業回國，其後在廣州博濟醫院行醫，並培養中國第一代西醫。
- 本年，根據教育調查小組的報告，港島的維多利亞城、香港仔、赤柱 3 個主要地區，共有中文學塾 8 間，學童 123 人。8 月起，政府資助港島 3 間中文學塾，每間每月 10 元。
- 政府任命一個教育委員會（The Education Committee）監管受政府資助的 3 間中文學塾。
- 本年起，香港舉辦人口調查。調查結果，全港人口為 23,998 人。在此之前公佈的人口數字，只是根據人口登記的資料整理出來的。

1848 年（戊申；道光二十八年）

- 3 月 21 日，般含（Sir Samuel George Bonham）接替戴維斯為第 3 任香港總督。
- 11 月，成立公共醫院。
- 本年，根據教育委員會年報披露，在政府監督和資助下的 3 間中文學塾，共有男學童 95 人。
- 香港廣州輪船公司（The Hong Kong and Canton Steam Packet Co.）成立，擁有汽船兩艘，次年春正式開航。
- 中國第一個具世界眼光和知識的思想家魏源到澳門及香港旅遊，作《香港島觀海市歌》。魏源在香港搜購地圖等西方資料，將其《海國圖志》60 卷（1847 年）增訂為 100 卷，於 1852 年出版。

1849 年（乙酉；道光二十九年）

- 春，史丹頓牧師創辦聖保羅書院（St. Paul's College），向 9 名中國學生教授英語。其後擴充校舍，於 1851 年正式成立。由史美出任校長，教學仍以英文為主，學生人數增至 33 名。創校初期，曾改而專收英童，亦曾改為神學班，其後又復校。

- 馬禮遜書院因故停辦。
- 本年，港督委任兩名無政府公職的人物為立法局非官守議員。
- 鐵行輪船公司（Peninsula and Oriental Steam Navigation Co.）成立，香港同上海間開闢了定期航運。

1850 年（庚戌；道光三十年）
- 3 月，由英國大主教任命的維多利亞會督（The Lord Bishop of Victoria）史美（George Smith）到港履任。

1851 年（辛亥；清朝咸豐元年）
- 本年，香港政府召集各界開會，改良市政。

1852 年（壬子；清朝咸豐二年）
- 5 月，洪秀全族弟洪仁玕到香港，在瑞典傳教士韓山文（Theodore Hamberg）處學習基督教教義。他口述太平軍發動起義的經過，並提供多種文件。韓山文據此用英文寫成《太平天國起義記》（原名《洪秀全之異夢及廣西亂事之始原》），1854 年在香港出版，成為記載洪秀全等早期革命活動的重要文獻。
- 本年，由於太平天國戰事影響，大量人口湧入香港。
- 史美會督擔任教育委員會主席。
- 政府資助中文學塾增至 5 間，學童 134 名。
- 渣甸洋行的輪船"皇后號"開始航行香港與澳門之間。

1853 年（癸丑；清朝咸豐三年）
- 9 月 3 日，《遐邇貫珍》（Chinese Serial）出版，由英華書院發行，這是香港最早的中文月刊，至 1856 年停刊，共出 33 期。
- 9 月 24 日，香港政府開始發行英文的《香港政府公報》（The Hong Kong Government Gazette）。
- 11 月，洪仁玕在香港受洗為基督徒。
- 本年，教育委員會增加理雅各博士（Dr. James Legge）和歐德禮牧師（Rev. M. C. Odell）為委員。
- 香港人口增至 83,000 人，其中歐籍人士有 776 人（不包括軍隊）。

1854 年（甲寅；清朝咸豐四年）
- 4 月 13 日，寶靈（Sir John Bowring）就任第 4 任香港總督。他自己取名"包令"。
- 本年，教育委員會的報告書指出：5 間由政府資助的學塾，只能容納 150 人；而估計香港的學齡兒童，已超過 8,800 人。

1855 年（乙卯；清朝咸豐五年）
- 本年，政府《憲報》揭示，凡香港官員未學習漢文者，不得請求加薪。
- 政府將資助中文學塾改為"皇家書館"，由政府直接辦理。這是香港有官立學校的開始。
- 皇家書館共有 10 間，學童總數為 400 人。

1856 年（丙辰；清朝咸豐六年）
- 1 月及 3 月，歐人、華人義勇消防隊先後成立。
- 本年，輔政司署及港督府建成。

- 英法聯軍之役（亦稱第二次鴉片戰爭）爆發，至 1860 年戰事結束為止，香港與中國內地的關係大受影響。

1857 年（丁巳；清朝咸豐七年）
- 10 月 1 日，英文日報《孖剌西報》（*Daily Press*）創刊，主筆為孖剌（Yorick Jones Murrow）。1919 年停刊。
- 本年，羅傳列牧師（Rev. W. Lobscheid）被任命為監督學院（Inspector of Schools），管理全港的皇家書館。這時皇家書館共有 13 間。按：羅傳列又譯作羅布存德、羅存德。
- 香港仔造船廠成立。
- 中央警署落成。

1858 年（戊午；清朝咸豐八年）
- 本年，伍廷芳主辦的《中外新報》創刊，是香港最早的中文日報，也是中國人自辦的第一份近代化報紙，至 1918 年停刊。按：伍廷芳創辦之說存疑，因為他當時只是一個 14、15 歲的少年；或謂《中外新報》創辦年份，應在 1865 年或遲至 1870 年左右。
- 全港人口約為 75,000 人。

1859 年（己未；清朝咸豐九年）
- 9 月 9 日，羅便臣（Sir Hercules G. R. Robinson）接替寶靈為第 5 任香港總督。
- 本年，政府資助書館增至 19 間，計有男生 873 人，女生 64 人。
- 渣打銀行（Chartered Bank of India, Australia and China）在香港開業。

1860 年（庚申；清朝咸豐十年）
- 1 月，香港政府改組教育委員會，設立教育局（The Board of Education），管理全港學校。
- 5 月，郵政局改歸政府管轄。
- 夏，羅傳列牧師辭去監督學院職務。
- 10 月 24 日，中英《北京條約》訂立，清政府把九龍界限街以南領土及昂船洲割讓給英國。
- 本年，理雅各博士提出《教育革新計劃》。
- 《中外新聞》創刊，附屬於英文日報《孖剌西報》，是黃勝、伍廷芳合辦，報導船舶消息和貨價行情。1919 年停刊。
- 拔萃書院在西營盤第三街開學。

1861 年（辛酉；清朝咸豐十一年）
- 1 月 19 日，香港政府正式接管九龍界限街以南領土。香港人口由 1860 年的 94,971 人，增加到 1861 年的 119,321 人。
- 5 月 29 日，香港總商會（The Hong Kong Chamber of Commerce）成立。
- 本年，香港政府財政收支已有盈餘，從此不再需要英國政府的財政補貼。
- 香港政府在中環銀行區興建大會堂，至 1869 年落成啟用，可供演戲和聚會，附設有展覽館和遊樂場。這是中國最早的大會堂。

1862 年（壬戌；清朝同治元年）
- 2 月，中央書院（Central School）正式成立，收容中國學童 200 名，聘請史釗活（Frederick Stewart）為首任掌院兼政府監督學院。

- 3 月 1 日，《香港政府公報》另出中文版，命名為《香港憲報》。
- 3 月，義勇軍組織成立。
- 7 月 1 日，香港政府宣佈幣制改革，由即日起改用銀元為記賬單位，放棄英鎊單位。
- 12 月 8 日，郵務司密轍爾（F. W. Mitchell）正式發行香港郵票，共分為 2 分、8 分、12 分、18 分、24 分、48 分六種。
- 本年，水警成立。
- 中華煤氣公司（Hong Kong and China Gas Co.）在倫敦成立，並於香港西區海旁興建一間煤氣廠。
- 本年起，香港政府當局開始實行官學生制度（Cadet Scheme），即從英國考選官學生來港，接受兩年語文訓練，然後派充翻譯及其他公職。香港開埠初期以軍人、冒險家、水手出任政務官的辦法，逐漸成為歷史陳跡。

1863 年（癸亥；清朝同治二年）

- 本年，政府教育局將鄉村內的小書館，以免租方式移交給當地居民辦理。
- 法國郵船公司加入香港——歐洲的定期航運，並開始輸送郵件；倫敦的海洋輪船公司（Ocean Steamship Co.）派船經香港航行上海。
- 香港第一個水塘（薄扶林水塘）工程完竣，從此才有自來水供應。
- 香港政府向倫敦訂鑄香港銀元，作為香港通用的貨幣，並鑄銅幣為輔幣。新鑄一元、一角銀幣，一分銅幣，1864 年開始在市面流通。
- 香港政府組織調查委員會，改良監獄。

1864 年（甲子；清朝同治三年）

- 8 月 6 日，英、美、德、華商界人士合資組建香港上海滙豐銀行（The Hong Kong and Shanghai Banking Corporation），總行設於香港。稍後其他國籍人士退出，遂成為英商銀行。
- 9 月，陳藹亭創辦《華字日報》。陳氏是《德臣西報》譯員，借用《德臣西報》的印刷機，購得教會中文鉛字，又得伍廷芳之助，創辦此報。至 1941 年底日軍侵佔香港時停刊，是近代出版時間最長的中文報紙之一。
- 本年，香港政府財政出現赤字。這是因為上海以長江開放通商的有利條件，成為中國最大的貿易口岸，使香港對華貿易減低，影響政府稅收。

1865 年（乙丑；清朝同治四年）

- 4 月，滙豐銀行香港總行和上海分行同時開辦營業。
- 6 月，教育局擴大為教育司（Education Department），專責香港的教育事宜，並正式任命史剑活為教育司的首長，直接向港督負責。
- 10 月，省、港、澳輪船公司成立。
- 本年，史剑活集中精神於中央書院的發展，放棄部分辦理不佳的皇家書館，數目由 21 間縮為 12 間，有學童 597 人。

1866 年（丙寅；清朝同治五年）

- 3 月，清政府派斌椿與同文館學生鳳儀、德明（後改名張德彝）、彥慧等隨總稅務司赫德（Sir Robert Hart）赴法、英、瑞士、俄、普等國考察，是清政府派員出國考察之始，至 10 月返回北京。考察團出發及回國均經香港，斌椿《乘槎筆記》、張德彝《航海述奇》均有關於香港的記述。張德彝初次接觸香港社會，即以香港與上海相比，說香港"番船雲集"、"洋樓鱗比"、"道途平闊、商戶整齊。"又記"其地約不准行旅路傍便溺"，及見上鑄"香港一仙"的英華銅錢。回國途中在香港換船，見"兩岸燈燭煒煌，徹夜不息"。

- 3月11日，麥當奴（Sir Richard Graves Macdonnell）就任第6任香港總督。
- 5月7日，香港造幣廠成立，政府始鑄港幣，但造幣廠於次年6月停辦，廠房賣給怡和洋行，機器賣給日本。
- 6月，大會堂建築落成。
- 本年，皇家書館共13間，學童623人。
- 立法局的規模正式規定為：當然官守議員5名，非官守議員不超過4名。

1867年（丁卯；清朝同治六年）

- 7月，香港大酒店開業。
- 10月，香港政府正式開始印花稅。
- 11月，清政府派美國卸任公使蒲安臣（Anson Burlingame）為出使美、英、法、普、俄等國大臣，由志剛、孫家穀陪同。這是近代中國出使西洋之始。蒲安臣自製國旗一面，藍邊黃底，中間繪龍。

1868年（戊辰；清朝同治七年）

- 本年，教會領袖反對發賭館牌照。
- 蒲安臣一行經香港。志剛《初使泰西記》及張德彝《再述奇》，均載有他們在香港的見聞。

1869年（己巳；清朝同治八年）

- 11月2日，香港大會堂公共圖書館開幕。
- 本年，香港港內的外國船隻，平均每天達107艘；在香港的外國人數激增，約有7,000至8,000人。香港商業日趨繁榮。
- 隨蒲安臣、志剛巡迴出使歐美回國的張德彝歸途中在香港換船，"見四面樓房以及華洋舟艇，增益於前，堪比金山"。（《再述奇》）

1870年（庚午；清朝同治九年）

- 3月，公佈東華醫院立案條例。
- 本年，大北電報公司的香港、廈門、上海海底電線完成。
- 張德彝隨崇厚出使法國，《三述奇》中載有他的香港見聞甚詳，包括天主教、基督教禮拜及佛、道寺廟等記述。
- 黃遵憲到香港旅遊，作《香港感懷十首》，詩中指出香港發展迅速，"居然成重鎮"，"欲界亦仙都"，"官山還府海，人力信雄哉"，"中外通喉舌，縱橫積貨財"。

1871年（辛未；清朝同治十年）

- 4月18日，丹商大北電報公司由香港敷設海底電線至上海，自此香港與上海直接通報；又從上海經西伯利亞線路連接歐洲，直達倫敦。6月3日，開始收發國際水線電報，這是中國有國際電報的開始。6月9日，香港與英國正式通報。8月1日，香港與西貢、新加坡直接通報。
- 本年，王韜編譯《普法戰紀》，首次把《馬賽曲》譯成中文。

1872年（壬申；清朝同治十一年）

- 2月14日，籌建了三年的東華醫院正式落成啟用，由港督麥當奴主持開幕。
- 4月16日，堅尼地（Sir Arthur Edward Kennedy）就任第7任香港總督。
- 8月11日，容閎等率梁敦彥、詹天佑等30人赴美留學。這是清政府派遣留學生到外國學習的開始，以後每年派遣 30 名，至 1875 年止，共派 120 名。其間有 7 名自費生同往。

- 本年，共有政府書館 30 間，其中半數完全由政府維持，其他 15 間由政府補助，共有學童 1,480 人。
- 香港政府設立考試委員會，考選政府初級文員。
- 理雅各博士將《四書》、《五經》翻譯為英文的工作全部完成。
- 香港政府為應付香港銀元流入內地，授權滙豐銀行印行一元紙幣，使紙幣代替銀元在市面流通，這是香港發行鈔票的開始。一元紙幣與銀幣價值相等，隨時可以兌換銀幣一元。
- 中國輪船招商局在香港開業。
- 英國教會傳道會（Church Missionary Society）赫清臣牧師（Rev. A. B. Hutchison）建議在香港創辦一所大學。

1873 年（癸酉；清朝同治十二年）

- 2 月，園藝協會花卉展覽開幕。
- 3 月 24 日，史釗活的《補助書館計劃》（Grant-in-Aid Scheme）由立法局通過，開始實施。
- 本年，維多利亞學校成立，後改為葡萄牙學校。
- 高等法院成立。

1874 年（甲戌；清朝同治十三年）

- 1 月 5 日，王韜主編的《循環日報》創刊，這是華人獨立經營的第一家中文報紙，亦是華人社會第一份公開宣傳變法的報紙。
- 1 月，王韜在《循環日報》上發表一篇題為〈洋務在用其所長〉的文章，提出"振興中國"的口號，是近代中國最早標舉這一旗幟的人物。
- 本年，嘉諾撒修女會在堅道的意大利女修院內設立一間盲人學校，以葡語授課，其後並試行將中文譯成外文拼音。這不單只在香港為最早，亦應是全亞洲區第一間盲人學校。

1875 年（乙亥；清朝光緒元年）

- 4 月，建立在維多利亞港航道上的 3 座燈塔開始啟用，這 3 座燈塔分別位於鶴嘴、青洲。
- 本年，高主教（Bishop Raimondi）於 1864 年為葡籍學童創辦的救主書院改組為聖約瑟書院（St. Joseph's College），交由 6 名喇沙會修士接管，開設商科及體育課程，旨在使學生在品德及學識上得以全面發展。

1876 年（丙子；清朝光緒二年）

- 3 月，婚姻條例施行。
- 本年，英國記者德尼斯（Nicholas B. Dennys, ?-1900）《中國民俗學》在香港出版。德尼斯於 1863 年來華，任駐天津領事；其後為香港《德臣報》社長兼主筆、《中國評論》主筆，另著有《中日商埠志》等。
- 香港政府舉行人口調查。
- 山頂住宅區建築範圍擴大。

1877 年（丁丑；清朝光緒三年）

- 4 月 22 日，軒尼詩（Sir John Pope Hennessy）就任第 8 任香港總督。
- 本年，停止當眾舉行烙刑、笞刑，大赦罪犯。
- 香港加入萬國郵政聯盟。

1878 年（戊寅；清朝光緒四年）

· 3 月，德國籍傳教士歐德理博士（Dr. E. J. Eitel）被任命為教育司的首長（Head of the Education Department）兼監督學院，接替史釗活。

· 本年，監督學院與中央書院掌院的職位分立，中央書院成為一個獨立部門。

· 政府書館 30 間，有學童 2,101 人；補助書館 17 間，有學童 1,021 人。

· 港督軒尼詩提議在香港興建醫學院。

1879 年（己卯；清朝光緒五年）

· 1 月，香港政府《憲報》第 1 號開始，英文、華文並刊。

· 8 月，黃遵憲《日本雜事詩》刊行。

· 陸驥純主辦的《維新日報》創刊，鼓吹君主立憲。該報於 1908 年由劉少雲接辦，1909 年改名《民國新報》，1912 年民國成立後即宣佈停刊。

· 本年，港督軒尼詩爵士為了遷就教會書館而提出的修訂補助書館計劃條例，經通過後由 1 月起實施，從此結束了長期以來世俗教育與宗教教育的對立。

· 教皇利奧十三世（Pope Leo XIII）劃中國為五大教區，其中第 5 區為廣東、廣西、香港、福建。

1880 年（庚辰；清朝光緒六年）

· 4 月，人力車開始使用。人力車是日本人於 1896 年發明的交通工具。

· 5 月，港督軒尼詩倡議設置的保良局成立。

· 本年，王韜《扶桑遊記》刊行。

· 東華醫院開始興辦文武廟義學（Man Mo Free School）。這義學是由文武廟側的中華書院改名而成，為香港第一間免費學校。創校初時只招收初級學童一班，學生有 36 人，聘請教師兩名。其後東華醫院於港島西區增設學校數間，以文武廟廟嘗收入作為辦學經費，由東華醫院總理負責管理。

· 港督軒尼詩成立委員會，研究提升中央書院為大學的可行性，但委員會認為計劃過於龐大而未能成功。

1881 年（辛巳；清朝光緒七年）

· 2 月底開始，一向以英文、華文並刊的政府《憲報》，不再刊印華文，只以英文發表。

· 4 月，香港島首次裝設電話。

· 6 月 15 日，《士蔑西報》（Hongkong Telegraph）創刊，主筆為史密斯（Robert Frazer Smith）。1900 年，該報轉為鄧勤（Chesney Duncan）和法蘭西斯（M. T. Francis）二人所有，組成股份公司。鄧勤與《德臣西報》主編黎德（Thomas H. Raid）參與了當時興中會在香港的一些活動。抗日戰爭期間，《士蔑西報》與中國國民黨對外宣傳機構合作，等於國民黨在港開辦的一張英文報紙，至日軍佔領香港時停刊。

· 11 月，黎璧臣（Mr. G. H. B. Wright, M.A.）被聘任為中央書院掌院。

· 本年，大律師伍廷芳被委任為立法局委員，這是華人首次加入香港政府機構。

· 香港政府當局公佈華人歸化法案，從此華人可以申請歸化英籍。

· 香港政府開始每隔 10 年舉辦一次人口普查。1881 年普查結果，全港人口 16 萬多人，其中男性 11.5 萬多人，女性 4.5 萬多人；華人超過 15 萬，外籍人士近 1 萬人。

· 香港首次開辦師範學堂，培訓英語教師。

1882 年（壬午；清朝光緒八年）

· 1 月，立法局通過電車法例，准許英商在港島海岸從西環到筲箕灣開辦電車。電車公司由四家英國商行組成。3 年後動工興建山頂纜車。

· 本年，文武廟義學的基本教科書《俗音字辨幼學信札》出版，教導學生分辨別字及寫信的格式稱謂。

· 政府書館 39 間，有學生 2,114 人；補助書館 41 間，有學生 3,086 人。這 80 所書館中，64 所是中文書館，另有 8 所則中、英文並重，其餘為英文書館。書館學生總數逾 5,000 人。

1883 年（癸未；清朝光緒九年）

· 2 月，聖約瑟男書院開學。

· 3 月 30 日，寶雲（Sir George Feguson Bowen）就任第 9 任香港總督。

· 4 月 4 日，港督寶雲向英國殖民地部建議擴大立法局，增加議員人數：官守議員（總督根據英國政府指令委任的某一政府部門的首長）由 5 人增至 7 人；非官守議員（總督委任的工商企業和社團方面的代表人物）由 4 人增至 5 人。5 名非官守議員由香港商會和太平紳士各推舉一席，華人社會至少要保有一席，任期各為 6 年。非官守議員有權對政府提出的法案進行辯論。英國殖民地部基本上批准寶雲的這項建議。

· 6 月，山頂禮拜堂開幕。

· 本年，王韜《弢園文錄外編》在香港刊行，是近代第一部中文報刊政論文集。

· 九龍建成天文台。

1884 年（甲申；清朝光緒十年）

· 2 月 28 日，新組成的立法局舉行第一次會議。黃勝獲港督寶雲委任為非官守議員，接替伍廷芳為華人代表。

· 4 月，立法局增設法律、工務兩個委員會，連同前此設立的財政委員會，共有 3 個委員會。黃勝出任法律委員會的 5 名委員之一。

· 4 月 15 日，孫中山考入香港官立學校中央書院讀書，至 1886 年春夏間畢業。

· 10 月，香港賽馬會成立。

· 本年，香港電燈有限公司成立。

· 香港設立天文台。

· 德國傳教士花之安（Ernst Faber）《自西徂東》在香港刊行，分仁、義、禮、智、信五集，主張中國跟傳教士"共往西國，真心求耶穌之理"，然後"自西徂東"，與中國"儒教之理同條共貫"。

1885 年（乙酉；清朝光緒十一年）

· 本年，《粵報》創刊。

· 傅蘭雅（John Fryer）在上海創辦格致書社，不久在天津、杭州、汕頭、北京、福州、香港等地設立分社。

1886 年（丙戌；清朝光緒十二年）

· 本年，印刷業及出版業條例公佈施行。

· 香港電話公司成立。該公司起初為英倫電話公司設立的分支，開業不久即改組擴大為香港電話公司，最大的股東是怡和公司。

1887 年（丁亥；清朝光緒十三年）

· 1 月，曾紀澤在倫敦《亞細亞評論季刊》用英文發表《中國先睡後醒論》，認為中國在英法聯軍之役後已經覺醒。香港《德臣報》轉載此文，影響很大。不久何啟、胡禮垣撰《曾論書後》，認為中國並未覺醒，提出治國基礎在於內政而不在外交，"公與平，即國之基址也"，首先提出公平概念以反對封建專制的 "偏" 與 "私"。

- 2 月 17 日，何啟為紀念其妻而捐資興建雅麗氏醫院（Alice Hospital）啟用，免費為中國病人治療。該院交由倫敦佈道會經管。10 月，何啟又在該醫院內創辦香港西醫書院（The Hong Kong College of Medicine）。書院採 5 年制，與大學醫學院程度相同。同月，孫中山從廣州博濟醫院附設的醫科學校轉入西醫書院學習。西醫書院於 1913 年併入香港大學，是香港大學醫學院的前身。
- 5 月 30 日，山頂纜車正式通車，全長 4,700 呎。
- 6 月，陪審員條例公佈施行。
- 9 月，署理港督金馬倫（Major-General Cameron）主持立法局會議，通過《1887 年公共衛生條例》，增加衛生委員會人數，原來的非官守委員由 4 名增至 6 名，其中 2 人必須為華人，這是中、西人士參與市政事務的開始。
- 10 月 6 日，德輔（Sir George William Des Voeux）就任第 10 任香港總督。
- 本年，大潭水塘第一期工程竣工，這是香港修建的第二個水塘，且是香港島上最大的水塘。

1888 年（戊子；清朝光緒十四年）

- 4 月，書籍註冊條例公佈施行。
- 5 月，登山電車通車。
- 本年，香港政府公佈《歐人住宅區保留條例》，規定威靈頓街和堅道之間，只准興建西式洋房。
- 港澳華商合資組成省港澳輪船公司，收購一批外輪，船行港、澳、穗之間。公司在香港干諾道中、澳門內港、廣州西堤，各建有自己的碼頭一座。航行港澳間的輪船，有瑞安號、瑞泰號；航行港穗間的輪船，先有河南號、泰山號，後有龍山號、金山號，最後有佛山號。

1889 年（己丑；清朝光緒十五年）

- 1 月 24 日，香港電力公司成立，廠房在灣仔永豐街附近山邊，裝置有兩部 25 瓩的蒸汽發電機。
- 7 月，中央書院易名為維多利亞書院（Victoria College），並遷入新校舍上課。
- 10 月，輔政司史釗活博士於任內去世。
- 本年，立法局公佈《收回公地法案》，決定強迫收購部分人口擠迫的地方，把狹窄的小街擴展為大道；不合衛生條件的樓宇重新改建，建築物後部必須保留 300 立方呎的空間，以利通風，樓宇可增高三層，以彌補面積的損失。

1890 年（庚寅；清朝光緒十六年）

- 1 月，冒效商標條例公佈施行。
- 1 月，孫中山介紹陳少白入西醫書院學習，從此二人與尢列、楊鶴齡聚首於香港，商議推翻清朝，時人稱為 "四大寇"。
- 3 月 30 日，官立女子中央書院開辦。至 1893 年，易名為庇利羅士女子公立學校（Belilios Public School）。
- 12 月 1 日，電力公司開始於香港島供電。據 1891 年年底統計，電力公司提供了 600 家住戶照明、75 盞街燈，以及專供山頂區用水的電動抽水機一具等用電。

1891 年（辛卯；清朝光緒十七年）

- 5 月，賭博條例公佈施行，取締普通賭博場及彩票等。
- 12 月 10 日，羅便臣（Sir William Robinson）就任第 11 任香港總督。
- 本年，香港政府舉行戶口調查。

- 山頂區設立自來水，廢用井水。

1892 年（壬辰；清朝光緒十八年）

- 3 月 13 日，楊衢雲、謝纘泰、羅文玉等在香港成立輔仁文社（亦稱輔仁書報社），以開通民智、熱愛祖國為宗旨。
- 5 月，《拔萃學校及孤兒院法團條例》公佈施行。
- 7 月 23 日，孫中山以第一名的優異成績畢業於香港西醫書院。離校後赴澳門任鏡湖醫院醫生，並開設中西醫局。
- 本年，創製品商標條例公佈施行。
- 九龍開始使用煤氣。

1893 年（癸巳；清朝光緒十九年）

- 6 月，《保良局立案條例》公佈施行。
- 9 月，那打素醫院（Nethersole Hospital）啟用，並開辦南中國首屆護理學課程。那打素醫院亦為香港西醫書院的教學醫院之一。
- 12 月，庇理羅士女書院（Belilios School）開學，組織上分為中、英文兩部，容納女生 608 人。

1894 年（甲午；清朝光緒二十年）

- 5 月至 9 月，香港發生大瘟疫，每日傳染百人以上，太平山一區尤為劇烈，學校紛紛停課，人民大批離港。這次瘟疫計有 2,547 人死亡。
- 冬，何啟、胡禮垣撰《中國宜改革新政論議》。
- 本年，謝纘泰開始設計中國第一架飛艇"中國號"，至 1899 年完成。
- 維多利亞書院易名為皇仁書院（Queen's College）繼續辦理。皇仁書院在當時重視英文教育的政策下，廢除設立已久的漢文部。
- 陳鏸勳著《香港雜記》由香港輔仁文社出版，是第一部有關香港歷史的中文專書。
- 寶隆金山莊的古輝山、聚昌號疋頭綢緞莊的黃堯卿、中華銀號的馮華川等幾十位知名人士，發起組織中華會館。

1895 年（乙未；清朝光緒二十一年）

- 2 月 21 日，孫中山在香港中環士丹頓街 13 號成立興中會總部，推黃詠商（黃勝之子）為會長，用乾亨行名義掩護，進行革命活動。興中會在港吸收了輔仁文社的成員入會，加強實力。
- 2 月，英廷頒佈香港合法通用貨幣法令，通用墨銀、英銀、港銀。
- 本年，皇仁書院在當局重視英文教育的政策下，將設立已久的漢文部廢除。
- 英人艾特爾（E. J. Eitel）所著《歐洲在中國：香港自開始至 1882 年的歷史》（*Europe in China, The History of Hongkong from the Beginning to the year 1882*）在倫敦和香港出版，這是第一本敘述香港殖民地歷史的著作。艾特爾是倫敦傳教會人員，1879 年奉派到香港，曾任教育視學官，1897 年退休回國。
- 授權港督限制華人來港條例公佈施行。

1896 年（丙申；清朝光緒二十二年）

- 7 月，立法局增加一個華人議席，港督委派韋玉充任。行政局新設兩個非官守議員。
- 本年，有西人 8 人死於疫症，香港政府派員調查不合衛生住宅，勒令改建。
- 生死登記條例公佈施行。

1897 年（丁酉；清朝光緒二十三年）

- 6 月 5 日，立法局通過議案，廢除 1843 年開始實施的宵禁，自此華人夜行才不受限制。
- 6 月，保護婦女條例公佈施行。

1898 年（戊戌；清朝光緒二十四年）

- 6 月 9 日，中英《展拓香港界址專條》在北京簽署；8 月 8 日，在倫敦換文。英國向清政府租借九龍界限街以北、深圳河以南的領土，為期 99 年，稱為新界地方。
- 11 月 25 日，布力（Sir Henry Arthur Blake）就任第 12 任香港總督。
- 本年，政府極力放寬補助條例，幫助補助書館發展，而對於政府書館——尤其是小規模的書塾，卻不予重視；結果補助書館發展至 100 間，有學童 5,882 人，政府書館則縮至 15 間，僅 1,445 人。
- 天星小輪有限公司（Star Ferry Ltd.）成立，經營來往香港與九龍間的渡輪業務。

1899 年（己亥；清朝光緒二十五年）

- 2 月，公佈保存宋王台。
- 春，何啟、胡禮垣撰〈《勸學篇》書後〉，批評張之洞《勸學篇》，宣傳天賦人權，評析民權原理，強調國家主權。
- 6 月，皇仁書院校刊《皇龍報》創刊，出版至今，是香港歷史最悠久的校刊。
- 秋，孫中山派陳少白、王質甫從日本到香港籌辦革命黨人的機關報。
- 本年，有街坊書館 100 間，學童 2,195 人。

1900 年（庚子；清朝光緒二十六年）

- 1 月 25 日，《中國日報》創刊，日出兩大張；同時發行《中國旬報》。這是近代中國第一份革命報紙，先後由陳少白、馮自由、謝英伯主持。1903 年，《中國日報》因經費困難，添招外股，與文裕堂（印書局）合辦。辛亥革命後，遷廣州出版；1913 年，被龍濟光查封。
- 12 月，卜公碼頭落成。
- 本年，香港歐籍人士向政府提出對歐籍兒童教育的意見；而一群華人領袖，也提出設立一間高等漢文學堂的要求。
- 印僑嘉道理爵士（Sir Ellis Kadoorie）及本港紳商劉鑄伯等創辦育才書社，以興學育才為目標，在廣州、上海及香港開設學校。香港育才書社設於西營盤，1915 年交由政府辦理，成為現今官立嘉道理爵士學校。
- 郵政條例公佈施行。

1901 年（辛丑；清朝光緒二十七年）

- 本年，政府任命一個教育委員會調查本港教育的情況和需要。
- 香港中華基督教青年會（Chinese Young Men's Christian Association）成立。

1902 年（壬寅；清朝光緒二十八年）

- 本年，教育委員會發表一份重要的《報告書》，內容強調英語教育的重要。

1903 年（癸卯；清朝光緒二十九年）

- 3 月 18 日，英國出版商克銀漢（A. Cunningham）組成《南華早報》有限公司。11 月 7 日，《南華早報》（South China Morning Post）正式出版，成為香港最重要的英文報紙，直至現時。
- 12 月 29 日，鄭貫公、崔通約、譚民三等創刊《世界公益報》，後為同盟會主要輿論陣地。

- 本年，一項新的《書館補助法例》（*Grant Code*）公佈施行。

1904 年（甲辰；清朝光緒三十年）

- 6 月 7 日，雅麗氏母嬰醫院啟用，開辦首屆婦產科護理課程。
- 7 月 29 日，彌敦（Sir Matthew Nathan）就任第 13 任香港總督。
- 本年，皇仁書院復設漢文部，並加聘五位漢文教習。這一改變，為漢文學校提供了發展條件。
- 中區重建計劃完成，由畢打街至上環街市，在 3 年內完全改觀，並開拓了很多土地。
- 設立火燭館，是專業救火組織。其初連館長在內只有 5 人，如遇火災，由火燭館動員街坊人士，指揮救火。

1905 年（乙巳；清朝光緒三十一年）

- 6 月 4 日，鄭貫公創辦《唯一趣報有所謂》，文字通俗，言論激烈，刊載大量反美拒約運動的消息。
- 9 月，立法局通過興建九廣鐵路英段的決定。鐵路工程於次年動工。
- 12 月 15 日及 18 日，《德臣西報》（*China Mail*）連續發表社論，強調 "在香港設立一所大學，會成為一項帝國投資；對於英國繁榮來說，為此目標使用一筆公費是有價值的"。
- 本年，全港人口增加到 38 萬。

1906 年（丙午；清朝光緒三十二年）

- 5 月 28 日，黃世仲等在香港創刊《香港少年報》，反滿革命色彩強烈。
- 9 月 18 日，香港受強烈颱風襲擊，半小時內死傷達 2 萬多人，自此政府當局開始著手改善防風措施和預測工作。
- 10 月，港督彌敦決定設立工程技術訓練班，於晚間上課，供在職的技術人員進修。次年訓練班改組為香港工學院（Hong Kong Technical Institute）。
- 本年，何妙齡醫院（Ho Miu Ling Hospital）啟用。該醫院是香港西醫書院的教學醫院之一。

1907 年（丁未；清朝光緒三十三年）

- 5 月 23 日，香港西醫書院正式註冊成立。
- 7 月 29 日，盧吉（Sir Frederick Lugard）就任第 14 任香港總督。
- 8 月，香港政府公佈第 15 號法例，規定凡在香港發行的報紙、書籍、文字、圖畫，"流入中國內地而能使全國發生叛亂的"，"為顧全邦交起見，得以加以取締"。這是當局第一次限制中文書報言論的措施。
- 12 月，港督盧吉在聖士提反中學畢業典禮上致詞，首次提出創辦香港大學一事，主張把西醫書院和香港工學院合併，再加設一個文學院。富商摩地（H. N. Mody）捐 15 萬元作為響應，兩廣總督張人俊捐 20 萬元，南洋華僑也有捐助；至 1909 年，共收到各方捐款 127 萬多元。
- 本年，政府開設一所實業專科夜學院（Technical Institute）。

1908 年（戊申；清朝光緒三十四年）

- 1 月 7 日，港督盧吉在致詞中，提議在香港創辦一所大學。麼地（H. N. Mody）捐出 15 萬元，作為大學建設和常年基金。
- 2 月，區鳳墀、李維楨、尹文楷、林紫等創辦《新小說叢》月刊，主要介紹外國偵探小說。
- 3 月，港督盧吉宣佈香港西醫書院將會納入新設大學的醫學院中。同月，會議確定大學的校址。
- 11 月，香港發生首次排日運動，事件發生是由於日本輪船 "三辰丸" 運載軍火到廣州，被廣州當局查獲扣留；日領事提出抗議，要廣州當局鳴炮道歉。香港報紙報導有關消息，同時發表反日言論，激發香港華人掀起抵制日貨運動，並搗毀售賣日貨的商店，包圍西環貯藏日貨的貨倉。

- 本年，香港南華足球會成立，是華人社會最早的足球運動組織。

1909 年（己酉；清朝宣統元年）

- 4 月，香港政府任命伊榮（E. A. Irving）為本港第一位教育司（Director of Education），統轄全港學校。
- 本年，美國人布拉士其（B. Brasky）在上海成立亞細亞影片公司（Asia Film Company），在香港攝製《瓦盆伸冤偷燒鴨》等片。
- 中華電力公司（China Light and Power Co., Ltd.）出售了廣州的發電廠，轉到九龍另謀發展，在紅磡興建一座新發電廠，從此九龍才有電力供應。
- 政府夜學部（Government Evening Institute）成立，開設各種成人夜班。這是香港成人教育的開始。
- 為興建大學發動募捐。
- 香港孔聖堂成立，是尊崇孔子學說的孔教團體，並開辦兩所義學。

1910 年（庚戌；清朝宣統二年）

- 3 月 16 日，港督盧吉主持香港大學奠基禮，並出任校長。9 月，香港大學開始上課。當時有學生 72 人，計工學院 31 人，醫學院 21 人，文學院 20 人。
- 10 月 1 日，九廣鐵路英段正式通車，從尖沙咀到羅湖，全長 22 哩。
- 本年，九龍水塘建成，儲水量 3.5 億侖。

1911 年（辛亥；清朝宣統三年）

- 3 月 30 日，香港大學（University of Hong Kong）註冊成立。法例規定設置管理部門如下：校董職員會成員 41 人，評議會成員 17 人，校務委員會成員包括副校長、助理副校長、教授、全職講師及教育司。
- 8 月 14 日，九廣鐵路華段通車。九廣鐵路全長 121 哩，深圳以北長 99 哩。
- 9 月，政府成立一個漢文教育組（Chinese Vernacular Educational Board）負責促進本港漢文教育的發展。
- 本年，政府當局派遣著名漢學家威禮士牧師（Rev. H. R. Wells）主管皇仁書院的中文課程。
- 全港人口增至 444,664 人，部分來自內地，部分來自海外。
- 火燭館添置摩托滅火車、機動抽水機、救火梯等，逐步擴大消防隊伍。

1912 年（壬子；中華民國元年）

- 3 月，香港大學本部大樓正式啟用。
- 7 月 24 日，梅含理（Sir Francis Henry May）抵港就任第 15 任香港總督。
- 9 月，香港大學醫學院、工學院、文學院開始授課，學生總數為 71 人。
- 本年，第一家華商銀行——廣東銀行在香港開業。
- 由廣東人開辦的懿德女校創設師範班，被教育司控告"擅立師範班"，違背港府當局關於師範只能官辦的英國法令，該校的師範班被迫停辦。

1913 年（癸丑；中華民國二年）

- 7 月，港督梅含理將總登記官改名華民政務司（Secretary for Chinese Affairs）。華民政務司身兼行政局、立法局、潔淨局（市政局前身）的當然官守議員，主管華人的慈善、社會福利、醫療、教育等工作，包括同鄉會、宗親會、工會等社團的活動，以及生死統計、婚姻註冊、報刊登記。

· 本年，香港政府公佈《禁止通用外國鈔券條例》及《禁止通用外國紙幣、貨幣條例》，香港貨幣自此逐漸趨於劃一。

· 《一九一三年教育條例》（*Education Ordinance, 1913*）頒佈施行。

· 香港大學增設文科，聘請賴際熙、區大典分別講授中國史學及經學。

· 教育司委任卡華利（Cavalier）為漢文視學官。

· 《大光日報》創刊。

1914 年（甲寅；中華民國三年）

· 本年，香港政府成立警察學校，此後的香港警員都是從該校畢業的。

· 香港政府加強港島的道路建設。

· 香港官立實業專科夜學院開始設立漢文師範科以訓練在職的男女教師。課程為三年制，完成後可成為政府認可的合法教師。校址設在皇仁書院內，由教育署一位督學任校長。因在晚間上課，所以通稱為“夜師”。

1915 年（乙卯；中華民國四年）

· 本年，因受第一次世界大戰影響，歐洲貨物中斷，香港開始設立若干小型工業，產品包括毛巾、內衣褲、餅乾、香煙、搪瓷用具、手電筒等。

· 香港西醫書院正式解散。

1916 年（丙辰；中華民國五年）

· 3 月 26 日，尖沙咀火車站大鐘樓正式啟用，成為香港此後半個世紀的象徵性建築物。

· 12 月，香港大學舉行首屆畢業典禮，有 23 名學生獲得學位。

· 本年，香港大學開辦首屆碩士課程。

1917 年（丁巳；中華民國六年）

· 本年，香港大學增建病理學館大樓和發電站。

1918 年（戊午；中華民國七年）

· 2 月 26 日，跑馬地賽馬棚失火，導致整個用竹搭成的看台著火倒塌，近 600 人被燒死，數以千計的觀眾被壓傷。

· 本年，平民教育家陳子褒由澳門遷校來港，在香港堅道設子褒學塾。

· 本港接受中文教育的學生有 16,500 人。

· 內地師範學生獲派到香港大學就讀。

1919 年（己未；中華民國八年）

· 9 月 30 日，司徒拔（Sir Feginald Edward Stubbs）就任第 16 任香港總督。

· 11 月，香港大學學生會大樓（現稱孔慶熒樓）啟用。

1920 年（庚申；中華民國九年）

· 本年，港督司徒拔邀請一些社會人士與教育司署代表組成“教育諮詢委員會”（The Board of Education），釐訂教育政策，協助教育司處理有關本港教育的發展及改進等問題。

· 設立英皇書院（King's College），增強英文中學教育。

- 教育司署開設官立漢文師範學堂，訓練男教師；設立官立漢文女子師範學堂，訓練女教師。
- 教育司宣佈政府將不再經營任何純粹教授中文的書館。
- 香港大學開設教育系，培養中學師資及教育行政人才。
- 香港基督教女青年會（Hong Kong Young Women's Christian Association）成立。

1921 年（辛酉；中華民國十年）
- 本年，九龍巴士公司、中華巴士公司相繼開業，連同啟德投資公司的汽車公司，九龍半島共有 3 家公共汽車公司。港島方面，則只有電車。
- 香港大學有首名女生伊惠珠（Rachel Irving）入學，又有首名本地女生何艾齡入學。二人均就讀於文學院。

1922 年（壬戌；中華民國十一年）
- 1 月 12 日，香港海員 6,000 多人因要求增加工資，開始罷工，人數逐漸擴大到 3 萬人。罷工持續 56 天，至 3 月，資方接受工人要求始宣告結束。
- 9 月，香港大學佐頓紀念圖書館啟用。
- 本年，教育諮詢委員會下分設一個"中文教育小組"，提供有關中文教育的意見及負責訂定一項《中文課程標準》。
- 香港大學學生會會刊第 1 期出版。

1923 年（癸亥；中華民國十二年）
- 2 月 17 日，孫中山從上海到香港；20 日上午，應香港大學同學會的邀請，到薄扶林道港大禮堂發表公開演說，表明他的革命思想"係從香港得來"。
- 本年，本港接受中文教育的學生有 29,000 人。
- 官立漢文師範學堂增設漢文師範深造班。
- 民新影片公司成立，創辦者是黎民偉。1926 年，因鼓吹革命而被香港當局迫遷上海。

1924 年（甲子；中華民國十三年）
- 7 月 19 日，《新聞報》改名《中國新聞報》。該報原為陳炯明出資創辦，鼓吹"聯省自治"，主編為陳秋霖；陳秋霖在國民黨人鼓動下發表聲明，與陳炯明脫離關係，改換報名，並刊出公開信，要陳炯明早日悔改，勿再與人民為敵。
- 8 月 24 日，新界各區士紳 102 人在大埔文武廟集會，商討反對去年香港政府宣佈的民田建屋補價條例，決定由各區推舉代表成立"九龍租界維護民產委員會"；其後，另用"農工商業研究總會"名義向政府註冊，這就是新界鄉議局的前身。
- 本年，油麻地小輪有限公司成立，經辦來往香港、九龍兩地間的航線，並經營港島與離島及偏僻地區間的航線。
- 中環建立消防局。
- 港商馮平山等在荷李活道孔聖會內設立孔聖會中學。
- 香港精武會創辦《精武月刊》。

1925 年（乙丑；中華民國十四年）
- 6 月 5 日，《華僑日報》創刊，是香港主要的日報之一。《華僑日報》的前身是《華商總會報》。1919 年一批華商集資承頂了停刊的《中外新報》，創辦《華商總會報》，其後全部資產器材由華南石印局代表岑維休、陳楷等收購，改出《華僑日報》。

- · 6 月，省港大罷工。
- · 7 月 8 日，《工商日報》創刊，由港商洪興錦、王德光與報人潘惠儔、黎工佽等合力經營。1929 年 12 月，由何東接辦。
- · 11 月 1 日，金文泰（Sir Cecil Clementi）抵港就任第 17 任香港總督。
- · 本年，香港大學何東機械實驗所成立。

1926 年（丙寅；中華民國十五年）

- · 3 月，官立漢文中學宣告成立，委派漢文視學官本景康為校長，並將官立漢文師範學堂歸併辦理。
- · 8 月，香港大學副校長韓惠和（Sir William Hornell）偕同賴際熙往南洋各地向華僑勸募專款，作為發展香港大學中文教育之需。
- · 11 月，香港政府第一次委任華人為行政局非官守議員。被委任者為周壽臣。
- · 本年，大埔官立漢文師範學堂開辦，任命陳本照為校長。
- · 孔聖會辦理的義學共有 40 間。

1927 年（丁卯；中華民國十六年）

- · 2 月，魯迅（周樹人）到香港，在青年會演說，題為《無聲的中國》。
- · 5 月 21 日，香港政府組織後備警察隊。
- · 本年，港督金文泰授意香港大學正式設中文系，聘請賴際熙、區典二人為講師。
- · 香港大學中文學系正式成立，以賴際熙為系主任；增設 "中國言語科"（方言館），以威禮士牧師（Rev. Wells）為主任，宋學鵬為專席教習，指導由英國委派到港擔任官職的官學生或外籍人士學習粵語。
- · 九層高的告羅士打大廈落成，是全港最高的建築物。
- · 新聞學社成立，是香港第一所新聞學校。學制兩年。至 1931 年，該校因經濟困難而停辦。

1928 年（戊辰；中華民國十七年）

- · 8 月，《伴侶》半月刊創刊。
- · 12 月 11 日，九龍半島酒店落成，是半島上最大的建築物。
- · 本年，前皇家空軍飛行員成立飛行俱樂部。港督金文泰給予大力支持，立法局通過以後每年撥款作為經費。
- · 香港政府決定接辦飛行機場，因為地皮是何啟、區德投資開發，機場就以二人的名字命名為啟德機場。
- · 香港的中文學校跟隨內地教育制度，實施六三三學制，即小學 6 年、初中 3 年、高中 3 年。
- · 東華醫院所辦的義學共有 21 間，其中 18 間在港島，3 間在九龍。

1929 年（己巳；中華民國十八年）

- · 9 月 6 日，香港首次開辦航空郵遞。
- · 10 月 8 日，香港廣播電台正式啟播。收音機要領牌照，牌照費每年 12 元。當初發出的牌照約 500 張，持有者多數是外國人。按：電台成立於 1923 年，原為私人所辦，1928 年由香港政府接收，交郵政局管轄。
- · 12 月，香港政府公佈婢女註冊條例。
- · 本年，立法局擴大組織，官守議員增至 9 名（包括港督在內），非官守議員由 6 名增至 8 名，其中華人議席由 2 名增至 3 名。
- · 香港政府教育當局的中學課程委員會訂定《中小學中文課程標準》，內容與中國內地相同。

- 全港中文學校學生約 4.5 萬人，英文學校學生約 1.7 萬人。
- 香港政府開始發展房屋計劃，將市區內貧民窟拆毀後重建，積極改進公共衛生設施。
- 香港大學中文學院成立。

1930 年（庚午；中華民國十九年）

- 2 月 28 日，香港大學成立中文學會。
- 3 月 13 日，渡海大水管完成，正式啟用。
- 5 月 9 日，貝璐（Sir William Peel）就任第 18 任香港總督。
- 11 月，《工商日報》同時出版《工商晚報》。
- 12 月 20 日，香港、廣州首次飛機通航。
- 本年，美國友邦銀行（Underwriters Bank Inc.）在香港設立分行，經營人壽保險業務。
- 林柏生奉汪精衛之命，在香港創辦《南華日報》。

1931 年（辛未；中華民國二十年）

- 3 月 7 日，全港人口調查結果，總數為 849,751 人。
- 8 月 26 日，東區新填地完成，中西區商店大增，地價狂漲。
- 9 月 28 日，香港大學鄧志昂中文學院落成啟用。
- 本年，賴連三著《香港紀略》，由上海萬有書局出版。

1932 年（壬申；中華民國二十一年）

- 9 月 7 日，國聯調查團在團長李頓（Lord Lytton）率領下抵達香港。
- 12 月 14 日，香港大學馮平山中文圖書館落成啟用。
- 本年，香港政府宣佈禁娼，從此公娼向私娼轉化，妓院紛紛改名為 "導遊社"。
- 中華廠商聯合會成立。

1933 年（癸酉；中華民國二十二年）

- 2 月 13 日，世界文壇泰斗蕭伯納（George Bernard Shaw）過港。
- 4 月，國民黨中央通訊社香港分社成立，在香港正式發送新聞稿。
- 本年，香港開辦初級工業學院。
- 官立漢文中學及漢文女子師範將國音一科列入課程內。
- 九龍巴士公司和中華巴士公司分別投得九、港兩地的公共汽車經營專利權；自此，港島開始有巴士行走。

1934 年（甲戌；中華民國二十三年）

- 1 月起，香港大學馮平山圖書館對公眾開放。
- 本年，香港教師會成立。出版學報《教育曙光》（*New Horizons in Education*），一年一期。
- 陳銘樞在港創辦《大眾日報》，主張抗日救國。其後《大眾日報》由福建省政府接辦，不久宣佈停刊；所有器材設備為桂系軍人收購，於 1936 年創辦《珠江日報》。這是第五路軍的機關報。
- 在粉嶺興建的港督郊外公館完成，這是專供港督度假之用的別墅。

1935 年（己亥；中華民國二十四年）

- 秋，帝國航空公司（Imperial Air Ways）開始派出飛機從香港出發，作一連串試飛，利用吉隆坡作中途站，逐漸把範圍擴大到倫敦和澳洲。

- 9月，許地山成為香港大學首任中文系教授，就任中文系系主任。
- 10月10日，滙豐銀行大廈落成。大廈位於中環，高達220呎，是當時從舊金山到開羅之間最先進的建築物；至1981年因銀行業務發展，地方不敷應用，拆卸重建成今貌。
- 11月9日，香港宣佈放棄銀本位制；立法局特別會議通過《1935年貨幣條例》，於12月6日起施行。規定管理匯率及貨幣的通則；禁止白銀流通，改用紙幣本位；發行1元紙幣，收回1元銀幣，另發行1毫和5仙的鎳幣；訂出大約以8港元換1英鎊的比率。從此香港幣制不再與中國聯繫而與英鎊掛鈎，直至60年代末期為止。
- 12月12日，郝德傑（Sir Andrew Galdecott）就任第19任香港總督。
- 本年，香港大學以名譽法學博士學位授與中國知名學者胡適。
- 英國皇家視學官賓尼（E. Burney）應邀來港，研究香港的教育制度；同年，公佈《賓尼報告書》（*The Burney Report*）。

1936年（丙子；中華民國二十五年）

- 1月1日，市政局正式成立，由13位議員組成，其中5名官守議員為衛生局長、醫務總監、工務局長、華民政務司、警察司，8名非官守議員包括委任6名、民選2名，民選議員的資格規定是要在陪審團名單中列名的。
- 3月24日，帝國航空公司派出飛機作首次商業飛行，第一班飛機從吉隆坡降落啟德機場。不久，來往香港、廣州及上海的航機先後開航。
- 6月，鄒韜奮創辦《生活日報》，至8月停刊。
- 10月23日，泛美航空公司一艘飛船降落九龍灣，作為明年3月首航香港至馬尼拉航線的練習飛行。
- 本年，香港大學增聘馬鑑為專任講師。

1937年（丁丑；中華民國二十六年）

- 6月，瑪麗醫院（Queen Mary Hospital）啟用。
- 7月16日起，殖民地庫務官改稱財政司，負責香港政府的一切財務工作。
- 10月28日，羅富國（Sir Geoffry Alexander Stafford Northcote）就任第20任香港總督。
- 12月，香港生活新聞學院開辦。
- 本年，全港人口達100萬。
- 歐亞航空公司（Eur-Asia Air Ways）把由北京至廣州的航線延伸至香港，泛美航空公司把自香港至馬尼拉的航線伸展至舊金山，從此香港民航事業走上有系統的發展階段。
- 香港政府委任法官連素（Judge R. E. Lindsell）領導一個委員會，調查香港師範教育的興革問題。
- 香港教育司署舉行全港中學畢業會考。
- 譚炳訓著《香港市政考察記》由上海中國科學公司出版。

1938年（戊寅；中華民國二十七年）

- 1月1日，警察司改稱警務處長。
- 3月，《星報》創刊。羅吟圃主持社論，王德馨編電訊版，陳福榆編體育版，姚蘇鳳、范基本編副刊。
- 6月1日，香港政府公佈施行制止加租迫遷條例，以保障住客利益。
- 6月14日，宋慶齡在香港成立"保衛中國同盟"，總部設於西摩道21號，向海外華僑和各國愛好和平人士宣傳抗日救國的主張，推動抗日運動，募集經費、藥品、醫療器材，支援軍民的抗日活動。

- 7月，陳公哲編《香港指南》由長沙商務印書館出版。
- 8月1日，《星島日報》創刊，由胡文虎兄弟出資經營。11月1日，增出《星島晚報》。
- 8月13日，《大公報》在香港出刊，主持者有張季鸞、胡政之、金誠夫、徐鑄成；11月15日，加出晚報。
- 8月13日，香港同胞開始獻金運動，支援中國對日作戰，各界舉辦義賣活動。
- 10月，日軍侵佔廣州；11月，嶺南大學臨時設校於香港大學圖書館。本年，內地高等院校在香港復校的，還有廣州大學、廣東國民大學等。
- 11月14日，香港政府設立勞工處，接管一切有關勞資關係及工廠條例等工作。
- 本年，香港中國婦女會成立。
- 馮平山圖書館安置中國各地圖書館逃避戰禍的藏書。

1939年（己卯；中華民國二十八年）
- 4月，中國青年記者學會香港分會創辦中國新聞學院。
- 5月1日，《成報》創刊，由何文法、何文允、汪玉亭、陳平等人出資合辦。
- 6月6日，《國民日報》創刊，是國民黨在香港的機關報，由陶百川主持。
- 6月21日，香港學生舉行反日大示威。
- 8月，香港當局設立新聞檢查處，同時開始郵件檢查。
- 8月，文協編輯的英文版《中國作家》在香港出版。
- 本年，九龍總商會成立。
- 香港大學理學院成立。
- 香港師資學院成立，是本地首間師範學院，以羅威爾（T. R. Rowell）為院長、鄭震寰為中文部高級講師。

1940年（庚辰；中華民國二十九年）
- 2月，蘇子夏編《香港地理》，由香港商務印書館出版。
- 10月，香港政府設立人民入境事務處。
- 本年，著名史學家陳寅恪居留香港，在香港大學中文系主講歷史。

1941年（辛巳；中華民國三十年）
- 1月12日、26日及2月9日，宋慶齡、柳亞子、何香凝、彭澤民等三次發電報給蔣介石，要求國民黨貫徹執行孫中山的三民主義及三大政策，撤銷"剿共"部署，解決聯共方案，發展各種抗日實力，保障各種抗日黨派。
- 本年年初，鄧超編著《大香港》由香港旅行社出版。
- 4月7日，《華商報》創刊，社長范長江，總編輯胡仲持；該報於12月10日日軍攻佔香港前夕停刊。
- 5月17日，《大眾生活》在港出刊，由鄒韜奮主編；該刊於12月8日日軍進攻香港時停辦。
- 4月至5月，宋慶齡主辦的《保衛中國大同盟》、張鐵生主辦的《世界知識》及中國民主政團同盟的機關報《光明報》相繼出刊，至12月日軍進攻香港時停刊。
- 8月，香港大學中文系主任許地山逝世，遺缺由陳寅恪暫代。
- 9月10日，楊慕琦（Sir Mark Aitchison Young）就任第21任香港總督。
- 10月10日，中國民主政團同盟在其機關報《光明報》上發表《成立宣言》及《對時局主張綱領》10條。
- 12月8日上午，日本空軍開始襲擊香港，日本陸軍亦從深圳進攻香港；11日，九龍棄守；13日，英軍全部撤退至港島；18 日晚，日軍在港島東部登陸；25 日，港督楊慕琦親自渡海到半島酒店向日軍統帥酒井中將簽字投降，仍作為戰俘被送入集中營。12 月 26 日，日軍宣佈港幣以 2 元兌 1 元軍用票的比值與軍用票同時使用。

· 本年，全港人口約 160 萬。

· 香港大學在香港淪陷後停辦。當時共有醫學、工程、文學、理學 4 個學院，學生共 516 人；同時，收容嶺南大學和中國軍事學院學生約共 500 人。戰事爆發後，有超過 200 名香港大學學生逃入內地。

1942 年（壬午；中華民國三十一年）

· 1 月底，香港大學樓宇紛紛徵作臨時集中營。

· 6 月，大同圖書印務局成立，出版《大同畫報》和《新東亞》月刊。

· 6 月後，香港中文報紙只剩下《香港日報》、《南華日報》、《華僑日報》、《香島日報》、《東亞晚報》5 家。

1943 年（癸未；中華民國三十二年）

· 4 月，《大同週報》創刊。

1944 年（甲申；中華民國三十三年）

· 本年，全港各報縮紙半張。

1945 年（乙酉；中華民國三十四年）

· 4 月，《華僑日報》同時出版《華僑晚報》。

· 8 月，第二次世界大戰結束，香港大學重開。

【註釋】本年表的編纂，主要參考了以下著作：

1. 李宏編著《香港大事記（公元前 214 年 - 公元 1987 年）》，北京：人民日報出版社，1988 年。

2. 陳昕、郭志坤主編《香港全紀錄》二卷，香港：中華書局（香港）有限公司，1997-1998 年。

3. 湯開建、蕭國健、陳佳榮主編《香港 6000 年（遠古 -1997 年）》，香港：麒麟書業有限公司，1998 年。

4. 黃繼持、盧瑋鑾、鄭樹森主編《香港文學大事年表：1848-1969 年》，香港：香港中文大學人文學科研究所，1996 年。

5. 香港教育資料中心編寫組編撰《香港教育發展歷程大事記（1075-2003）》，香港：香港各界文化促進會，2004 年。

6. 李軍主編《台港澳百科大辭典》，北京：華齡出版社，1992 年。

7. 《台港澳大辭典》，北京：中國廣播電視出版社，1992 年。

8. 《港澳大百科全書》，廣州：花城出版社，1993 年。

9. 曹淳亮主編《香港大辭典》，廣州：廣州出版社，1994 年。

10. 周佳榮著《香港報刊與大眾傳播》，香港：天地圖書有限公司，2017 年。

香港史書目舉要

- 黎晉偉主編《香港百年史》，香港：南中編譯出版社，1948 年。
- 衛挺生、陳立峰合編《香港歷史》，香港：世界書局，1953 年。
- 羅香林等著《1842 年以前之香港及其對外交通》，香港：中國學社，1959 年。
- 羅香林著《香港與中西文化交流》，香港：中國學社，1961 年。
- 林友蘭著《香港報業發展史》，台北：世界書局，1977 年。
- 林友蘭著《香港史話》（增訂本），香港：上海印書館，1983 年。
- 蕭國健著《香港前代史論集》，台北：台灣商務印書館，1985 年。
- 李志剛著《香港基督教會史研究》，香港：道聲出版社，1987 年。
- 葉靈鳳著《香港的失落》，香港：中華書局（香港）有限公司，1989 年。
- 葉靈鳳著《香港滄桑錄》，香港：中華書局（香港）有限公司，1989 年。
- 葉靈鳳著《香港浮沉錄》，香港：中華書局（香港）有限公司，1989 年。
- 楊奇主編《香港概論》上、下卷，香港：三聯書店（香港）有限公司，1990 年、1993 年。
- 香港中華文化促進中心香港歷史文化考察出版小組編《香港歷史文化考察》，香港：三聯書店（香港）有限公司，1993 年。
- 關禮雄著《日佔時期的香港》（增訂版），香港：三聯書店（香港）有限公司，2015 年。
- 高添強編著《圖片香港今昔》，香港：三聯書店（香港）有限公司，1994 年。
- 曹淳亮主編《香港大辭典》，廣州：廣州出版社，1994 年。
- 蕭國健著《香港歷史與社會》，香港：香港教育圖書公司，1994 年。
- 周佳榮、劉詠聰主編，香港中國近代史學會協編《當代香港史學研究》，香港：三聯書店（香港）有限公司，1994 年。
- 余繩武、劉存寬主編《十九世紀的香港》，香港：麒麟書業有限公司，1994 年。
- 余繩武、劉蜀永主編《二十世紀的香港》，香港：麒麟書業有限公司，1995 年。
- 余繩武編著《割佔香港島》，香港：三聯書店（香港）有限公司，1995 年。
- 劉蜀永編著《割佔九龍》，香港：三聯書店（香港）有限公司，1995 年。
- 陳湛頤著《日本人與香港——十九世紀見聞錄》，香港：香港教育圖書公司，1995 年。
- 梁炳華著《城寨與中英外交》，香港：麒麟書業有限公司，1995 年。
- 劉存寬編著《租借新界》，香港：三聯書店（香港）有限公司，1995 年。
- 劉蜀永著《香港的歷史》，香港：新華出版社，1996 年。
- 王齊樂著《香港中文教育發展史》，香港：三聯書店（香港）有限公司，1996 年。
- 黃繼持、盧瑋鑾、鄭樹森主編《香港文學大事年表：1848-1969》，香港：香港中文大學人文學科研究所，1996 年。
- 陳鏸勳撰，莫世祥校註《香港雜記（外二種）》，廣州：暨南大學出版社，1996 年。
- 賴連三著，李龍潛點校《香港紀略（外二種）》，廣州：暨南大學出版社，1997 年。
- 胡從經編纂《歷史的足音——歷代詩人詠香港》，香港：朝花出版社，1997 年。
- 《圖片香港歷史》，香港：利文出版社、大道文化有限公司，1997 年。
- 鍾文略攝影，周佳榮、鍾寶賢、黃文江編撰《戰後香港軌跡——民生苦樂》，香港：商務印書館（香港）有限公司，1997 年。
- 鍾文略攝影，周佳榮、鍾寶賢、黃文江編撰《戰後香港軌跡——社會掠影》，香港：商務印書館（香港）有限公司，1997 年。
- 《香港》，北京：新華通訊社、香港：聯合出版（集團）有限公司，1997 年。
- 蕭國健著《香港的歷史與文物》，香港：明報出版社，1997 年。
- 李英明著《香港學》，台北：揚智文化事業股份有限公司，1997 年。
- 吳倫霓霞、余炎光編著《中國名人在香港—— 30、40 年代在港活動紀實》，香港：香港教育圖書公司，1997 年。

· 鄧開頌、陸曉敏主編《粵港關係史（1840-1984）》，香港：麒麟書業有限公司，1997 年。

· 關肇碩、容應萸著《香港開埠與關家》，香港：廣角鏡出版社，1997 年。

· 濱下武志著，馬宋芝譯《香港大視野——亞洲網絡中心》，香港：商務印書館（香港）有限公司，1997 年。

· 王賡武主編《香港史新編》（增訂版）上、下冊，香港：三聯書店（香港）有限公司，2017 年。

· 中共廣東省委黨史研究室編《香港與中國革命》，廣州：廣東人民出版社，1997 年。

· 陳昕、郭志坤主編《香港全紀錄》二卷，香港：中華書局（香港）有限公司，1997-1998 年。

· 湯開建、蕭國健、陳佳榮主編《香港 6000 年（遠古 -1997）》，香港：麒麟書業有限公司，1998 年。

· 胡從經編纂《香港近現代文學書目（1840-1950）》，香港：朝花出版社，1998 年。

· 馬金科主編《早期香港史研究資料選輯》上、下冊，香港：三聯書店（香港）有限公司，2018 年。

· 劉蜀永、蕭國健編著《香港歷史圖說》，香港：麒麟書業有限公司，1998 年。

· 劉蜀永主編《簡明香港史》（第三版），香港：三聯書店（香港）有限公司，2016 年。

· 陳志華、黃家樑著《簡明香港歷史》，香港：明報出版社，1998 年。

· 徐振邦、方禮年、翁文英合著《香港書店巡禮》，香港：獲益出版事業有限公司，1998 年。

· 《香江梵宇》，香港：《香江梵宇》出版委員會，1999 年。

· 香港中華文化促進中心策劃、鄭德華編著《歷史追索與方法探求——香港歷史文化考察之二》，香港：三聯書店（香港）有限公司，1999 年。

· 許翼心、方志欽主編《香港文化歷史名人傳略》，香港：名流出版社，1999 年。

· 劉潤和著《新界簡史》，香港：三聯書店（香港）有限公司，1999 年。

· 施其樂（Carl Thurman Smith）著，宋鴻耀譯《歷史的覺醒——香港社會史論》，香港：香港教育圖書公司，1999 年。

· 程美寶、趙雨樂合編《香港史研究論著選輯》，香港：香港公開大學出版社，1999 年。

· 何佩然著《點滴話當年——香港供水一百五十年》，香港：商務印書館（香港）有限公司，2001 年。

· 何佩然著《地換山移——香港海港及土地發展一百六十年》，香港：商務印書館（香港）有限公司，2004 年。

· 鄭寶鴻編著《港島街道百年》、《九龍街道百年》、《新界街道百年》，香港：三聯書店（香港）有限公司，2012 年。

· 周佳榮、侯勵英、陳月媚主編《閱讀香港——新時代的文化穿梭》，香港：香港教育圖書公司，2007 年。

· 周佳榮著《潮流兩岸——近代香港的人和事》，香港：香港中和出版有限公司，2016 年。

· 周佳榮著《香港通史——遠古至清代》，香港：三聯書店（香港）有限公司，2017 年。

· 周佳榮著《香港報刊與大眾傳播》，香港：天地圖書有限公司，2017 年。